Halina Kamm

Mystisches Kartenlegen

nach Mlle Lenormand

Grund- und Basiswissen

Kartenlegen hat nicht nur mit erlerntem Wissen zu tun, sondern es gehört von jeher in den Bereich der Mystik, des Unerklärlichen, in dem die Psychologie, die Menschenkenntnis und der Griff nach dem Wissen der Sterne genauso zu Hause sind wie der logische, rationale und gesunde Menschenverstand. Ein Mix aus allem ist die beste Kombination. Und genau das wünsche ich Ihnen, liebe LeserInnen, von ganzem Herzen.

Halina Kamm

Corona-Handbuch

Halina Kamm

Mystisches Kartenlegen

nach Mlle Lenormand

Grund- und Basiswissen

CORONA

Die Deutsche Bibliothek - CIP Einheitsaufnahme

ISBN 3-934438-20-2

Satz und Layout: CORONA, Hamburg
Lektorat: Rena Umland
Umschlag: CORONA, Hamburg
a product of Larimar Multi Media
Printed in Germany

Inhalt

Vorwort zu den Lenormandkarten

Kartenlegen und -lesen ist ein Kinderspiel für den, der es beherrscht. Doch wir wissen alle, wie lange wir üben und lernen müssen, um eine Sache vollständig oder sogar perfekt zu beherrschen.

Lassen Sie uns gemeinsam in unseren Erinnerungen kramen – wie war das noch, als Sie sich zum ersten Mal auf ein Fahrrad setzten, das erste Mal versuchten ohne Ihre Schwimmflügel zu schwimmen und ganz zu schweigen von Ihrer ersten Fahrstunde oder Ihrem ersten Kuss? Im Nachhinein schmunzelt man über sich selber und schüttelt den Kopf über seine vielen vergeblichen Versuche und Bemühungen. Aber siehe da, plötzlich, ganz von selbst – wie durch ein Wunder – hat man es gelernt und man fühlt sich wie ein »junger Gott«.

Sehen Sie, genauso verhält es sich mit dem Kartenlegen und -lesen, man bemüht sich, lernt, übt, testet, lernt und übt . . . und müht sich ab, ist ständig unsicher, weil sich Erfolge zeigen, die oft durch andere Misserfolge wieder geschmälert werden. Wie bei allem anderen, was der Mensch erlernt, wird auch hier der Lernende in stagnierende Phasen geraten, die viele Menschen erschrecken und dann an sich und ihren erworbenen Fähigkeiten zweifeln lassen.

Ich persönlich reagiere darauf nicht mehr, denn ich weiß, dass nach stagnierenden Perioden oder einer Ruhepause wieder eine Zeit des Wachstums entsteht. Ich sage mir halt: »Das muss ich erst verarbeiten«, und stelle mir vor, dass mein Gehirn ein Computer ist, dem ich in den letzten Wochen oder Monaten eine extrem große Menge Daten – darunter auch viel Müll, versteht sich – denn ich wollte ja immer das Gleiche von den Karten wissen, zugeführt habe. Na ja, damit habe ich ihn wohl überlastet, und jetzt braucht er eine Weile, um das alles zu verarbeiten und sich neu zu sortieren.

Werden Sie nachsichtig mit sich selbst, gönnen Sie sich eine Pause und dann fangen Sie wieder mit neuem Mut zu lernen an. Sie werden sehen, dass Sie die einzelnen Stufen wesentlich schneller bewerkstelligen, wenn Sie ab und zu und einige Wochen Pause einlegen, statt ununterbrochen zu arbeiten und zu üben. Vor allen Dingen bekommt es Ihrer Gesundheit besser, denn Sie bleiben dabei ausgeglichener, bleiben autark und sehen Ihr Umfeld und sich selbst objektiver. Und letztendlich wird Lernen, Üben und der Umgang mit den Karten auch Sie zu einem wahren Könner machen.

Über die Autorin

Bei uns in der Familie war es Tradition, dass meine Mutter Karten legte. Und so wuchs ich mit Karten und einer gewissen Art von Übersinnlichkeit auf. Gerne schaute ich ihr über die Schulter, lauschte und war neugierig, wenn Klienten zu meiner Mutter kamen und die Zukunft wissen wollten. Es faszinierte mich und ich wollte wissen, ob ich denn in den Karten auch etwas sehen könne. Die Grundbedeutungen hatte ich mir ja von ihr erklären lassen. Auf die Idee, dass ich das erst erlernen müsste, kam ich als Kind nicht. Also schaute ich auf das ausgebreitete Kartenblatt mit den bunten Bildern und plapperte unüberlegt los. So kam es, dass ich über den Tod, die Engel, die Katastrophen genauso redete, als ob es sich um ein freudiges Ereignis handeln würde.

Lange hat es gedauert, bis ich kapiert hatte, dass zum Kartenlegen mit anderen mehr gehört, als nur die Wahrheit herauszupoltern. Ich begriff, dass es auf den richtigen Umgangston, das Mitfühlen, das richtige Wort zum richtigen Zeitpunkt, ankommt. Psychologie war damals nicht unbedingt meine starke Seite und so stellte ich meine Beratungen in Jugendjahren schnell wieder ein. Ich brachte es damals nicht fertig, den Menschen schlimme Ereignisse oder gar den Tod vorauszusagen.

Viele, viele Jahre später, als ich in die spirituellen Bereiche hineingewachsen war, bekam ich dann ein schönes Kartendeck, das sich »Tarot« nennt, geschenkt. Es hatte nichts mehr mit den kleinen 36 bunten Bilderkarten meiner Kindheit zu tun. Lange beschäftigten mich diese Karten und letztendlich schrieb ich zwei Bücher darüber. Doch alles in allem kehrte ich wieder zu meinen Ursprüngen zurück.

Ich denke, so wie mir ergeht es vielen Menschen, die mehrere Systeme oder unterschiedliche Bildkarten verwenden. Es wurde mir schon des Öfteren von Menschen berichtet, die Lenormandkarten sprächen zu ihnen, es würden sich bei ihnen Bilder einstellen, während sie bei den Skatkarten lernten und lernten, und es würde nichts Vernünftiges daraus. Ich erkläre dann immer wieder, dass die Lenormandkarten die Bildkarten der Seele sind, während die Skatkarten den rationalen Aspekt des Geistes darstellen.

Mein Weg war lang, oft mühevoll, ich war des Lernens und des Herumexperimentierens müde geworden, doch im Rückblick, siehe da, es hat sich gelohnt. Ich habe meine Hobbys Lesen, Schreiben und Beraten zu meinem Beruf und zu meiner Berufung gemacht.

Über die Mlle Lenormand-Karten

Die 36 kleinen bunten Karten der Mlle Lenormand sprechen unser Auge und unser Inneres, die Seele, an. Begriffe wie Reiter, Vögel, Hund oder Maus sind leicht zu deuten, und daher ist es uns sehr schnell möglich, diese Karten in ihren Grundbedeutungen zu erlernen und einfache Zusammenhänge zu erfassen und wahrheitsgemäß prophezeiend wiederzugeben. Es sind klare Bilder, die tief unsere Seele berühren, und mittels unserer Intuition erreichen wir, wenn wir »gut drauf« sind, den mythologischen Bildspeicher unserer Seele und deren Verbindung zu unserem höheren Selbst auf einer höheren Ebene, auch Anderswelt oder Akasha genannt. Das gesamte mythologische Wissen ist darin gespeichert, und wir Menschen rufen es nur ab. Der eine besser, der andere schlechter, doch wir können es alle.

Die großen 54 Astro Mythological-Lenormandkarten sind faszinierend und beinhalten unendlich viele Aussagen. Wenn wir sie verstehen wollten, müssten wir uns jahrelang mit altem Wissen, Legenden, Sagen, Philosophie und Religionen beschäftigen, was in unserer heutigen Zeit nur noch den wenigsten möglich ist. Normalerweise müssen wir arbeiten, um in dieser Welt zu überleben. Da dies seit Jahrhunderten bereits der Status quo unserer Lebensbedingungen ist, wurden 36 Karten in eine brauchbare Form gebracht, die trotz allem die Faszination des Mystischen beibehalten haben. Jede Karte ist in einer Zweier- oder Dreierkombination beschrieben und allein dies sind bereits ca. dreitausend Aussagen.

Trotzdem lässt sich nicht jede Frage korrekt oder wie gewünscht beantworten. Dafür kann es viele Gründe geben. Vielleicht ist heute nicht der richtige Tag, oder die Antwort wäre Ihnen zu unglaubwürdig oder, oder ... Doch es ist so wie mit allem, was neu ist; der Mensch lernt und begreift schnell und eines Tages, ganz unverhofft, meldet er sich zur »Meisterprüfung« an. In diesem vorliegenden Buch wurde deshalb versucht, die Quintessenz des alten mythologischen Wissens und der Weisheit verständlich in unsere moderne Sprache zu bringen, obwohl die deutsche Sprache oftmals nur einen unzureichenden Ausdruck bietet und eine Umschreibung oder eine Metapher notwendig wäre, um das Wissen aufzudecken.

Dieses Wissen ist in unserer Handbuch-Reihe aufgeschlüsselt und es sind über 10.000 Aussagen, die Sie, lieber Leser/innen, aber nun wirklich nicht auswendig können müssen. Die Quintessenz davon reicht, der Rest kann nachgelesen werden.

Über Mlle Lenormand

Marie Anne Adelaide Lenormand wurde am 27. Mai 1772 in Alençon in der Normandie geboren und erhielt als Wahrsagerin den Namen **»Die Sibylle von Paris«.** Selbst Napoleon prophezeite sie die Siege und die Niederlagen.

Allein die Bezeichnung »Die Sibylle von Paris« lässt auf eine außerordentliche Qualität ihrer Kartenaussagen schließen. In vergangenen Jahrhunderten wurden nur die Prophetinnen der heiligen Tempel als Sybillen bezeichnet, was uns aus der griechischen Mythologie überliefert wird. Diese Prophetinnen bezogen ihr Wissen durch Schulungen in den Mysterien und besaßen die Gabe des prophetischen Gesichtes, was wir heute vereinfacht als Hellsehen oder Zukunftsschau bezeichnen.

Diese Attribute schreiben wir Mlle Lenormand, die im Kloster aufgewachsen ist, anhand ihrer Biografie auch zu. Eine Einweihung in die Mysterien ist nicht auszuschließen.

Leider wurden nur Fragmente der alten Bildkarten überliefert, aber wir wissen, dass sich die 36 Karten des »Kleinen Lenormand« aus dem »Grand Jeu de Mlle Lenormand Astro Mythological-Karten« entwickelten, beziehungsweise wurden sie für den normalen Gebrauch auf einfache Bildkarten reduziert.

Klientenumgang

Als gute/r Kartenleger/in ist Ihnen auch das Maß an Verantwortung bewusst, das Sie anderen Menschen gegenüber haben, wenn Sie dem Fragenden Ihre Sicht der Zukunft darstellen. Bitte denken Sie vor allem daran, Ihr Gegenüber nicht zu überfordern, wenn Sie Kartenlegen praktizieren.

Stellen Sie sich vor: Vor Ihnen sitzt ein völlig rationaler Mensch, fast ausschließlich vom Verstand beherrscht, der wissen möchte, warum er nicht weiterkommt, bei Beförderungen übergangen wird, seine Partnerin ihm weggelaufen ist, und ob er nicht lieber das Berufsangebot in der anderen Stadt annehmen sollte. Eigentlich würde »Spirituelles Kartenlegen« Ihnen in diesem Moment die Schwachstellen, karmischen Verstrickungen oder Blockaden offenbaren, die der Klient hat. Aber will – und was noch wichtiger ist – kann Ihr Klient die Wahrheit verkraften?

In so einem Fall kommt es ausschließlich auf Sie an, auf Ihr psychologisches Einfühlungsvermögen und Ihr Geschick, Ihrem Gegenüber mit einfachen Worten die Wahrheit so zu präsentieren, dass er Sie verkraften und seine Handlungen dementsprechend gestalten kann. Es nützt dem anderen herzlich wenig, wenn Sie ihm erzählen, er wäre medial veranlangt, oder seine Seele wäre krank oder er könne bald hellsehen, wenn dieser sich mit irdischen Problemen herumschlägt. Entweder er hört Ihnen nicht zu, oder er weist solche Möglichkeiten weit von sich. Er ist der Meinung, dass er praktische Lösungen (irdische) benötige und nicht geistige.

Genauso unsinnig wäre es, einem Klienten, der von Geistern und Hausbesetzungen spricht und wissen möchte, wie das Leben bei ihm weitergehen soll, nur mit dem Grund- und Basiswissen zu antworten. Es kommt wie bei allem im Leben auf den richtigen Mix an. Von Vorteil wäre, wenn Sie das Grundwissen aus dem Effeff beherrschen würden und das spezielle Wissen aus den Bereichen »Emotionales«, »Finanzielles«, »Spirituelles« und »Traumdeuten« zu einem Ganzen verbinden könnten. Nicht verzweifeln, Übung macht den Meister!

Vorbereitung

Nun erlaube ich mir, eine, wie ich meine, Selbstverständlichkeit anzusprechen. Bereiten Sie sich für den Klienten vor. Geben Sie sich selbst vor dem Termin noch einige Minuten Zeit. Werfen Sie noch schnell einen Blick in den Spiegel und bestätigen Sie sich, dass Sie sich heute, gerade jetzt in diesem Augenblick mögen und dass Sie sich schön oder zumindest gut aussehend finden. Das ist ganz wichtig für Ihr Selbstbewusstsein. Denn, wenn Sie sich in Ordnung finden, wird der andere Sie auch in Ordnung finden und es wird keinem, noch so sehr gestylten Klienten mit einem überzogenen, nach außen getragenen Selbstbewusstsein gelingen, Sie unsicher zu machen.

Gehen sie immer davon aus, der Klient will etwas von Ihnen, braucht Rat oder muss Entscheidungen treffen. Und er kommt zu Ihnen. Ja, genau zu Ihnen, und nicht zu irgend jemand anderem, vielleicht Erfahrenerem. Seien Sie versichert, das hat seine Richtigkeit, jeder bekommt das, was er genau zu diesem Zeitpunkt für seine Entwicklung braucht. Genau das, nicht mehr und nicht weniger. Das ist das kausale Gesetz von Ursache und Wirkung, dem sowohl Sie als auch Ihr Klient in diesem Zeitrahmen unterstehen.

Ratschläge

Ratschläge zu geben ist gut und schön, doch bitte seien Sie vorsichtig damit. Zu viel in eine Richtung drücken verwandelt den oft gut gemeinten Rat in einen Rat-Schlag. Und da wären wir beim Missionieren, was nun wirklich keinem Betroffenen gefällt. Denn missioniert werden ist doch im Grunde nichts anderes als bevormundet zu werden. Man will den anderen von seiner eigenen Meinung, seiner Glaubensrichtung und seinen Wertvorstellungen überzeugen, um einen weiteren Gleichgesinnten (weiteres Schaf in der Herde) zu haben. Doch Schafe denken nicht selbstständig, sondern trotten in der Herde, auch dem Hirten hinterher, der sagt, wo es längs geht.

Sie sehen, egal in welcher Richtung, wenn Sie vehement auf den Klienten einreden, lässt er sich möglicherweise zum Schaf machen. Das heißt, er würde Sie dann häufig anrufen und darum bitten, dass Sie ihm seine Entscheidungen abnehmen. Auch wenn Sie ihm dann konkret sagen, was er tun soll, wird er vieles davon nicht durchführen und mit dem gleichen Thema wieder und wieder anrufen oder vorbeikommen.

Es ist nicht Sinn und Zweck einer guten Kartenberatung, dem anderen Entscheidungen aufzudrängen oder gar abzunehmen. Im Gegenteil, als gute/r Kartenleger/in haben Sie die Pflicht, den Klienten in seiner Entscheidungsfähigkeit zu stärken und ihn zum selbstständigen Handeln zu veranlassen. Ansonsten werden Sie zum Hirten einer Herde. Auf längere Sicht gesehen werden Sie dabei leer und brennen aus. Denn Ihre Psyche wird von den Prob-lemen anderer Menschen überflutet. In der Realität erkennen Sie es daran, dass Sie dann bei fast jedem Termin den Verdacht hegen, der Klient kostet Sie Kraft bzw. entzieht Ihnen Kraft.

Was ich hier gerade beschrieben habe, ist keine graue Theorie, sondern sind meine eigen Erfahrungen und die meiner langjährigen Kollegen. In der Praxis zeigt es sich dann so, dass eine gute, immer für einen dagewesene Kartenlegerin sich plötzlich für ein Jahr oder noch länger eine Auszeit gönnt und einfach nicht mehr zu erreichen ist.

Störungen

Ja, was ist noch wichtig? Lassen Sie sich während des Termins nicht von Mitgliedern Ihrer Familie stören, auch nicht von den Kindern. Sorgen Sie dafür, dass Sie sich beide, wenn ein eigener Raum nicht möglich ist, zumindest an ein abgeschiedenes Plätzchen zurückziehen können. Ach ja, und seien Sie in dieser einen Stunde voll konzentriert für den Klienten da. Wenn er reden will, so lassen Sie ihn reden. Wenn er schweigen will, so lassen Sie ihn schweigen. Es soll Ihnen in diesem Zeitrahmen so recht sein, wie es ist. In meinen CDs »Geführte Meditationen« gibt es einen Satz, der lautet: »Du musst nichts wollen, Du musst nichts sollen, alles was geschieht ist gut«. Dieser kleine, bei mir bereits im Bewusstsein verankerte Satz, hat mir nicht nur bei Klienten oder Seminaren geholfen die Dinge so zu akzeptieren, wie sie sind. Heute noch, nach so vielen Jahren, auch im täglichen Leben lautet mein Leitsatz: Du musst nichts wollen, Du musst nichts sollen, alles was geschieht ist gut!

Es versteht sich von selbst, dass man bei jeder Beratung sein Bestes gibt und trotzdem jede Situation so hinnimmt, wie sie ist. Nämlich gelassen.

Mitleid

Bewusst will ich hier das Thema Mitleid ansprechen. Es entsteht eine außerordentlich schlechte Situation, wenn Sie ins Mitleid fallen, weil der Klient gerade eine unschöne Trennung von seinem Partner verkraften muss oder er gar Haus und Hof verloren hat oder, noch schlimmer, ein Kind. Sicher, es gibt schreckliche Schicksale und Sie als Kartenleger/in werden sich im Laufe der Jahre vieles anhören müssen. Bei manchen Leuten drängt dann Ihr Inneres zur Hilfe und Mitleid wallt hoch. Sie wollen helfen.

Allerdings werden Sie durch Ihr Mitleid und das Helfenwollen parteiisch. Das heißt, Sie ergreifen Partei für den Klienten, für das Opfer. Damit trüben Sie zum einem die klaren Aussagen der Karten, denn Sie interpretieren dann aus einer emotionalen Haltung für den Klienten, anstatt neutral zu deuten. Damit entgehen Ihnen wichtige Hinweise der Karten, die wertvoll für den Klienten wären. Und zum anderen, Mitleid, also Mitleiden, hilft niemandem, weder Ihnen noch dem anderen. Mitleid schwächt Ihren Organismus, reaktiviert Ihre alten Wunden und lässt Sie in Emotionen abtrudeln.

Das Einzige, was ich Ihnen und mir in solch einem Fall zugestehe, ist Mitfühlen. Das bedeutet für mich, Verständnis aufbringen, Verstehen zeigen, zu sagen, dass ich das Drama nachfühlen kann, die Sorgen und Nöte nachvollziehen kann. Wenn der Klient offen ist, gebe ich ein paar nützliche praktische Tipps und stärke seinen Lebensmut. Ich vermittle ihm das Gefühl, dass er es schafft, gleichgültig in welchem Dilemma er steckt. Dadurch bleibe ich unparteiisch und im Geist klar. Das hat den Vorteil, dass mir die wertvollen Hinweise des Kartenlegeblattes nicht entgehen können. Damit helfe ich ihm und mir am besten.

Betrachten Sie sich während der Zeit des Kartenlegens als Arzt. Ein Arzt kann nur helfen und heilen, wenn er seine fünf Sinne klar beisammen hat. Nur dann ist er für seine Patienten eine echte Hilfe. Seien Sie immer die neutrale Person. Das heißt nicht, dass Sie Ihr Herz und Ihr Inneres verschließen sollen, sondern nur, dass Sie das Leid nicht in sich hineinlassen sollen. Ob sie es hineingelassen haben erkennen Sie daran, wenn Sie Stunden danach sich noch mit den Ungereimtheiten im Lebens Ihres Klienten beschäftigen. Wie gesagt, das entzieht Energie. Besonders Mitleid und nicht wirkliches Handelnkönnen entzieht mehr an Energie, als allgemein angenommen wird. Mitfühlen, Verstehen und Verständnis zeigen entziehen nur ein kleines bisschen Energie. Das verkraftet man als Mensch ganz gut. Jedoch am besten wäre es, wenn Sie ganz neutral, also völlig unparteiisch wären, aber wer ist das schon? Wir sind doch alle alte mitfühlende Seelen.

Kosmische Gaben

Sicher werden Sie mir zustimmen, wenn ich sage, im Kosmos, in der gesamten Natur, sowie im Himmel und auf Erden herrscht Überfluss, Fülle und Reichtum. Andererseits leiden Menschen Not, haben nichts zu essen, ihre Umwelt ist Hitze, Dürre, Überschwemmungen oder auch eisiger Kälte ausgesetzt. Trotzdem ist kosmisch gesehen alles ausreichend vorhanden. Jedoch wir als Menschen tun uns schwer, es zu akzeptieren und wünschen uns gerne gemäß unserer inneren Strukturen, unserer Zugehörigkeit zum kollektiven Ganzen eine gerechtere Verteilung.

Genauso wie in der Natur verhält sich die Verteilung der kosmischen Gaben beim Menschen. Einer kann sehr gut hellsehen, doch dafür versteht er z.B. nichts vom Rutengehen. Der andere ist ein Meister im Channeln, während ihm eine Zukunftsvorhersage über Karten mehr als mysteriös und unheimlich vorkommt. Das ist auch okay so. Denn stellen Sie sich mal vor, jeder könnte alles, jeder würde genau die gleiche Vielfalt erhalten wie alle anderen. Das wäre doch erschreckend, denn dann würde die gesamte Menschheit kaum über eine gewisse Mittelmäßigkeit hinauswachsen.

Die Entwicklung des Guten und der Spiritualität, würde sich um tausende von Jahren verzögern. Zwischenzeitlich würde sich die Menschheit vernichten und nur wenige würden den Weg in die Einheit finden.

Mit dieser kleinen Einführung möchte ich hier verdeutlichen, dass es für unsere irdische Entwicklung einen kosmischen Plan gibt, den wir als Menschen in seiner Dimensionalität nicht einschätzen können, der aber durchaus korrekt und richtig ist.

Doch wir als Seelen auf diesem Planeten können davon ausgehen, dass wir nicht das erste Mal hier sind und alle, die sich im Hier und Jetzt mit Kartenlegen beschäftigen oder sich dafür interessieren, haben Inkarnationen hinter sich, in denen sie sich bereits auf die eine oder andere Art mit Esoterik und spirituellen Themen befasst haben. Vielleicht denken Sie jetzt gerade, aber warum habe ich nicht eine große Bandbreite von Fähigkeiten, wenn ich schon früher damit zu tun hatte? Ich versichere Ihnen, diese Bandbreite ist in Ihnen vorhanden. Sie ist auf Ihrer Seelenspur angelegt und bei Bedarf könnten Sie auf alle ehemals erlernten Fertigkeiten und das Wissen zurückgreifen. Doch warum sollten Sie das? Viele Themen sind abgearbeitet, sind ausgelebt und für Sie überholt. Das müssen Sie in diesem Leben nicht mehr lernen, das hatten Sie schon getan. Doch wenn Sie es wollen und wünschen, können Sie gerade über die Bildkarten der Lenormand unbewusste Seeleninhalte sichtbar machen, und wenn Sie es wünschen und es Ihrer Entwicklung dienlich ist, kehrt alles latent vorhandene Wissen und Können zurück. Oft ist das nicht wünschenswert, denn erstens kann es zu einem Zuviel werden und zweitens tasten Sie automatisch auch karmische Belastungen an, die in dieser Inkarnation gar nicht abgearbeitet oder erlöst werden sollen.

Dankbarkeit

Sollten Menschen dankbar sein, dass Sie bestimmte Fähigkeiten haben und mit besonderen Gaben ausgestattet sind? Nein, Dankbarkeit ist nicht nötig, denn a) sind spirituelle Gaben genauso Talente wie das Verständnis für die Musik oder Mathematik und b) sind es natürliche Teile der Seele als Ganzes. Es ist genauso natürlich wie die Tatsache, dass wir zwei Arme und zwei Beine haben. Aber bestimmte Fähigkeiten oder Gaben zu haben, verpflichtet uns diese zu leben und in unseren Alltag einzuflechten. Also Dankbarkeit ist nicht nötig, aber »Adel verpflichtet« – demzufolge ist es unsere Pflicht und Schuldigkeit, die kosmischen Gaben zum Wohle aller einzusetzen und den kosmischen Kreislauf der Komplettierung aufrechtzuerhalten.

Finanzieller Ausgleich

»Zum Wohle aller Beteiligten«. Fantastischer Satz, der im Grunde genommen bedeutet, dass der Mensch dem anderen seine Fähigkeiten, z.B. Kartenlegen mit guter Beratung, zur Verfügung stellt. Gut, dies ist der eine Teil, zum Wohle des anderen. Nur, dadurch ist Ihr Wohl noch nicht befriedigt, denn Sie opfern Zeit, Wissen und Können und setzen sich ein. Hier muss ein Ausgleich für Sie erfolgen, der nur in finanzieller Form stattfinden kann, denn ein Blumenstrauß, Zigaretten oder ständige Essenseinladungen bringen Sie nicht weiter, im Gegenteil. Wir Menschen sind so angelegt, dass Geschenke wiederum verpflichten und beschränkt Schuldgefühle auslösen können. Es bedeutet letztendlich, sowie Sie mit Ihren spirituellen Fähigkeiten an die Öffentlichkeit gehen, müssen Sie das als normales Arbeiten betrachten, das eine gute Entlohnung wert ist. Und genau hier geraten viele ins Dilemma. Die Antworten der Menschen lauten: Ich weiß nicht, was ich verlangen soll? Ich bin doch noch nicht so gut, noch nicht perfekt. Ich kann mich nicht verkaufen. Ich habe schon versucht, Geld zu nehmen, aber meine Mutter und meine Freundinnen meinen, für göttliche Gaben darf man kein Geld nehmen.

So und so ähnlich lauten die Argumente, die mich dann sofort hellhörig werden lassen. Ich weiß, es geht hier um einen Menschen, der in anderen alten Inkarnationen seine Fähigkeiten, sein geistiges, auch spirituelles Wissen für nichts oder für einen Hungerlohn zur Verfügung stellte. Ja warum? Weil es damals so Brauch und Sitte war, selbst Dorfärzte, »Heiler,« waren in früheren Jahrhunderten arme Schlucker. Und spirituelle Hilfe ging fast ausschließlich auf Spendenbasis, lange Jahrhunderte, bis in die Gegenwart. Doch es war noch schlimmer, es gab Zeiten während der Inquisition, in denen Menschen wegen ihrer kosmischen Gaben geblendet, verbrannt oder gelyncht wurden. Andere wiederum zogen sich in die Berge oder Klöster zurück und legten Armuts- und Keuschheitsgelübde ab.

Die hier kurz aufgeführten Punkte sind die Hauptblockaden, warum sich Menschen scheuen, ordentliches, gutes Geld für spirituelle Arbeiten zu verlangen. Sie sind durch reaktivierte alte Armuts- und oft auch Keuschheitsgelübde aus vergangenen Leben gehindert, hier erfolgreich, glücklich und in Fülle zu leben. Sollten Sie sich auch nur ansatzweise in Teilen darin erkennen, so lösen Sie bitte die Behinderungen auf. Es ist dringend notwendig, denn eine Negierung der kosmischen Gaben löst die Behinderung nicht, sondern überträgt sie auf den irdischen Bereich, also dem Teil (Job), mit dem Sie auf irdischer Basis Ihr Geld verdienen. Mit der Zeit gibt es Knoten in allen Bereichen des Lebens.

Und nun zur finanziellen Entlohnung beim Kartenlegen. Betrachten Sie Kartenlegeberatungen einfach als gute handwerkliche Arbeit. Denn Kartenlegen und -deuten können muss man sich erarbeiten, erlernen. Dass die Intuition wächst und Sie beim Klienten oftmals über sich hinauswachsen und Erkenntnisse erfolgreich in Ihr Leben integrieren können, ist ein angenehmer kosmischer Bonus für Wachstum und Reife Ihrer Seele.

Geld- und Energieverlust

Eine handwerkliche Arbeitsstunde wird in der Regel derzeit mit 70 Euro berechnet, und das sollten Sie sich auch wert sein. Denn wenn Sie zu sehr und zu oft mit dem Preis runtergehen, schwächt das Ihre Lebensenergie. Irrtümlicherweise wird das oft dem Klienten zugeschrieben, der gerade bei einem ist. Es heißt dann hinterher: Ich bin total erschöpft, fühle mich leer und ausgelutscht. In der Tat, diese Klienten gibt es, aber ihr Anteil an der Gesamtklientel ist prozentual gesehen verschwindend gering.

Sollte Ihnen des Öfteren Energie nach Beratungsgesprächen fehlen, so empfehle ich eine Analyse zu machen, um die Ursache herauszufinden.

Mögliche Ursachen sind:
- Mangelndes Selbstwertgefühl.
- Mangelnde Konzentration auf den anderen.
- Ablenkungen, etwa durch hereinkommende Telefonate.
- Sich unsicher fühlen, da der andere selbstsicherer auftritt, als man sich selber fühlt.
- Unter Zeitdruck stehen.
- Verschlossenheit des Klienten.
- Klient, der ständig unterbricht.
- Sich aus dem Konzept bringen lassen.
- Sich nicht getrauen, die Wahrheit zu sagen.
- Mangelnde Freude an der Arbeit.
- Mitleiden.

Energieverlust kann viele Ursachen haben, aber wenn Sie eine Entlohnung verlangen, so können Sie bei »Energiesaugenden« oder nervigen Kunden immer noch denken: Die Stunde geht vorüber, ich gebe mein Bestes und meine Klientin bezahlt mich gut. Das hilft immer, um nicht auszulaufen.

Ritual für saubere Energie

Eine gute Hilfe ist auch, eine brennende Kerze auf dem Tisch stehen zu haben. Bitten Sie das kosmische Licht, welches hier die Kerzenflamme symbolisiert, alle diffusen Energien zu transformieren. Dies gilt nicht nur für den Kunden, der gegenüber sitzt, sondern funktioniert auch, wenn Sie am Telefon Kartenlegen machen. Diese kleine Bitte sprechen Sie am besten aus, bevor der Kunde zu Ihnen kommt. Wenn es einmal laut gesagt wurde, bestimmen Sie, dass es auf Dauer so sein soll. Gehen Sie dazu wie folgt vor:

Zünden Sie eine dicke Kerze an, die brennt länger. Stellen Sie sich davor. Falten sie die Handflächen zueinander – wie zum Gebet – mit den Fingerspitzen nach oben gerichtet. Schauen Sie ruhig und konzentriert in die Flamme und sprechen Sie laut.

»Ich bitte die kosmische Energie, alle schlechten, negativen Energien, die sich hier im Raum sammeln, ins Licht zu transformieren und in Liebe umzuwandeln.«

Danach heben Sie die Hände nach oben, bis die Fingerspitzen Ihre Stirn – das dritte Auge – berühren und sagen »Danke«.

Damit ist dieses kleine Ritual abgeschlossen. Praktizieren Sie diesen Vorgang wenigstens ein halbes Jahr lang kontinuierlich. Jedoch jedes Mal, wenn sie eine neue Kerze anzünden. Das setzt eine Automation in Gang und schafft auf Dauer eine gereinigte Atmosphäre, in der sich nichts Negatives mehr halten kann.

Lassen Sie die Karten sprechen

Ein paar Kleinigkeiten möchte ich noch anmerken, bevor Sie mit dem Lernen und Verstehen beginnen.

Wenn Sie Anfänger sind, so nehmen Sie sich bitte eine Karte nach der anderen und prägen sich den Inhalt der globalen Aussage gut ein. Denken und fühlen Sich sich in die Karte hinein, so lange, bis sie lebendig wird und anfängt Geschichten zu erzählen. Lassen Sie die Karten sprechen.

Zum Schluss sollten Sie dann in der Lage sein, wenigstens die Punkte der Kurzbedeutung, die rechts neben dem Bild an der Karte aufgeführt und als Grund- und Basiswissen vermerkt sind, in- und auswendig und auch noch im Schlaf aufsagen zu können. Erst dann sollten Sie beginnen, sich kleine einzelne Fragen mit drei Karten beantworten zu lassen. Notieren Sie alles. Fragen, Karten und ihre Antworten. Damit steigern Sie Ihr Wissen und Ihr Können schneller, als wenn Sie gleich mit dem großen Blatt beginnen.

Der Reiter – Herz 9

Karte Nr. 1

Grund- und Basiswissen

- *Nachrichten*
- *Botschaften*
- *Übermittler*
- *Kontaktperson*
- *steht für Gedanken*
- *im Werden, im Machen*

Nachrichten und Botschaften sind meistens freudiger Art.

Sie werden immer durch Dritte als Übermittler überbracht. Der Empfänger erhofft oder erwartet die Nachricht bereits. Der Reiter selbst überbringt nicht nur Nachrichten oder Botschaften, sondern auch Warenzustellungen. In dem Fall aber nur Kleinigkeiten.

Er gilt als Kontaktperson, auch im Liebesbereich. Da er merkurische Eigenschaften besitzt, betrachten Sie ihn als »Götterboten«, auch als »Amor«, der nur den Pfeil abschießt.

Er spiegelt die Gedanken und Wünsche, wenn er über der Person liegt. Links vor der Person die Gedanken über ihre Vergangenheit, rechts nach der Person die Realität der Zukunft.

Körperliches und geistiges Verhalten

Schnell, aktiv, meistens sportlich, lässig salopp, agil, veränderlich, spontan, offen und warmherzig, Frohnatur, gesprächsbereit, doch oft in Eile. Freundlich, aber eher mit neutraler Zuneigung als mit überschäumender Gunstbezeugung.

Berufsrichtungen

Boten jeglicher Art, Kurier-Paketdienste, Vermittlungsdienste, Nachrichtenüberbringer, auch Nachrichtenvermittlung. Repräsentanten, wie Vertreter, Bedienung, Verkäuferin, Sportler. Also Berufe, in denen man viel unterwegs ist, keine schweren Tätigkeiten.

Der Klee – Karo 6

Karte Nr. 2

Grund- und Basiswissen

- *Zeitkarte im Geistigen unberechenbar*
- *Zeitkarte im Irdischen sofort, unmittelbar*
- *bei Partnerwunsch bezogen im Irdischen bis zu fünfzehn Jahre*
- *bald, in Kürze*
- *Glückszufall, Überraschung*
- *kleines Glück – länger anhaltend*
- *Leichtigkeit*

Der Klee ist immer etwas Gutes. Wir haben Glück. Es kommt schnell, fast immer ist es klein, doch oft in Serie. Der Klee, dem Element Äther zugeschrieben, erklärt so manche Ungereimtheit, wieso – wenn nach Partnerwunsch gefragt, der Klee zum Liegen kommt, es auf bald und in Kürze hinweist –, das Ereignis aber trotzdem zehn Jahre lang nicht eintritt.

Mit unmittelbarer Personenkarte deutet es auf kurze glückliche Stunden hin. Wenn der Klee direkt unter den Füßen liegt, so sieht die Person nicht, dass sie Glück hat. Als Einzelkarte ist es immer etwas Kleines, Kurzes, Schnelles, ebenso Vorüberziehendes. Im Irdischen zeigt es oft die glückliche Hand z.B. beim Einkaufen, ein gutes Schnäppchen machen. Per Zufall ausgerechnet Bekannte treffen, die z.B. die Wartezeit angenehm verkürzen, auch kurze nette Stunden verbringen.

Körperliches und geistiges Verhalten

Unverhofft, überraschend, leicht, sorglos, nicht so sehr in die Tiefe gehend. Gesprächsbereit, aber eher unverbindlich. Offen für Abenteuer, auch Kurzurlaube oder nur die Lust Neues kennen zu lernen. Konsumiert Informationen, ohne groß zu werten.

Berufsrichtungen

Ist in der Lage, sich aus dem Stand heraus in viele Berufe einzuarbeiten, solange sie für ihn nicht langweilig werden. Braucht Abwechslung und Überraschungen, ebenso unverbindliche Kommunikation.

Das Schiff – Pik 10

Karte Nr. 3

Grund- und Basiswissen

- *Reise, Fahrt, Planungen*
- *Lebensreise*
- *Wasser*
- *Visionen*
- *visionäre Kraft des Geistes*
- *Hoffnung*
- *Träume*
- *Ziele*
- *Handel aller Art*

Das Schiff hat in der Grundbedeutung immer mit Reise und verreisen zu tun. Ein vorübergehender Ortswechsel, zu dessen Ausgangspunkt man immer zurückkehrt. Sollte keine Reise anstehen, deutet es auf alte, vor Jahren ad acta gehegte Träume hin, die nun verwirklicht werden wollen.

Das Schiff stellt auch die Hoffnung dar, z.B. auf ein besseres Leben, eine bessere Zeit, auf eine Erleichterung, und dass alte Träume und Visionen wahr werden.

Das Schiff spiegelt die tiefsten Schichten des Unterbewussten, den Teil, in dem die geheimsten Wünsche und Sehnsüchte versinken. Auch das, was Seele und unerlöster Schatten genannt wird.

Kommunikation, Planung und Verhandlungen versprechen den Erfolg, also das Geistige, weniger die Arbeit mit den Händen.

Körperliches und geistiges Verhalten
Der Versuch, Körper, Geist und Seele zu einer Einheit in Klarheit zusammenschmelzen zu lassen. Bereitschaft zu einem kalkulierbaren Risiko. Offen für Neues, auch wenn es hart erarbeitet werden muss. Aufbruchsstimmung. Elegant, trotzdem stabil, weltoffen, leicht beweglich, wendig, weit denkend und planend.

Berufsrichtungen
Handel, meist Import, Export. Planungen sehr großer Projekte. Schiffer, alles was mit Seefahrt zu tun hat, außer Maschinenbau.

Das Haus – Herz König

Karte Nr. 4

Grund- und Basiswissen

- *Haus/Wohnung*
- *Lebensplatz*
- *Der Körper als Ganzes*
- *Festigkeit*
- *Stabilität*
- *Schutz*
- *Sicherheit*

Das Haus deutet auf den Lebensplatz hin und auf die vorhandene Festigkeit. Wenn es mit guten Karten umgeben ist, zeugt von es Stabilität, seriösem Verhalten und einem längerfristigen Aufenthalt in diesem Haus. Außerdem symbolisiert es den Körper des Menschen, es zeigt uns auch, wie stabil oder löcherig unsere Aura ist.

Da manche eklatante Angelegenheiten mit schwer wiegenden Folgen sich meistens aus der häuslichen Zone entwickeln, ist besonders zu beachten, ob und mit welchen Karten Ihr Haus flankiert ist. In diesen Querverbindungen erkennen Sie die Gefahren, die Ihnen in dem Haus oder dem Haus drohen. Unter diesem Kartenaspekt sollten Planungen immer langfristig kalkuliert werden. Und es wird immer notwendig sein, eine Sicherheitsreserve einzubauen.

Körperliches und geistiges Verhalten

Stabilität und seriöses Verhalten. Gastfreundlich. Friedfertig, gelassen und gemächlich, wenn es um wichtige Entscheidungen geht. Für und Wider wird gut überlegt, wobei Zweifel durch Gelassenheit und positives Denken beseitigt werden. Zieht eher das langsam gewachsene Solide dem schnellen riskanten Glück vor.

Berufsrichtungen

Hausfrauen, Arbeiten im Haus, Geschäfte, die im Lebenshaus integriert sind. Handwerkliche Tätigkeiten bevorzugt, bei denen man sehen kann, dass fertige Produkte entstehen.

Der Baum – Herz 7

Karte Nr. 5

Grund- und Basiswissen

- *Lebensort*
- *Lebensraum*
- *Verbundenheit zu Region, Land, Kontinent*
- *Langsamkeit*
- *Monotonie*
- *Langeweile*
- *Wald, Holz*
- *ländliche Gegend*
- *Gesundheit*

Der Baum besagt immer, dass die Wurzeln, des Menschen, der Materie und der Arbeit mit dem Partner oder dem Lebensbereich fest verwurzelt sind. Diese Verwurzelung mit dem Bereich ist keine neue Verankerung, sondern eine bereits lange bestehende, auch wenn es im Außen nicht sofort sichtbar ist.

Der Baum scheut Umzüge oder Veränderungen, bleibt lieber bei der »Scholle«, also bei dem, was er kann, gelernt hat, worauf er sich verlassen kann. Langfristiges Engagement ist von ihm nur zu erwarten, wenn es sich um die Natur im weitesten Sinne handelt. Von anderen Aktivitäten wird er sich nur für kurze Zeit mitreißen lassen. Wenn es zu kompliziert oder verworren wird, steigt er einfach aus und zieht sich in seine gewohnten Bereiche zurück, denn er achtet auf seine Gesundheit.

Körperliches und geistiges Verhalten
Unerschütterlichkeit, die Fähigkeit zu verzeihen und Gleichmut für Torheiten aufbringen zu können. Stabilität und zum großen Teil eingefahrenes vorhersehbares Verhalten. Wenig Elan und wenig eigene Aktivität. Anpassungsfähig an traditionelles Verhalten. Als Partner stabil, aber wenig überraschend, jedoch erziehungsfähig. Etwas langsamer im Denken.

Berufsrichtungen
Nahrungs- und Genussmittelanbau. Land- und Forstwirtschaft. Auch ökologische Berufsrichtungen, diese können auch zu Tätigkeiten in anderen Ländern führen.

Die Wolke – Kreuz König

Karte Nr. 6

Grund- und Basiswissen

- *Verstand, Verstandesanalyse*
- *Disput zwischen Ego und Gefühl*
- *Denken, entscheiden und zweifeln*
- *Disharmonie zwischen Seele und Geist*
- *Gespaltenheit*
- *abstoßende Polaritäten*
- *Nebulös, unklar*

Die Bedeutung der Wolke könnte man auch mit »hängt sein Fähnchen nach dem Wind« umschreiben. Doch nicht aus dem Grunde, weil die Wolke leicht zu beeinflussen ist, sondern weil sie zu viel denkt, selber zweifelt, sich oft gnadenlos selbst analysiert und zum Schluss alle ihre Vorhaben wieder rückgängig macht. Und so geht das Jahr für Jahr, drei Wochen positiv nach vorne gedacht und dann drei Wochen negativ nach hinten gedacht. Dass sie ein »Zweifler vor dem Herrn« ist, werden Sie weder auf den ersten noch zweiten Blick erkennen.

Die Wolke steht für exzellente Planung, hat Struktur und verspricht Erfolg, wenn sie sich durch ihre Zweifel nicht selbst im Weg stehen würde. Dieses Chaos spielt sich nur im Kopf ab und muss durch den Kopf geklärt werden, und der Mensch sollte bei seiner getroffenen Entscheidung bleiben. Denn wenn diese Karte auftaucht, stehen immer Entscheidungen an, die getroffen werden müssen.

Körperliches und geistiges Verhalten

Klug, sehr intelligent, sehr brillantes Denken, schnell, alles Wichtige kann in kurzen knappen Sätzen zusammengefasst werden. Auf der dunklen Seite wird dann allerdings eine meisterhaft intellektuelle Debatte geführt, die nach Stunden noch nicht ausgestanden ist.

Berufsrichtungen

Redner, Politiker, Unternehmer, Führer, Berater.

Die Schlange – Kreuz Dame

Karte Nr. 7

Grund- und Basiswissen

- *Verwicklungen*
- *Verstrickungen*
- *Komplikationen*
- *Strategien*
- *Raffinesse*
- *energetische Verbindungen*
- *Seelenverbindungen*

Die Schlange bedeutet immer Verwicklungen, Verstrickungen, Komplikationen. Es ist ungesund, gegen eine Schlange zu kämpfen, dazu wird die List und Schläue des Fuchses benötigt, um zu siegen oder unbeschadet ihrem Fang wieder zu entkommen.

Die Schlange steht immer für einen klugen, exzellenten Lehrmeister, denn sie ist auch weise. Doch gleichgültig, ob sie ihre Gaben positiv oder negativ einsetzt, man kann immer von ihr lernen, jedoch Vorsicht vor dem Blenden, es ist nicht alles Gold, was glänzt.

Diese Karte steht oft für Freundin, Geliebte, Schwiegermutter, Vorgesetzte oder eine weibliche Amtsperson, mit der man einen Kampf ausficht. Ohne Personenbezug warnt sie immer vor Komplikationen und Verwicklungen und mahnt uns zur Vorsicht. Hier heißt es, bessere Strategien zu entwickeln, ansonsten werden wir uns noch öfter mit denselben Problemen herumschlagen müssen.

Körperliches und geistiges Verhalten

Sehr intelligent, raffiniert, doch leichtes und zumeist lockeres Verhalten. Sehr wandelbares Äußeres, oft auffallend, da ein gewisses Charisma vorhanden ist. Kann sich gut in Szene setzen, weiß ihren Vorteil zu nutzen.

Berufsrichtungen

Lehrende und beratende Personen. Sekretär/innen, Abteilungsleiterinnen, auch Models.

Der Sarg – Karo 9

Karte Nr. 8

Grund- und Basiswissen

- *Auszeit*
- *Hilflosigkeit*
- *Ohnmachtsgefühle*
- *Bedeutungslosigkeit*
- *Trennung von Altem*
- *Bewusstwerdung*
- *Ruhepause vom Kosmos verordnet*
- *kranker Zustand*
- *Erneuerung der Kraft*

Der Sarg bedeutet immer, etwas Vergangenes ist begraben oder muss begraben werden. Nach einer gewissen Ruhephase – auch oft Trauerzeit genannt –, wird der Mensch für neue Taten bereit sein.

Der Sarg steht für einen Übergang, bzw. eine Bewusstwerdung für die Zukunft. Es ist keine Phase der Entscheidungen, denn dabei kommt kaum etwas Vernünftiges heraus. Diese Auszeit des Sarges macht den Menschen sensitiver, und viele entdecken im Nachhinein einen spirituellen Fortschritt.

Wenn diese Karte auftaucht, sollten wir gelassen bleiben und die Dinge hinnehmen, wie sie sind, denn an den Ist-Situationen kann der Mensch im Hier und Jetzt nicht rütteln. Sie lassen sich einfach nicht verändern. Obwohl hier von Verlust, Loslassen und Trennung die Rede ist, heißt das nicht, dass die Finanzen im Keller sind. Unter diesem Kartenaspekt ist immer ausreichend für das Finanzielle gesorgt. Es wird immer zum Überleben reichen.

Körperliches und geistiges Verhalten

Nicht handlungsfähig, nicht entscheidungsfähig, passiv, sich hilflos, zum Teil wertlos fühlen. Hängen lassen, treiben lassen, nichts hören und nichts sehen wollen. Lustlosigkeit, aber keine richtige Depression.

Berufsrichtungen

Pathologie, Bestattungsunternehmen, auch unter Tage arbeiten.

Die Blumen – Pik Dame

Karte Nr. 9

Grund- und Basiswissen

- *große spontane Freude*
- *freudige Festlichkeit*
- *geistige Helfer*
- *Spontanheilung*
- *Transformation von schlechten Energien*
- *Vollendung*
- *Freude über Erfolg*
- *Wünsche gehen in Erfüllung*

Was gestern noch krank, schlecht, kaputt oder unmöglich war, mit den Blumen wird das Märchen wahr. Sie stehen im Allgemeinen für die Hilfe aus jeglichen Bereichen. Hier wird keiner allein gelassen, vergessen oder im Stich gelassen, sondern im Gegenteil gelobt, geachtet, geschätzt und geehrt. Das äußert sich immer sichtbar im Außen. Ein kranker Mensch wird bemerkenswert schnell wieder gesund. Auf ein Finanztief erfolgt umgehend der Geldsegen. Und aus dem Liebeskummer entwickelt sich rasch eine neue Partnerschaft oder eine Versöhnung. Also auf etwas Schlechtes folgt etwas Gutes.

Die Blumen erfüllen uns unsere Wünsche, oft sogar die, die wir vergessen haben. Auch stehen sie für Geselligkeiten und überraschende Besuche, die in irgendeiner Art eine Kostbarkeit darstellen. Wir können sie auch als Vollendungskarte betrachten, denn hier geschehen die Dinge ohne unser Zutun, und das bestens. Doch vergessen wir eins nicht: zuvor haben wir dafür gearbeitet.

Körperliches und geistiges Verhalten

Sehr handlungsfähig und entscheidungsfreudig. Glücklich sein. Sehr aktiv, fröhlich, lachend, freudige Erwartung, gesunde Einstellung, selbstbewusst und wertbewusst. Geben und Nehmen ist im Ausgleich.

Berufsrichtungen

Kräuterverarbeitung, Blumenanbau, Architektur und Landschaftsgestaltung.

Die Sense – Karo Bube

Karte Nr. 10

Grund- und Basiswissen

- *Prüfungskarte des Schicksals*
- *Vorsicht*
- *Schrecken*
- *Gefahr*
- *plötzliche Wende*
- *abrupte Beendigung*
- *kurze entscheidende Kontakte*

Keine Freude, kein Glück währt ewig, und schon kommt die Sense um die Ecke und versucht es mit einem einzigen scharfen Schnitt zu zertrennen. Scharf, schnell, abrupt und schmerzend.

Vorsicht ist geboten, denn die Sense deutet auf einen Verlauf der Ereignisse hin, die der Mensch nicht unbedingt geplant hat. Sie will uns immer etwas, das wir haben, besitzen, streitig machen und uns zu etwas zwingen, was wir so nicht wollen.

In neunzig Prozent der Fälle wird in Liebesangelegenheiten die Sense durch charmante hinreißende Personen ausgelöst, die die Partnerschaft in Null-Komma-Nichts durcheinander bringen. Zum Beispiel sagt uns die nachfolgende Karte dann sehr genau, ob es sich um finanzielle Verluste oder nur um ein großes Schreckereignis handelt. Doch gleichgültig wie, sie bedeutet immer eine unverhoffte Gefahr, der es auszuweichen gilt.

Körperliches und geistiges Verhalten

Aktiv, charmant, spritzig, interessant, weltoffen, gutes Benehmen, weiß sich gut zu kleiden und seinen Vorteil zu nutzen. Überzeugt durch Charisma und Redegewandtheit. Schnelligkeit, überraschende Angriffe.

Berufsrichtungen

Metallverarbeitung und Computerarbeiten. Technik im Allgemeinen, je komplizierter, desto lieber.

Die Ruten – Kreuz Bube

Karte Nr. 11

Grund- und Basiswissen

- *Kommunikation*
- *Streitigkeiten*
- *Alltagssorgen, Stress*
- *stetige Ärgernisse*
- *rechtliche Verhandlungen*
- *schneller Wechsel von Meinungen*

Durch ihre Kommunikation spielen die Ruten bei allen wichtigen Lebensfragen eine bedeutende Rolle. Sie zeigen uns, wie das Miteinander läuft. Gute aufbauende Gespräche erkennt man an den Karten, die oberhalb der Ruten und diagonal rechts nach oben an der Karte Ruten anliegt, diese beiden müssen dann positive Karten sein.

Jedoch zeigen uns die Ruten, dass die Dinge nicht im Reinen sind, sondern geklärt, ausdiskutiert und beigelegt werden müssen. Sie weisen uns auf dringend erforderliche Gespräche hin, denn Ärgernisse, Kümmernisse, Stress und alltägliche Sorgen nehmen bedrohliche Formen an, die langfristig gesehen den Lebensweg beeinträchtigen würden.

Körperliches und geistiges Verhalten
Gerät leicht in Stress über Alltagssorgen. Kleinigkeiten werden überbewertet, macht aus einer Mücke oft einen Elefanten. Teilweise zu ungestüm, redet zu schnell, verhaspelt sich, im Stress ohne Punkt und Komma. Wird im Gespräch hitzig und ereifert sich. Stürmt los und will die Dinge erzwingen (wie im jugendlichen Ungestüm), obwohl er vom Alter her durchaus reifer sein müsste. In der beratenden Funktion zeigen sich die Ruten wesentlich reifer und gelassener.

Berufsrichtungen
Beratende Tätigkeiten, vorwiegend im Rechtlichen und auch dem Finanzdienstleistungsbereich.

Die Vögel – Karo 7

Karte Nr. 12

Grund- und Basiswissen

- *schnelle Meinungsverbreitung*
- *Getratsche, Gerede, Geschimpfe*
- *Hektik, Nervosität*
- *Aufregungen*
- *Mobbing – Gerüchteküche*
- *ab 2 Personen*
- *Telepathie über kollektive Schwingungen*
- *Leichtigkeit des Seins*

In jedem Getratsche steckt ein Körnchen Wahrheit, sagt eine alte Weisheit. Doch Menschen handeln nicht immer weise, manchmal lassen sie ihren Emotionen freien Lauf. Sie schnattern wie die Vögel, setzen Gerüchte in die Welt, machen sich Gedanken über den Nachbarn oder eine Arbeitskollegin und fangen an zu mutmaßen. Sie sprechen mit anderen oft nicht über Tatsachen, sondern über ihre eigenen Vermutungen die sie z.B. über den Nachbarn haben. Der Empfänger nimmt es dann als bare Münze und trägt es weiter, dann der nächste und übernächste ebenso. Hektik, Unruhe und eine Gerüchteküche ist am Brodeln. Die Wellen schlagen über der angegriffenen Person zusammen und diese weiß nicht richtig, wie sie sich wehren soll. Selbst wenn man das Besagte zurücknimmt, bleibt doch etwas hängen. Manchmal ist es klug, nicht zu reagieren und zu warten, bis sich die Aufregung verflüchtigt hat. Denn Vögel ziehen weiter, wenn sie an einem Ort kein Futter mehr finden.

Körperliches und geistiges Verhalten

Im Privaten: nicht in sich selbst ruhend, am Leben teilnehmen durch das interessantere Leben der anderen Menschen. Langeweile wird kompensiert, in dem man über andere spricht oder sie für sich reden lässt. Im Beruflichen: sehr großes Interesse an Sensationen, Neuheiten, Aufregungen.

Berufsrichtungen

Akrobatik, auch im Flugbereich. Berichterstattungen, wandernde Repräsentationsveranstaltungen, auch Hausfrauen.

Das Kind – Pik Bube

Karte Nr. 13

Grund- und Basiswissen

- *Neubeginn*
- *Start, Neustart*
- *etwas Kleines, etwas Reines*
- *unerschütterlicher Glaube*
- *Urvertrauen*
- *das Opfer*
- *verzeihen können*

Das Kind ist klein, es ist rein, sauber, ohne Falschheit, sondern voller Vertrauen und Glauben verzeiht es, wieder und wieder. Es wird beleidigt, gedemütigt, getreten und geschlagen, es weint und tobt, doch mit ein klein wenig Streicheleinheiten und dem Versprechen, dass von nun an alles besser wird, hat es das Ganze schon wieder vergessen und ist zu einem Neuanfang bereit.

Reinen Herzens glaubt es an das Gute im Menschen, sieht zuerst das Gute, und nochmals das Gute. Oftmals muss das Kind sehr teures Lehrgeld bezahlen, manchmal wird das Vermögen schwinden, es nimmt an Leib und Seele Schaden, wird krank, doch kaum sagt man ihm ein paar nette Worte, öffnet es bei der nächsten Person wieder vorbehaltlos sein Herz. Wird Seele und Körper des Kindes zu sehr verletzt, so kann sich das Kind in eine Traumwelt flüchten oder ein starrer, verbitterter einsamer Mensch werden.

Körperliches und geistiges Verhalten
Naiv, vertrauensvoll, glaubt an das Gute, schnell verzeihend, vergebend, lachend, fröhlich, unbekümmert, anschmiegsam, harmonie- und liebebedürftig, gibt oder schenkt, lieber als es selber nimmt.

Berufsrichtungen
Soziale helfende Berufe, Umgang mit Kindern, auch Tätigkeiten, in denen es spielen und Dinge erfinden kann.

Der Fuchs – Kreuz 9

Karte Nr. 14

Grund- und Basiswissen

- *schlau, wendig*
- *gerissen bis hinterhältig*
- *Täuschung*
- *Falschheit*
- *Prüfung, Test*
- *sich mit fremden Federn schmücken*

Der Fuchs ist auf der Pirsch. Leise schleicht er sich an seine Opfer heran, charmant oder auch nur freundlich zeigt er nicht seine wahren Gedanken. Seine Absichten wird man in der Realität erst spät erkennen, dann, wenn der Fuchs bereits kurz vor oder schon am Ziel ist. Vergleichen Sie es damit: Der Mensch wird eingeseift und merkt es nicht.

Der Fuchs versucht fast immer über dunkle Punkte auf der Seele an sein Opfer heranzukommen. Da der Fuchs schlau, wendig und sehr schnell in seinen Gedanken ist und über eine gute Intelligenz verfügt, kann er auch zwischen den Zeilen lesen und findet schnell die wunden Punkte des anderen heraus. Wenn der Fuchs für sich einen Vorteil sieht, wird er diesen so lange verfolgen, bis er erreicht hat, was er wollte. Sehen wir es so: Der Fuchs luchst den Menschen die Dinge ab, die er will.

Körperliches und geistiges Verhalten

Kann sehr besonnen und gelassen auf seine Ziele hinarbeiten, wendet Tricks bis zur Hin terhältigkeit an. Schmeichelnd, abwartend, taktierend, gerissen, nach außen hilfsbereit, wenn es zu seinem Vorteil gereicht. Gutes Auftreten, wenn nötig, anpassungsfähig, nur wenn es zu seinem Vorteil ist.

Berufsrichtungen

Tätigkeiten, in denen zwischen zwei oder mehreren Personen vermittelt wird.

Der Bär – Kreuz 10

Karte Nr. 15

Grund- und Basiswissen

- *allgemeiner Schutz*
- *Schutz und geistige Führung*
- *Ordnung, Recht und Gerechtigkeit*
- *Kraft und Stärke*
- *soziale Ausgeglichenheit*
- *nach alter Tradition*
- *traditionelle Ehen*
- *traditionelle Behörden*
- *traditionelle Institutionen*

Mit einem starken, kraftvollen Bären an seiner Seite kommt der Mensch durch jedes Hindernis hindurch. Denn der Bär sorgt für den sozialen Ausgleich und steht für Recht und Gerechtigkeit. Doch er kann auch sein Hab und Gut sehr gut verteidigen, aber er wird sich in allen Streitigkeiten korrekt und integer verhalten.

Der Bär steht für das Alte, das Eingefahrene, für den natürlichen Ablauf der Geschehnisse. Für ihn hat sich Tradition bewährt. Er zeigt selten Hektik und Eile und fährt damit sehr gut.

Diese Karte zeigt sich oft als Vater oder Vaterdominanzfigur, auch als Vorgesetzter, Chef und Behördenperson. Bei Problemen mit einer Behörde bedeutet sie immer eine gute, sozial zufrieden stellende Lösung. Doch keinesfalls sollte man einen Bären über Gebühr strapazieren, reizen oder ihm gar sein Recht streitig machen, denn dann wird aus dem Bären ein gereizter Stier.

Körperliches und geistiges Verhalten

Klug, groß, stark, behäbig, kraftvoll, gemütlich, stabil, treu, aber auch besitzergreifend, festhaltend und leidenschaftlich liebend.

Berufsrichtungen

Behördenpersonen auch in staatlichen Institutionen, Chefs, Abteilungsleiter in verantwortlichen Positionen.

Die Sterne – Herz 6

Karte Nr. 16

Grund- und Basiswissen

- *Wahrheit*
- *Klarheit*
- *Weite, Unerreichbarkeit*
- *Kälte*
- *inneres Wissen*
- *Siebter Sinn*
- *Hoffnung auf Erfolg und Gelingen*
- *Traum vom perfekten Glück*

Der Stern gibt uns mit seinem Licht die Hoffnung, dass die Nacht, das Dunkel beendet wird und der nächste Tag in neuem Sonnenlicht erstrahlt. Und selbst in der Nacht leuchtet und bestrahlt er unsere Wege und wacht über einen gesunden Schlaf.

Er steht auch für Klarheit und Wahrheit. Denn nur wenn eine Sache klar ist, zeigt sich die Wahrheit, also kommt mit dem Stern die Wahrheit ans Tageslicht.

Die Sterne stehen auch für die noch unerfüllten Träume und Wünsche unseres inneren Ich-Bin, und wenn der Stern erscheint, so ist das Glück bereit. Wir müssen es nur noch auf die Erde herunterholen. Aus diesem Grunde ist der Stern keine eindeutig positive Karte auf die Erfüllung unserer Wünsche, aber er gibt uns die Hoffnung, den Mut und die Klarheit, unsere Angelegenheiten in die Hand zu nehmen und zu regeln. Oftmals stellt er mit kurzen Zeitkarten eine Aufforderung zum Schnellstart dar.

Körperliches und geistiges Verhalten
Klare und wahrheitsliebende Person, hat einen siebten Sinn und ein dadurch intuitiv richtiges Verhalten, auch wenn sie keine »Esoterikerin« ist. Nach außen wirken diese Menschen oft kühler, als sie es sind.

Berufsrichtungen
Astrologie, Sternenkunde, Raumfahrt, Chirurgen, Ärzte, die der Ästhetik dienen.

Die Störche – Herz Dame

Karte Nr. 17

Grund- und Basiswissen

- *Veränderung und die Bereitschaft dazu*
- *langfristige Planungen*
- *Aufgabenverantwortung anerkennen*
- *Verbindung der Polaritäten*
- *sorgende, mütterliche Liebe*
- *Ehefrau – als langjährige Verbindung*
- *Wechsel von Ort, Platz*
- *Heim versorgen*

Gleichgültig wie die Fragestellung lautet, ob großes Blatt, Einzelfragen oder gar keltisches Kreuz, wenn die Störche erscheinen, dann bedeutet es immer: Eine Veränderung wird stattfinden, ist angedacht, geplant oder gar notwendig. Auf alle Fälle heißt das, die Dinge bleiben nicht beim Alten, sie werden sich revoltieren, sich neu fügen. Doch bei den Störchen handelt es sich immer um positive Veränderungen, Dinge, die der Mensch gerne in Angriff nimmt und neu strukturiert.

Die Störche können wir als Glückskarte betrachten, wovon wir lange zehren können. Die Störche können bei einer jungen Frau auch als eine Phase des Erwachens, der Reifung vom Teeanger zur Frau betrachtet werden. Denn die Störche verbinden zwei Polaritäten: zum einen die Luft – das Leichte, Quirlige – zum anderen die Erde – das Versorgen, Nest bauen etc. Also wird das Leichte mit dem Festen zu einer Einheit gebracht.

Körperliches und geistiges Verhalten

Verantwortungsvoll, liebevoll und im Großen und Ganzen eine ausgeglichene Psyche. Familienversorgend, geduldig, selbstbewusst und integer. Langzeitlich planend und vorausschauend denkend. Das innere Ich-bin wird entsprechend gewürdigt.

Berufsrichtungen

Versorgende, organisierende helfende Tätigkeiten, auch Mutterschaft.

Der Hund – Herz 10

Karte Nr. 18

Grund- und Basiswissen

- *Freunde*
- *Freundschaften*
- *alte Seelenverbindungen*
- *neutrale Beschützer*
- *Schutzfunktionen*
- *Treue, Hingabe, Gehorsam*
- *Loyalität, Anpassungsfähigkeit*
- *helfende Personen*

Ohne Freunde oder helfende Personen ist das Leben des Menschen eine trostlose, einsame Angelegenheit. Der Hund steht für alle Attribute, die das Leben angenehm, leicht und bequem machen. Er zeigt uns durch seine Anwesenheit, dass er zu uns steht, uns beschützt, über uns wacht und uns treu und ergeben ist. Er gehorcht uns meistens aufs Wort und ist daher das Synonym für gute Freunde, die auch kommen und wirklich helfen, die uns versorgen und uns mit Rat und Tat zur Seite stehen, wenn sie gebraucht werden.

Als Freund ist der Hund pflegeleicht, im Gegensatz zu anderen Kartenbildern, denn er ist genügsam, freut sich über Geschenke und verschenkt auch gerne.

Meistens gewährleisten Hunde lebenslange – oder für einen langen Zeitraum – Freundschaften. Sie sind auch kaum nachtragend, Streit und großen Disputen gehen sie gerne aus dem Weg. Sie fühlen sich im Team sehr wohl, geschützt und gut aufgehoben.

Körperliches und geistiges Verhalten

Gutes Gerechtigkeitsgefühl, treu, hingabefähig, gutmütig, übernimmt nur die Führung, wenn er einem anderen helfen muss. Offenes Wesen, setzt sich für andere ein, ohne sich in den Vordergrund zu stellen. Meint es immer gut mit dem anderen.

Berufsrichtungen

Helfende, auch dienende Tätigkeiten, Teamarbeiten.

Der Turm – Pik 6
Karte Nr. 19

Grund- und Basiswissen

- *Macht und Größe*
- *Magie*
- *Zauberei*
- *Okkultismus*
- *Rückzug*
- *Einsamkeit*
- *Isolation*
- *Trennung*
- *Grenze*

Gleichgültig, was Sie wissen wollen oder welches Blatt Sie herauslegen, wenn der Turm an wichtiger Stelle liegt, bedeutet er immer Macht und weist den Menschen auf Großes hin. Dabei spielt es keine Rolle, ob es sich um Einsamkeit, Trennung, Isolation oder um die Verwirklichung der Träume handelt. Er ist in allem stark und dominant. Er diktiert das Leben und sein Umfeld mit dem, was er tut oder worauf er hindeutet. Selbst wenn er dem Menschen seine Grenzen aufzeigt, bis hierher und nicht weiter, so ist es als Diktat zu verstehen, dem sich der Mensch unterzuordnen hat.

Der Turm deutet bei Einsamkeit und Isolation auch auf einen innerlich selbst gewählten Zustand hin. Auch hier hat er die Macht. Er taucht auch bei Menschen auf, die sich fast vollständig aus dem aktiven Leben zurückziehen. Er weist in solchen Fällen auf längere Zeiträume hin, im Gegensatz zum Sarg, der meistens nur kurze Monate der Auszeit bedeutet.

Körperliches und geistiges Verhalten

Dominantes Verhalten, an Altem festhalten, selbst dann seine Lebensgewohnheiten nicht aufgeben wollen, wenn es finanziell nicht mehr geht. Lieber dann in die Isolation gehen. »Alles oder Nichts« als Verhaltensform. Hab und Gut bis zum Letzten verteidigen. Alle Rollen bis zur bitteren Neige leben. Der Turm gibt nur, wenn er auch bekommt.

Berufsrichtungen

Berufe oder Tätigkeiten, in denen der Mensch selbst bestimmen kann.

Der Park – Pik Acht

Karte Nr. 20

Grund- und Basiswissen

- *Öffentlichkeit*
- *öffentliche Veranstaltungen*
- *Präsentation im Außen*
- *Kommunikation im großen Rahmen*
- *viele Bekannte*
- *weniger an wahren Freunden*
- *Leben, an dem jeder teilnehmen kann*
- *sehen und gesehen werden*

Der Park zeigt uns, wie die Umwelt uns sieht, wahrnimmt und wie sie mit uns umgeht. Er deutet auf unser soziales Prestige hin, auf unsere Zugehörigkeit, den Status in der Gesellschaft, den wir einnehmen. Er weist uns auf fehlende Kontakte oder zu viel falsche Kommunikation hin. Auch fordert er uns oftmals auf, mehr aus unserem Schneckenhaus herauszukommen und uns unter die Leute zu mischen. Geselligkeiten sind angesagt. Bei Partnersuchenden taucht dieses Bild sehr häufig auf.

Eine Grundaussage des Parks ist: Einen Teil des Lebens in Gemeinschaft mit anderen zu verbringen. Bei Fragen nach dem Gelingen einer Angelegenheit können wir antworten: »Ja, es wird gelingen, wenn die Öffentlichkeit, d.h. viele Menschen etwas davon haben.« Eigennützige Anfragen bedeuten dahingegen ein Nein.

Körperliches und geistiges Verhalten
Große Kontaktbereitschaft. Menschen, die immer gut aussehen, auch morgens schon, sehr gesellig sind, weltoffen, freundlich, höflich, jede Situation mit Leichtigkeit meistern, ihre inneren Gefühle gut verbergen können. Freundes- und Bekanntenkreis auf lockere Art pflegen. Viele lose Verbindungen und Beziehungen halten.

Berufsrichtungen
Menschen, die politisch tätig sind, bei Regierungen, Senat, Gemeinden, öffentlichen großen Einrichtungen, auch öffentliche Pressestellen.

Der Berg – Kreuz 8

Karte Nr. 21

Grund- und Basiswissen

- *Hindernisse, Hürden*
- *Blockaden*
- *schwierige Lage*
- *mühsames Vorwärtskommen*
- *Hinterherrennen*
- *Gegenangehen*
- *karger Lohn*
- *Finanzielles, Materielles steht an erster Stelle, vor dem Geistigen*

Zäh, langwierig, schwierig, kaum Aussicht auf eine kurzfristige Verbesserung der Lage, so zeigt sich der Berg. Arbeiten, tun, machen und der Mensch hat selbst in der Rückschau das Gefühl, nichts oder nur sehr wenig geschafft zu haben. Denn der Berg steht zum einen für Hindernisse, Hürden und Blockaden aus dem Außen und für des Menschen Uneinsichtigkeit, dass man durch das Umschiffen der Klippen sogar leichter zum Ziel kommt.

Unter dem Aspekt des Berges verhält sich der menschliche Geist wenig rational denkend. Im Gegenteil, stur – mit dem Kopf durch die Wand wollen – rennt und stürmt er gegen die Umwelt an. Gute, freundliche Ratgeber kommen hier nicht zu Gehör und die Hilfe verpufft ins Leere. Der Berg hat nie Zeit, muss so vieles tun, so vieles erledigen und das Wesentliche, bzw. die Konzentration auf Erfolg und Gelingen verrinnt im Sand.

Körperliches und geistiges Verhalten

Unflexibel, regressiv, starr, konservativ und kaum veränderbares Verhalten. Stur, verbissen festhaltend an Besitz oder Tätigkeit, auch wenn es außer Arbeit nichts einbringt. Zähigkeit und Stärke, um Hindernisse zu bewältigen, sind vorhanden.

Berufsrichtungen

Landwirtschaftliche Bewirtschaftungen und kleine traditionelle Familienunternehmen jeglicher Art.

Die Wege – Karo Dame

Karte Nr. 22

Grund- und Basiswissen

- *die Wahl zwischen mehreren Möglichkeiten*
- *die Lebenswahl*
- *der Lebensplan*
- *die Chancen*
- *die Möglichkeiten*
- *das Unbekannte*
- *die Entscheidung*
- *die Toleranz*
- *der Mut*

Im Allgemeinen zeigen uns die Wege immer die Wahl zwischen zwei oder mehreren Alternativen auf. Sie weisen uns auf Abzweigungen, Abkürzungen und Scheidewege hin. Sie tauchen immer auf, wenn es darum geht, sich zu öffnen, neu auszurichten.

Die Wege ist eine Karte der Entscheidungen, die Mut, Toleranz, Offenheit und ein klein bisschen Risikobereitschaft erfordert. Diese Karte fordert auf, nicht länger zu zögern, ansonsten kommen die Mäuse und fressen uns die Möglichkeiten weg. Da Menschen Entscheidungen gerne weit weg schieben und erst ganz sicher sein wollen, können sie unter dem Aspekt der Wege davon ausgehen, dass hier nur Verstandesentscheidungen getroffen werden, auch wenn die Seele etwas anderes möchte. Trotzdem wird sie es nicht bekommen, denn die Wege ist eine vernunftgesteuerte Karte.

Körperliches und geistiges Verhalten

Kluges, materiell und finanziell ausgerichtetes Verhalten. Vorausdenkend, vorausschauend, auf Sicherheit bedacht. Mutig und tolerant, wenn es zum Vorteil gereicht. Freundlich, selbstbewusst, höflich, anpassungsfähig, strebsam.

Berufsrichtungen

Gesicherte Arbeitsplätze bevorzugt, damit man im Alter gut versorgt ist. Wenn eigene Firma, dann Materie, die Versorgung gewährleistet.

Die Mäuse – Kreuz 7

Karte Nr. 23

Grund- und Basiswissen

- *Kosmische Kurskorrektur*
- *Verluste karmisch bedingt*
- *Liebesverlust*
- *Partnerverlust*
- *Geldverlust*
- *Materieverlust*
- *Trennung*
- *Bereinigung*

Die Mäuse verheißen uns nichts Gutes. Sie bedeuten immer, dass dem Menschen etwas weggenommen wird, etwas, das er nicht hergeben will. Das, was der Betreffende loszulassen hat, mag für ihn eine Katastrophe sein, doch in der Hoffnung auf Besserung hält er dennoch daran fest.

Unsere **1. »Mäuseregel«** lautet daher: Die Blickrichtung der obersten Maus zeigt immer den maßgeblichen Verlust der Vergangenheit an. Also Mausblick nach links: Das Geschehene (Karte davor) fällt weg. Karte + Mäuse.

2. »Mäuseregel«: Mausblick nach links: Die Karte rechts daneben zeigt das Ereignis, den Weg in die neue Zukunft. Mäuse + Karte.

Körperliches und geistiges Verhalten
Betrifft die Persönlichkeit des Menschen: Ängste, Sorgen, Schlafstörungen, übermäßiges Essen und Trinken. Große Befürchtungen, Katastrophen und Unglücke herbeireden, nicht loslassen können. Auf Verlust programmiert sein, obwohl der Mensch kämpft. Sich zu gering achten. Bei Ländern, die Verluste erleiden, verhält es sich ähnlich, außer bei Naturkatastrophen, dahinter stehen globalere kosmische Ursachen, deren Sinn im Einzelnen nicht nachvollzogen werden kann.

Berufsrichtungen
Tätigkeiten, die mit Reinigen, Bereinigen, Abfallentsorgung und Recyclen zu tun haben.

Das Herz – Herz Bube

Karte Nr. 24

Grund- und Basiswissen

- *Liebe*
- *Herzlichkeit*
- *Liebesverbindungen jeglicher Art*
- *die Liebe leben, lachen, flirten*
- *helfende, hilfsbereite Liebe*
- *Lernen durch Liebe und Bindungen*
- *Retter und Opferspiel*

Das Herz steht für Liebe, Herzlichkeit und Liebesverbindungen jeglicher Art. Unter diesem Aspekt leben Menschen ihr tägliches Leben sowie ihre persönliche Entwicklung über die Bereiche Herz – Schmerz, Liebe geben und liebevolle Beziehungen zu Mensch, Tier und Pflanze aus.

Diesem Herzen fällt es oft genauso schwer wie dem Hund oder dem Kind, nein zu sagen, denn genau wie die beiden anderen, stellt es das Wohl des anderen höher als sein eigenes. Doch das Herz kann sich aus Bindungen leichter trennen, weil es in sich selbstsicherer ist, denn es trägt eine starke Liebe in sich, auch vergleichbar mit einer alten Seele, die weiß, dass es immer weitergehen wird. Doch wenn es tief und innig liebt, so wird es sich für den anderen oder seine Ideale aufopfern, auch Krankheit und Märtyrertod sind nicht ausgeschlossen.

Körperliches und geistiges Verhalten
Hilfsbereit, helfend, freundlich, herzlich, zuvorkommend. Man kann sich auf das Herz verlassen, außer bei finanziellen Zusagen. Hat einen Blick für Schönes und Ästhetisches, auch beim anderen Geschlecht. Wenn es nicht der großen Liebe unterliegt, kann es auch untreu werden.

Berufsrichtungen
Fühlt sich wohl in helfenden, dienenden Berufen, auch großen Organisationen, die sich für Menschen und die Natur einsetzen. Nicht gerne an der Spitze des Unternehmens.

Der Ring – Kreuz As

Karte Nr. 25

Grund- und Basiswissen

- *Verbindungen jeglicher Art*
- *Verpflichtungen*
- *Versprechen*
- *Wiederholungen*
- *Kreislauf*
- *Verträge*
- *Bündnisse schließen*

Auf immer und ewig bin ich dein, gehörst du zu mir und ich zu dir. Ewig will ich dich lieben, auch über den Tod hinaus, du bist der Einzige und wirst immer der Einzige in meinem Leben sein. Ja, das ist der Ring, und so verstehen wir ihn vielleicht am besten.

Was mit diesem Ring besiegelt, beschworen oder auch geschlossen wird, soll immer sehr sehr lange halten. Man erhofft sich den Traum auf ewig zu verwirklichen und zu erhalten, doch das ist Illusion, und es gilt genau darauf zu achten, an was man sich bindet, welchen Vertrag man schließt und welche Verbindung man eingeht.

Körperliches und geistiges Verhalten

Ein Mann ein Wort, eine Frau ein Wort, auf diese Menschen kann man sich verlassen, sie halten ihre Versprechen. Guter präziser Denker, ausgereifte Pläne, kein unsinniges Verhalten, alles hat Hand und Fuß, sehr zukunftsorientiert. Sachlich, gelassen, in der Liebe durchaus leidenschaftlich. Verlässliche Partner. Liebt das Leben und die beständigen sich immer wiederholenden Abläufe. Kommt gut mit dem Alltagstrott klar.

Berufsrichtungen

Kann in vielen Berufen arbeiten, wenn sie langfristig ausgelegt sind. Fühlt sich wohl im Beamtentum und staatlichen Langzeitprojekten.

Das Buch – Karo 10

Karte Nr. 26

Grund- und Basiswissen

- *verschlossen*
- *verborgen*
- *versiegelt*
- *Geheimnisse*
- *Geheimwissenschaften*
- *nicht spruchreif*

Dazuzugehören ist alles, in der Gesellschaft, zu dem Partner, zu dem Land, zu dem Status. Doch bei dem Buch ist man als Person außen vor. Man wird nicht eingeweiht, und wenn, dann nur in Bruchteilen von dem Gesamten. Vieles wird ferngehalten, sei es aus Angst, Scham, verletzem Stolz oder weil man den anderen nicht belasten will. Also verweigert uns das Buch den großen Blick und hält den Menschen in seiner Unbewusstheit fest.

Das Buch sorgt dafür, dass Dinge nicht ausgeplaudert werden und ist darauf bedacht, Geheimnisse und Wissen zu wahren. Da es auch eine gute Geldkarte ist, werden in der heutigen Zeit Wissen und Geheimnisse oft mit viel Geld erkauft. Doch wie viel der andere gezahlt oder bekommen hat, wird wiederum nicht preisgegeben. Stillschweigen wird bewahrt.

Körperliches und geistiges Verhalten

Verschlossen, spricht nicht gerne über Vermögen, kann Geheimnisse gut wahren, präsentiert erst, wenn die Dinge offensichtlich sind. Arbeitet und operiert heimlich, oft im Verborgenen, Doppelleben nicht ausgeschlossen. Angenehme, nach außen nicht auffallende Erscheinung.

Berufsrichtungen

Gerne Tätigkeiten, bei denen er nicht mit seiner privaten Person vor den anderen treten muss.

Der Brief – Pik 7

Karte Nr. 27

Grund- und Basiswissen

- *Angebot und Nachfrage*
- *wechselhaft, unbeständig*
- *kurzlebige Kontakte*
- *schnelle Nachrichten*
- *Briefe, E-mails, Telefonate Rundschreiben, Werbung*
- *Informationszentrale aller Nachrichten*

Eilig, schnell und nur vorübergehend, so zeigt sich der Brief. Nichts davon geht in die Tiefe. Alles bleibt an der Oberfläche. Selbst der größte Treueschwur oder die Zusage von gestern ist heute nichts mehr wert. Was gestern war, ist längst vorbei, was heute ist, na ja, es ist gerade aktuell, und morgen, ja, bis dahin kann sich noch viel ändern.

Der Brief ist nichts Beständiges, sondern eher etwas Flüchtiges. Man sollte ihn nicht so wichtig nehmen, die Aussagen nicht überbewerten, denn entweder sind sie inhaltslos, negativ oder belanglos. Verstehen Sie diese Aussage bitte nicht so, dass Sie alle Informationen ungelesen zerreißen sollen, sonst könnte aus dem kleinen »Knöllchen« ein großes »Knöllchen« werden, das viele Euros kostet und noch Punkte in Flensburg bringt.

Körperliches und geistiges Verhalten

Eilig, rasch, und schnell davongerannt. Hetzen von A nach B. Oberflächliches Arbeiten, Materie oder Arbeitsgebiete nicht hintergründig erschließen. Darüberhuschen, zu viele Interessen, zu schnell zum nächsten weiter. Kaum tiefer Gefühle fähig, unbeständig und wechselhaft.

Berufsrichtungen

Tätigkeiten in der Informationsverbreitung, Nachrichtenzentralen. Handel mit Neuigkeiten, Börsianer, Makler. Am liebsten Telefongespräche quer über die Kontinente.

Der Herr – Herz As

Karte Nr. 28

Grund- und Basiswissen

- *Partner der Frau*
- *Partner des Hauses*
- *Selbstbestimmung*
- *freie Entfaltungsmöglichkeiten*
- *Selbstverwirklichung durch den Geist*
- *Verbindung von Intellekt und Geist*
- *egozentriertes Denken*

Der Herr symbolisiert die Selbstverwirklichung durch das Ego und den Geist. Zur Liebe gehören bei ihm die Sexualität, die Befriedigung und das Lustempfinden des Körpers. Sollte das nicht mehr gewährleistet sein und der Herr in seine Midlife-Crisis kommen, so kann es zum Beispiel zur Befriedigung außer Haus führen.

Der Herr achtet in seiner Familie auf gepflegten Umgang, guten Stil, gutes Ambiente und noch mehr auf sein persönliches Wohlergehen. Seine Freiheiten, Hobbys und Freunde lässt er sich nicht nehmen. Auch lässt er sich sehr gerne bedienen (Paschaverhalten). Langeweile ist ihm ein Gräuel, er braucht Aktivität und will aktuell im täglichen Leben stehen, und sei es nur sein Fußball- oder Tauchsportverein. Er lässt sich nur wenig vorschreiben, gibt lieber selbst den Ton an.

Körperliches und geistiges Verhalten

Unbewusst und intuitiv das Richtige tun, wenn es zum Erhalt der Lebensumstände dient. Offen, lernwillig und neugierig. Bereitschaft, die Vorteile für sich zu nutzen. Klug und logisch denkend, sein eigenes Optimum anstrebend. Seine Befriedigung und Bedürfnisse sind vorrangig.

Berufsrichtungen

Tätigkeiten, in denen er mit vielen Menschen Kontakt hat, reisen und repräsentativ vorsprechen und auf sein Äußeres bauen kann.

Die Dame – Pik As

Karte Nr. 29

Grund- und Basiswissen

- *Partnerin des Mannes*
- *Partnerin des Hauses*
- *Selbstbestimmung*
- *freie Entfaltungsmöglichkeiten*
- *Selbstverwirklichung des inneren Ich-bin*
- *Verbindung von Intellekt und Intuition*
- *klare Strukturen verfestigen*

Die Dame symbolisiert die Selbstverwirklichung des inneren Ich-bin. Zusätzlich ist es ihre Aufgabe, allen irdischen und geistigen Komponenten, zum Beispiel in einer Partnerschaft, gerecht zu werden und alle Einzelteile, auch mit Kindern, miteinander zu verbinden.

Als Alleinstehende blieben ihr mehr Möglichkeiten sich zu entfalten, doch das ist nicht ihre Intention. Sie würde mit wehem Blick in die Vergangenheit schauen und sie glorifizieren, denn sie hängt mehr an den traditionellen Einrichtungen, als ihr vielleicht nach außen bewusst ist. Obwohl, wenn es darauf ankommt, die Dame genauso oder noch besser als der männliche Partner ihren »Mann« stehen kann. Sie zeigt ein höheres Maß an Verantwortungsbewusstsein. Sie denkt klarer, logischer und handelt praktischer.

Körperliches und geistiges Verhalten

Optimum anstrebend, lernfreudig, intelligent, aufgeschlossen und progressiv. Sehr gute Intuition, wird nur eingesetzt, wenn nötig. Klares logisches Denken. Natürliche Kraft und Stärke durch sozialen Status bewahren und erhalten. Zieht traditionellen Ablauf einer ungewissen Zukunft vor.

Berufsrichtungen

Tätigkeiten, in denen sie repräsentieren kann und auf Grund ihrer Weiblichkeit wertgeschätzt und ihr innerer Wert anerkannt wird.

Die Lilie – Pik König

Karte Nr. 30

Grund- und Basiswissen

- *»tote« Familie, nebeneinanderher lebend*
- *Frieden, wenn kirchliche Organisation*
- *nach außen gezeigter Frieden*
- *nach außen gezeigte Harmonie*
- *Ewigkeit*
- *kirchliche Macht*
- *dogmatische Familienstruktur*
- *Ergebenheit*
- *Sexualität*

Die Karte der Lilie sagt uns, dass sie kaum etwas mit innerer Ausgeglichenheit und innerer Ruhe zu tun hat. Sie sagt nur, dass wir nach außen so tun, als ob ... und innen toben z.B. sexuelle Lustgefühle, überschäumende Freude oder großes Leid, wie Wut, Trauer und Schmerz.

Gemäß unseren Traditionen werden Gräber, Hochzeiten und Kindstaufen mit Lilien geschmückt. Nicht zu Unrecht wird sie als eine der schönsten Blumen bezeichnet, denn sie strahlt nach außen einen reinen Glanz und umgibt sich scheinbar mit einem Heiligenschein.

Diese Karte zeigt sich oft vor großen familiären Festen oder kirchlichen Veranstaltungen, immer dort wo sich viele Menschen zu einem traditionellen Ereignis versammeln. Die Lilie vereint Menschen und Nationen unterschiedlichster Natur.

Körperliches und geistiges Verhalten

Klug, redegewandt, gutes Auftreten, »angeborenes Chefverhalten«, etwas unterkühlt bis Eiseskälte, harmoniebedürftig und friedliebend. Gier nach Genuss, Hunger, auch Machthunger, Anspannung, exzessives Verhalten, Hörigkeit und Unterwürfigkeit in der Liebe.

Berufsrichtungen

Machtpositionen in kirchlichen Vereinigungen, Institutionen, religiösen Sekten, Geheimbünden, Vorstandsetagen, große Politiker.

Die Sonne – Karo As

Karte Nr. 31

Grund- und Basiswissen

- *»lebendige« Familie, miteinander lebend*
- *lebendiger Frieden*
- *gelebte Harmonie*
- *bewusstes Leben*
- *Energie – Kraft – Wille*
- *natürliche Sexualität*

Wärme, Energie, Kraft, Wille und kraftvolle Power ohne Ende. Die Sonne steht zum einen für die glückliche Familie, eine, die lebendig ist, in der gelacht, geweint und auch gestritten wird. Disharmonien halten nicht lange vor, denn die Sonne ist versöhnungsbereit. Der Ärger ist schnell verbrannt, denn sie ist weder nachtragend noch ist sie dauerhaft schlecht gelaunt.

Sie steht immer für Glück, Sonnenschein und ein erfülltes Leben, auch die Erfüllung der Wünsche im normalen Rahmen. Dies gilt auch für die Sexualität, keine abnormen Praktiken, aber das, was gewollt und gewünscht wird, geschieht wiederum sehr aktiv, lebendig und in hoher Potenz.

Die Sonne verspricht immer Erfolg und Gelingen. Wichtig ist, welche Karten an die Sonne angrenzen, denn dies zeigt, ob es sich um den Beginn einer neuen kraftvollen Zeit handelt. Einige Karten verdoppeln die Energie der Sonne und zeigen die Straße des Glücks an.

Körperliches und geistiges Verhalten

Energievoll, kraftvoll, hohe Potenz, harmonie- und friedliebend. Aktive, lebendige, ausgeglichene Liebe. Selbstbewusst, temperamentvoll und freundlich.

Berufsrichtungen

Kann jede Tätigkeit ausüben, sofern der Arbeitende sie aktiv gestalten und selbst bestimmen darf.

Der Mond – Herz 8

Karte Nr. 32

Grund- und Basiswissen

- *Spiegel der Seele*
- *der gelebte Seelenaspekt*
- *hohe Intuition, auch im Manne*
- *Sehnsucht*
- *Wunschdenken*
- *Traurigkeit bis Depression*
- *Mangel an Realitätsbezogenheit*

Der Mond hat für alle und alles Verständnis, kann vieles tolerieren, hinnehmen, einstecken und akzeptieren, wenn es ihm nur irgend möglich ist, weiter in seiner Traumwelt zu leben, auch wenn diese bereits längst zerbrochen ist. Er muss es nur glauben können.

Seine Sehnsucht nach Zweisamkeit, nach Nähe, Wärme und ein bisschen Liebe lässt ihn sogar manchen Missbrauch an seiner Person ertragen. Lieber zieht er sich zurück, löst sich in Tränen auf, anstatt aktiv zu handeln. Melancholie bis mittlere Depressionen verleihen ihm ein gewisses Etwas, das den Beschützerinstinkt im anderen Geschlecht weckt, und der Mond flüchtet in eine vielleicht auch nur scheinbare Geborgenheit.

Da er sich viel mit sich selbst beschäftigt, kommt er im Laufe der Zeit an seine verborgenen Schichten im Unterbewusstsein heran. Mediale Fähigkeiten entwickeln sich oft wie von selbst.

Körperliches und geistiges Verhalten

Sensitiv, intuitiv, kreativ im Sinne von malen, schreiben, basteln etc.. Feinfühlig, eher zurückhaltend, ein bisschen scheu. In einer Sache aufgehen können, vollständige Identifikation über Gefühle, auch bei Filmrollen.

Berufsrichtungen

Bevorzugt werden Berufe oder Tätigkeiten, in denen nachts gearbeitet oder auch Schichtdienst geleistet werden kann.

Der Schlüssel – Karo 8

Karte Nr. 33

Grund- und Basiswissen

- *»Ja«*
- *es kommt mit Sicherheit*
- *deine Sicherheit*
- *dein Urvertrauen*
- *Vertrauen, zu jeder Zeit das Richtige zu tun*
- *Selbstverantwortliches Handeln von Schließen oder Öffnen*

Als Aussage auf eine einzelne Frage bezogen bedeutet der Schlüssel immer, dass das Ereignis mit Sicherheit eintreffen wird. Es heißt: Man ist sich sicher, ohne Zweifel, ohne Wenn und Aber. Es ist ein absolutes Urvertrauen vorhanden, dass es genau so kommt, wie der Schlüssel in den Karten liegt.

Jedoch in ausgelegten Kartenblättern hat der Schlüssel noch viele Bedeutungen, da ist die Grundaussage: Mit Sicherheit kommt eine Veränderung. Altes, was war, wird verändert, geht vorbei, ist zu Ende. Es zeigt sich, dass der Schlüssel für uns ein Wegweiser ist, nicht so wie »Die Wege«, in denen wir die Wahl treffen müssen, sondern in Form bereits festgelegter Abläufe. Zu diesen Zeitpunkten fällt es dem Menschen wesentlich schwerer, Veränderungen anzunehmen, denn er unterliegt diesbezüglich dem Sicherheitsdenken. Insgeheim fürchtet sich der Schlüssel vor dem Unbekannten, dem Öffnen von neuen Türen. Genau das fördert die Umsicht und Vorsicht für seine beruflichen Tätigkeiten.

Körperliches und geistiges Verhalten
Korrekt, stabil, verlässlich, vorsichtig, auf Sicherheit bedacht. Verantwortungsbewusst, ehrlich, Beschützerinstinkte vorhanden.

Berufsrichtungen
Alle Tätigkeiten, die auch nur im Entferntesten mit Sicherheit, Überwachung und Absicherungen zu tun haben.

Die Fische – Karo König

Karte Nr. 34

Grund- und Basiswissen

- *Geld, materielle Werte*
- *mehr scheinen wollen als sein*
- *leichter Energiefluss des Lebens*
- *Wohlbefinden des Körpers ist gleich Wohlbefinden der Seele*
- *gute Intuition und Kreativitätsfluss*
- *psychische Aspekte*
- *Wohlbefinden, Genuss*
- *befriedigt, angenehm, lustvoll*

Nichts ist schlimmer als ein unzufriedener quengeliger Fisch. Denn sein Charme, sein Witz, Humor, seine Liebenswürdigkeit kommen nur zum Tragen, wenn er sich in seiner Haut wohl fühlt. Genauso wie sich ein Fisch nur im Wasser zu Hause fühlt, genauso fühlt sich unser Fisch nur wohl und zufrieden, wenn seine Finanzen leicht und locker fließen und er tun und lassen kann, was er will.

Das heißt, der Fisch lässt sich nicht dominieren, lässt sich kaum etwas vorschreiben und will sein Leben selbst gestalten. Zwänge sind ihm verhasst, aber in Gesellschaft kann und wird er sich exzellent benehmen. Wenn es ihn allerdings anödet, hat er keine Hemmungen, gnadenlos aus der Rolle zu fallen. Vergessen wir nicht, sein Wohlbefinden entspringt körperlicher und umweltbedingter Natur. Wenn das stimmig ist, dann fühlt sich seine Seele auch wohl und er wird ein Superfisch sein.

Körperliches und geistiges Verhalten

Stabilitätsschwankungen, durch Unausgewogenheit im Finanziellen oder Partnerschaftlichen. Hohe Kreativität, genießen können, leichtes Leben vorziehen, philosophische Gespräche über Gott und die Welt.

Berufsrichtungen

Tätigkeiten, in denen er künstlerisch, erfinderisch sein kann und sich kreativ voll entfalten kann. Auch Tätigkeiten, die ein hohes Maß von Einfühlungsvermögen verlangen.

Der Anker – Pik 9

Karte Nr. 35

Grund- und Basiswissen

- *Lebensreise – Lebensweg*
- *Arbeit*
- *Beruf, Berufung*
- *Ankerplatz, Verankerung*
- *Umschlagplatz für Warenhandel*
- *sich niederlassen, häuslich werden*
- *nicht loslassen können*
- *das Festhalten*

In erster Linie bedeutet der Anker das Festhalten dessen, was wir haben oder haben wollen. Er spricht davon, unter keinen Umständen den Besitz, die Arbeit, die Ehe, die Liebe oder die Träume aufgeben zu wollen, und seien sie noch so utopisch. Selbst wenn eine Ehe schon längst zerbrochen ist, unter einem Anker wird sie nicht losgelassen, die Arbeitsstelle eine Zumutung ist, auch an ihr wird festgehalten, selbst wenn man dabei krank wird.

Der Anker sagt, »lieber den Spatz in der Hand als die Taube auf dem Dach«. Unter keinen Umständen ist man hier zu irgendwelchen Risiken bereit. Wenn der Anker nicht mit ausgesprochen guten Karten für die Zukunft begleitet wird, dann wird die Angelegenheit ein karges Unterfangen, und es ist unklug, zu schnell zu handeln. Meist gibt es noch etwas Besseres, was noch nachfolgt. Beim Anker besteht das Leben aus Arbeit, die kaum den Lohn bringt, den der Arbeitende wert ist. Egal wie reich der Anker von Haus aus ist, er ist und bleibt ein »Arbeitstier«.

Körperliches und geistiges Verhalten

Treu, festklebend, eher wie verbissen in einer Angelegenheit, Sache, Liebe. Nicht loslassen können, ausharren, nicht aufgeben können, trotz aller Widrigkeiten.

Berufsrichtungen

Alle Sparten möglich, wenn er nur in eine Maschinerie eingebunden ist. Kein Einzelkämpfer.

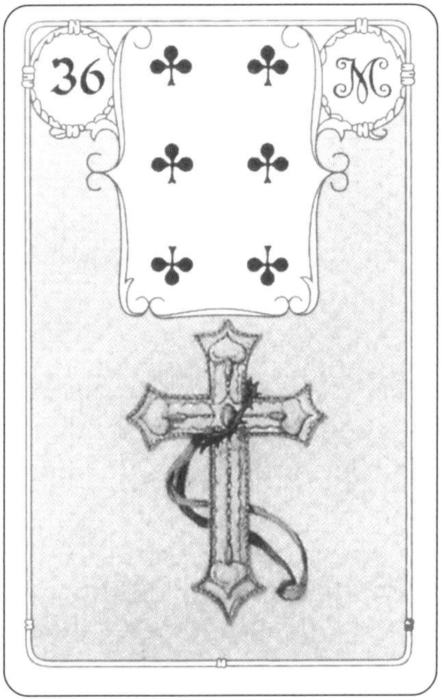

Das Kreuz – Kreuz 6

Karte Nr. 36

Grund- und Basiswissen

- *Schicksal*
- *Karma*
- *Belastung*
- *Auflösung*
- *Beendigung*
- *kein leichtes Leben*
- *mit Sorgen beladen*

Das Kreuz hat viele Bedeutungen und nicht immer ist es schlecht für die Menschen. Es zeigt uns auch, wenn etwas nicht zustande kommt, eine alte Bedrohung oder Last sich in Kürze auflösen wird.

Jedoch als Grundbedeutung weist es immer auf Last, Belastung, große Sorgen, Ende und Beendigung von Situationen hin. Es zeigt uns eine Schwere, von der es kein Entrinnen gibt, auch Situationen, die sich endlos ziehen, jeden Tag der gleiche Trott. Es spricht von fehlender Abwechslung und macht uns die Monotonie des Alltags deutlich bewusst. Das Kreuz ist wie ein von außen gelebtes – vom Schicksal gesteuertes – Leben. Bei einer schlechten Ausgangsposition des Fragenden zeigt es keine Verbesserung an, sondern das Gleichbleibende, das wir Menschen dann Karma nennen. Das Kreuz muss nicht alle Lebensbereiche wie Familie, Beruf, Finanzen, Gesundheit oder Spiritualität beeinträchtigen, sondern kann durchaus auf einen Bereich bezogen werden, der aber dann auf Dauer das Gesamte überlagern wird.

Körperliches und geistiges Verhalten
Schwere, drückend, erdrückend, niedergeschlagen, passiv, aufgebend, nicht handelnd, schleifen lassen, warten auf Wunder, auf Erlösung. Mangelndes Vertrauen in eigene Kraft, Hoffnungslosigkeit, kaum in der Lage, positive Veränderungen selbst herbeizuführen.

Berufsrichtungen
Geistliche, Seelsorger. Auch keine Ausbildung.

Wichtige Info zu den Kombinationen

Wenn Sie bis hierher gekommen sind, beherrschen Sie jetzt sicher die Grundbegriffe der Karten. Dazu beglückwünsche ich Sie. Sie wissen jetzt, dass jede Karte eine Vielzahl von Aussagen enthält.

Ich kann verstehen, dass es einem Anfänger oft schwer fällt, zu unterscheiden, wann es sich in einer Aussage um ein Gebäude, eine berufliche Richtung oder um ein Liebesverhältnis handelt.

Ja, ich gebe zu, das Wissen kommt nicht von selbst angeflogen, es sei denn, man besitzt eine unwahrscheinlich hohe Intuition. Selbst dann bedarf es noch viel praktischer Übung, bis der Mensch in der Lage ist, sie passend einzusetzen.

Sie können jedoch darauf vertrauen, dass durch die Übung die Erfahrung wächst und damit gleichzeitig die Intuition. Die anfänglich kurzen Erkenntnisse, die so blitzartig durchs Gehirn huschen, werden langfristig zu festen Bildern, zu einem Wissen, das von innen heraus kommt. Da die Lenormandkarten die mythologischen Inhalte unseres Seelenspeichers ansprechen, verfügen auch Sie von vornherein bereits über das Wissen, das die Karten beinhalten.

Dieses Buch und die anderen Bücher sind dazu da, all das wieder an die Oberfläche, also ins Bewusstsein zu bringen. Den Schatz zu heben, der tief in Ihnen schläft.

Bitte vergessen Sie nicht, auch wenn Sie jetzt schon mit dem Legen anfangen möchten, notieren Sie sich alles. Die Frage, die Karten und ihre Antworten.

Damit Sie sich nicht jedes Mal alle Legungen aufmalen müssen, finden Sie für jede interessante Legung hinten im Buch eine Seite, die als Kopiervorlage gedacht ist.

Und nun viel Freude.

Sehr wichtig!

Manchmal enthält eine Kartenkombination mehrere Aussagen, die jede getrennt für sich eine Antwort bildet. Zum besseren Verständnis habe ich das mit dem Wort: Auch... am Satzanfang dargestellt.

Kartenbedeutung in den Kombinationen

Reiter – Nr. 1
Herz 9
in Verbindung

Reiter + Klee
In Kürze wird es zu kleinen glücklichen Zufällen kommen.

Reiter + Schiff
Einladung zu einer Reise.

Reiter + Haus
Eine freudige Nachricht wird ins Haus gebracht.

Reiter + Baum
Ein guter Bote kreuzt Ihren Lebensweg.

Reiter + Wolke
Eine gute, faire und sichere Beratung.

Reiter + Schlange
Ein Plan ist angeboten worden, dessen Durchführung aber Verwicklungen bringen würde.

Reiter + Sarg
Eine gute Nachricht wird Sie erreichen, aber Sie können Sie nicht umsetzen, da Sie indisponiert sind.

Reiter + Blumen
Ein blumiges Geschenk wird überreicht.

Reiter + Sense
Es wird Ihnen mitgeteilt, dass jemand, den Sie kennen, ein Unglück einstecken musste.

Reiter + Ruten
Jemand bringt Ihnen die Nachricht, dass Sie in Streit und Schwierigkeiten verwickelt werden sollen.

Reiter + Vögel
Die erhaltene Nachricht wird viel Gerede, Getratsche und Klatsch auslösen.

Ruten + Kind
Eine Botschaft wird überbracht, die reinen Herzens ist.

Reiter + Fuchs
Falsche Nachricht wird weitergegeben.

Reiter + Bär
Diesem Boten können Sie vertrauen. Die Nachricht von der Behörde ist positiv.

Reiter + Sterne
Die übermittelte Nachricht verschafft Klarheit und bringt neue Hoffnung.

Reiter + Störche
Eine Ortsveränderung wird zugesagt.

Reiter + Hund
Diese Botschaft wird von einem Freund überbracht. Sie ist uneigennützig und er bietet seine Hilfe an.

Reiter + Turm
Die Einsamkeit wird unterbrochen. Seien Sie dankbar für solche Geschenke.

Reiter + Park
Eine Einladung, ein Angebot für eine öffentliche Veranstaltung wird persönlich überbracht.

Reiter + Berg
Diese gute Botschaft räumt ein kleines bis mittleres Hindernis aus dem Weg.

Reiter + Wege
Eine Chance wird geboten. Aufforderung, um sich für eine Sache zu entscheiden.

Reiter + Mäuse
Diese gute Botschaft wird verloren gehen.

Reiter + Herz
Aufforderung zu einem Treffen (Date) mit einer herzlichen Person.

Reiter + Ring
Ein Dokument zum Unterschreiben wird überbracht.

Reiter + Buch
Die übermittelte Nachricht ist nur für den Empfänger bestimmt und wird gut gehütet.

Reiter + Brief
Durch eine Organisation wurde eine Brief-, E-mail- Flut ausgelöst, über die öffentlich geredet wird.

Reiter + Herr
Die Nachricht macht das männliche Ego siegesgewiss.

Reiter + Dame
Die Nachricht ist nicht genau das, was man hören wollte. Ein leises Bedauern.

Reiter + Lilie
Über ein organisatorisch gut ausgerichtetes Fest wird viel geredet.

Reiter + Sonne
Die überbrachte Botschaft ist genau nach Ihrem Geschmack.

Reiter + Mond
Man hört durch eine dritte Person, dass die Freundschaft nicht das ist, was man selbst dachte.

Reiter + Schlüssel
Mit Sicherheit wird sich das Leben neu ausrichten.

Reiter + Fische
Ein Angebot zum Geldverdienen wird einem zugetragen.

Reiter + Anker
Eine absolute Aufforderung, sich fest mit dem bodenständigen Alltag zu verankern.

Reiter + Kreuz
Die Situation bleibt wie sie ist. Selbst die gute Botschaft ändert daran nichts.

Klee – Nr. 2
Karo 6
in Verbindung

Klee + Reiter
Kleines Glück reißt nicht ab. Angedachte Vorhaben werden gelingen bzw. gut ausgehen.

Klee + Schiff
Glückliche kleine Reise kommt von selbst.

Klee + Haus
Die glücklichen Umstände haben mit dem Haus oder der Wohnung zu tun.

Klee + Baum
Kurze fröhliche Begegnungen unterbrechen die Tristesse des Alltags.

Klee + Wolke
Eine leichte klare Phase ist angesagt. Nicht zerreden lassen.

Klee + Schlange
Durch eine charmante Person lässt man sich auf Ungewisses ein.

Klee + Sarg
Traurigkeit wird schnell verkraftet. Eine kurze Ruhezeit, Auszeit – drei Tage bis drei Wochen –, keine Depression. Person ist hier beschützt.

Klee + Blumen
Freude und eine gute Zeit folgt. Bis zu neun Wochen.

Klee + Sense
Nur kurzer Schrecken, zieht schnell vorbei.

Klee + Ruten
Mit ein bisschen Glück werden alte Unstimmigkeiten auf verbaler Ebene ausgeräumt.

Klee + Vögel
Hektik um unnötige Geldausgaben, die sich wieder legen.

Klee + Kind
Viel Freude, Lachen und Leichtigkeit durch Umgang mit Kind/ern.

Klee + Fuchs
Unverständnis wegen gelebter Leichtigkeit. Doch Boshaftigkeit und Missmut prallen ab.

Klee + Bär
Vorhaben, die an übergeordnete Stellen gerichtet sind, werden wohlwollend abgesegnet.

Klee + Sterne
Die geistige Entwicklung ist von kleinen Erfolgen gekrönt. Es werden rasche Fortschritte erzielt.

Klee + Störche
Eine glücklich gefügte Veränderung wird gelingen.

Klee + Hund
Überraschender herzlicher Besuch von einem lieben Menschen.

Klee + Turm
Ein kleines glückliches Ereignis bringt neuen Lebensmut.

Klee + Park
Der Besuch in der Öffentlichkeit verläuft viel besser als gedacht.

Klee + Berg
Mit dem Glück im Rücken erscheint der irdische Weg leichter als gewöhnlich.

Klee + Wege
Zweifelsohne wird die richtige Entscheidung getroffen.

Klee + Mäuse
Durch Angst wird kleines Glück aufgefressen.

Klee + Herz
Einige nette, kurze glückliche Stunden (gestohlen, gemopst, sich von der Zeit abgezwackt?).

Klee + Ring
In guter Stimmung wird eine Unterschrift für eine Verpflichtung geleistet.

Klee + Buch
Glück und Erfolg auf der materiellen Ebene ist derzeit das Einzige, was annähernd funktioniert.

Klee + Brief
Eine seichte Nachricht macht ärgerlich.

Klee + Herr
Unverhoffte Verabredung mit Ehemann oder auch Lebenspartner.

Klee + Dame
Erstaunlicherweise wird hier das Glück gewürdigt und die Person bedankt sich auch beim Kosmos dafür. Z. B. eine Kerze in der Kirche anzünden. Die Person weiß um die Kraft ihres Ich-bin.

Klee + Lilie
Jemand aus dem Familien- oder nahen Bekanntenkreis wird in Kürze seinen irdischen Frieden machen.

Klee + Sonne
Glückszufälle plus überschäumende Energie bringen den Menschen, seinen Bekanntenkreis und seine Familie in sehr aktive Phasen.

Klee + Mond
Glückshormone werden des Nachts der Seele beschert und diese wiederum meldet dem Körper, wie zufrieden sie ist.

Klee + Schlüssel
Mit hundertprozentiger Sicherheit wird das Glück bewusst oder unbewusst richtig genutzt.

Klee + Fische
Kleine Geldgeschenke werden kommen.

Klee + Anker
Glückskind. Der rettende Anker ist im Anmarsch.

Klee + Kreuz
Mit einem Glücksboten zur Seite, der einem ständig hilft, das Leben lebenswerter und liebenswerter zu gestalten, ist das Leben trotz aller Widrigkeiten wunderschön.

Schiff – Nr. 3
Pik 10
in Verbindung

Schiff + Reiter
Die Reise wird durch eine positive Nachricht beeinflusst. Sich durch eine Sache hindurchlotsen lassen. Auch: Lotse

Schiff + Klee
Glückliche Begegnungen versüßen die Reise.

Schiff + Haus
Die Suche nach dem richtigen Haus. Gute Aussicht es bald zu finden.

Schiff + Baum
Ausflug, Tagesreise oder Urlaub in ländlichen Gebieten ist geplant.

Schiff + Wolke
Lebensreise.
Helle Seite: Alte abgelegte Pläne werden wieder aktuell. Auch: klares Reisewetter.
Dunkle Seite: Der Verstand pfuscht wieder dazwischen. Schlechtes Wetter im Anmarsch.

Schiff + Schlange
Keine gute Reisebegleitung. Man steht immer hintenan.

Schiff + Sarg
Reise wird verschoben, klappt nicht.

Schiff + Blumen
Eine Art geschenkte Reise.
Mit Ring dazu: kann es auch die erste Reise eines Paares sein, oder Verlobungsreise.

Schiff + Sense
Die geplante Reise wird aus finanziellen Gründen nicht stattfinden.

Schiff + Ruten
Wegen des Verreisens wird ständig gestritten.

Schiff + Vögel
Kurze berufliche Reisen, die außer Gerede und Kontakten nichts einbringen. Hektisch. Überflüssig!

Schiff + Kind
Kindergarten- oder auch Schulreisen sind im Gespräch.

Schiff + Fuchs
Nicht gut, zu diesem Zeitpunkt zu verreisen. Die reisewillige Person hat keinen passenden Ersatz für sich, den sie hinterlassen kann.

Schiff + Bär
Eine berufliche Reise, die gut verläuft.

Schiff + Sterne
Eine lange weite Reise in Planung, möglicherweise will die Person ihren Traumpartner kennen lernen. (Kreuzfahrt, Weltreise?)

Schiff + Störche
Hin- und herreisen zwischen zwei Domizilen.

Schiff + Hund
Reise mit Freund oder Freunden.

Schiff + Turm
Einsame Reise zu einem geschäftlichen Treffen.

Schiff + Park
Verreisen mit Reisegesellschaft.

Schiff + Berg
Reise mit vielen kleinen Hindernissen. Vernünftiger, sie nicht anzutreten.

Schiff + Wege
Mehrere Wunsch-Reiseziele stehen zur Wahl. Hier wird der Verstand nach der finanziellen Lage entscheiden müssen.

Schiff + Mäuse
Diese geplante Reise geht buchstäblich in Verlust. Wenn sie angetreten wird, auf Reise Verlust erleiden.

Schiff + Herz
Sehr schöner Aufenthalt bei einer sehr herzlich zugetanen Person.

Schiff + Ring
Auf der Reise wird eine Bindung, Verpflichtung eingegangen, die lange halten soll.

Schiff + Buch
Die Reise soll ein Geheimnis bleiben. Auch Schmuggel. Auch Handel mit nicht öffentlich freigegebener Ware.

Schiff + Brief
Jemand sagt kurzfristig eine Reise ab.

Schiff + Herr
Eine Luxusreise, komfortabel und nobel.

Schiff + Dame
Eine Luxusreise, komfortabel und nobel.

Schiff + Lilie
Traditionelle Reise wie zu den Festtagen, zu Feiern der Familie usw.

Schiff + Sonne
Reise mit der Familie.

Schiff + Mond
Träumen von einer Reise mit dem Lebenspartner oder Liebespartner. Auch: im Trüben fischen.

Schiff + Schlüssel
Urlaub machen, um mit einer Enttäuschung abzuschließen.

Schiff + Fische
Auf gleich gesinnte Personen während der Reise treffen (Seelenverwandte).

Schiff + Anker
Nach Hause fahren/reisen bzw. zu seinem Ankerplatz oder Lebensplatz reisen. Auch Zwischenstopp.

Schiff + Kreuz
Reise, die nur Kummer und Sorgen bringt, die keine Erholung ist.

Haus – Nr. 4
Herz König
in Verbindung

Haus + Reiter
Eine persönliche Einladung wird ins Haus gebracht.

Haus + Klee
In Kürze kommt das kleine Glück ins Haus.

Haus + Schiff
Die Bewohner des Hauses (Familie) werden verreisen.

Haus + Baum
Langsamer und kontinuierlicher Aufbau des Lebensplatzes.

Haus + Wolke
Achtung vor schlechten Gedanken, eventuell Missgunst.

Haus + Schlange
Durch Besuch, der bekannt ist, ergeben sich Verwicklungen.

Haus + Sarg
Die irdischen Arbeiten an Haus/Wohnung sind zum Stillstand gekommen.

Haus + Blumen
Das wird schön geschmückt.

Haus + Sense
Jemand interveniert gegen Ihre Interessen. Will einen Anteil haben.

Haus + Ruten
Streit mit Mitbewohnern im Anmarsch.

Haus + Vögel
Gerüchte sind im Umlauf.

Haus + Kind
Kinderbesuch ist angesagt.

Haus + Fuchs
Eindeutig der falsche Platz zum Leben. Von Blendern umgeben.

Haus + Bär
Der rechtliche/staatliche Schutz des Hauses, der Wohnung ist gewährleistet.

Haus + Sterne
Eine alte Angelegenheit wird sich wunschgemäß erledigen. Von einer Last befreit.

Haus + Störche
Umzugsplanung.

Haus + Hund
Besuch von lieben Freunden.

Haus + Turm
Einsamkeit im Haus.

Haus + Park
Besucher aus der Öffentlichkeit kommen ins Haus.

Haus + Berg
Es geht nichts voran. Blockaden aus der Umwelt.

Haus + Wege
Entscheidung für weiteres Vorgehen muss getroffen werden. Maximale Zeit dafür sieben Wochen.

Haus + Mäuse
Das Haus/Wohnung geht in Verlust.

Haus + Herz
Besucher oder Besucherin, die Herz und Liebe verschenken will, kommt ins Haus.

Haus + Ring
In Bezug auf Haus wird eine Bindung/Verpflichtung/Vertrag eingegangen.

Haus + Buch
Geldangelegenheit entwickelt sich positiv, kommt, aber man behält dies als Geheimnis.

Haus + Brief
Ein abschlägiger Bescheid wird erteilt, obwohl man mit einer Zusage gerechnet oder gehofft hatte.

Haus + Herr
Der Partner wendet sich von dem Haus ab.

Haus + Dame
Eine Partnerin kommt ins Haus.

Haus + Lilie
Hier wird nach starren Regeln gelebt.

Haus + Sonne
Kraftvolles, starkes Haus mit lebendigem aktivem Leben.

Haus + Mond
Ein Mond-Haus. Haus und Bewohner reagieren sehr sensitiv auf Mondphasen.

Haus + Schlüssel
Haus, das finanziell aus Vernunftsgründen abgesichert wird.

Haus + Fische
Finanzielles stimmt, leichter guter Geldfluss.

Haus + Anker
Festhalten an Arbeit und Haus.

Haus + Kreuz
Eine schwere Bürde lastet auf dem Haus.

Baum – Nr. 5
Herz 7
in Verbindung

Baum + Reiter
Persönliche Nachricht aus der Ferne.

Baum + Klee
Kleines Glück erhellt die Langeweile des Alltags.

Baum + Schiff
Absichten, den Lebensort zu verlassen.

Baum + Haus
Am Lebensort ein Haus einrichten.

Baum + Wolke
Es wird unruhig. Der irdische Zeitfaktor bis ins Ereignis liegt bei ca. 45 bis 60 Tagen.

Baum + Schlange
Ganz schön mühselig, diese Verwicklungen zu lösen, ausgelöst durch eine Frau.

Baum + Sarg
Auf das Altenteil (Rente) zurückziehen.

Baum + Blumen
Teilnahme an Dorf- oder Stadtteilfest (alljährliches Fest).

Baum + Sense
Das, was man denkt zu bekommen, wird hier gewährt.

Baum + Ruten
Kleine stetige Ärgernisse an dem Ort, an dem man lebt.

Baum + Vögel
Sorgen um den Erhalt des Lebensraumes sind hier unnötig. Alles nur unnötiges Gerede.

Baum + Kind
Darauf felsenfest bauen, dass man an diesem Ort Glück hat.

Baum + Fuchs
Der Lebensplatz wird durch Beobachter kritisch beäugt.

Baum + Bär
Zusammenkunft mit normalen Autoritätspersonen wie Ärzten, Therapeuten oder Chefs, die gut gesonnen sind.

Baum + Sterne
Wunschvorstellung, sich einen glücklichen Lebensplatz zu gestalten. Hoffnung auf Gelingen.

Baum + Störche
Ein Angebot für eine Ortsveränderung wird vorgeschlagen.

Baum + Hund
Langjährige Freunde, die helfen, leben am gleichen Ort.

Baum + Turm
Sehr einsam gelegener Lebensplatz. Abgeschieden.

Baum + Park
Offizielle Veranstaltung vor Ort von der Gemeinde oder Stadt.

Baum + Berg
Umweltbedingte Hindernisse, schweres Leben.

Baum + Wege
Alternativen für Verlassen des Lebensplatzes werden sich zeigen.

Baum + Mäuse
Kurzfristiges Verlassen des Lebensplatzes wegen Überarbeitung, Stress oder Kranksein.

Baum + Herz
Liebevolle herzliche Beziehungen zu jungen Menschen am Lebensort. Auch Jugendliche, die um die Häuser ziehen (Clique).

Baum + Ring
Erneute vertragliche Bindung an den Heimatort, wie auch Verlängerung eines Vertrages.

Baum + Buch
Lebensumstände sowie Finanzielles und auch Liebe wird als Geheimnis gut gehütet.

Baum + Brief
Konfrontation über den kurzen Weg mit einer unangenehmen Nachricht, die die Existenz betrifft.

Baum + Herr
Lebenspartner, von dem man sich nur schwer trennen kann.

Baum + Dame
Lebenspartnerin, die man sich nicht aus seinem Leben wegdenken kann.

Baum + Lilie
Traditioneller langweiliger Familienclan.

Baum + Sonne
Energiegeladener, gesunder Lebensplatz und Umfeld.

Baum + Mond
Von der Nacht beherrschter Lebensplatz ohne richtige Liebe.

Baum + Schlüssel
Abgesicherter Lebensbereich unter Verzicht auf Liebe.

Baum + Fische
Suchtgefährdung, hauptsächlich Alkohol.

Baum + Anker
Nur langsames berufliches Vorwärtskommen.

Baum + Kreuz
Es ist Schicksal, diesen Weg zu gehen, zumindest für lange Jahre. Die Erlösung lässt noch lange auf sich warten.

Wolke – Nr. 6
Kreuz König
in Verbindung

Wolke + Reiter
Eine gute Nachricht wird in eine Krisensituation überbracht.

Wolke + Klee
In Kürze klärt sich mit ein bisschen Glück das gedankliche Chaos.

Wolke + Schiff
Absage einer Reise.

Wolke + Haus
Ein in sich zweifelnder Mann vergiftet mit seinen Gedanken und Reden das Haus.

Wolke + Baum
Der Lebensplatz fühlt sich durch eigenes Denken bedroht an.

Wolke + Schlange
Zwei, die sich zusammenfinden und für heillose Verknotungen sorgen.

Wolke + Sarg
Durch Disharmonie zwischen Seele und Geist ist hier eine psychische Krankheit eingetreten.

Wolke + Blumen
Kurzfristige Linderung stellt sich überraschend ein.

Wolke + Sense
Der Kopf ist übervoll. Droht zu »explodieren«.

Wolke + Ruten
Als Gesprächspartner nicht geeignet, da beide zu intellektuell denken und die Wolke verschlossen ist.

Wolke + Vögel
Zu viel gut gemeinte Ratschläge.

Wolke + Kind
Glaube, Selbstvertrauen, Gottvertrauen ist gewachsen. Kleiner, vorsichtiger Neubeginn folgt.

Wolke + Fuchs
Warten auf Fehler des anderen, die geschickt zum eigenen Vorteil genutzt werden sollen.

Wolke + Bär
Eine kompetente Person hilft, das Chaos zu strukturieren.

Wolke + Sterne
Klarheit durchdringt den negativen Wall. Auch Suchtgefährdung s. Sterne + Wolke.

Wolke + Störche
Eine bereits begonnene grundlegende Veränderung wird wieder in Frage gestellt.

Wolke + Hund
Alte Freunde müssen gebeten werden, damit wieder ein neuer Anfang geschaffen werden kann. Sie kommen diesmal nicht von allein.

Wolke + Turm
Vernichtenden Gedanken wird Einhalt geboten. Erreichen den Empfänger nicht, bzw. er kann sie reflektieren.

Wolke + Park
Freiwillig abgekapselt, in sich gespalten und unwirsch wird das öffentliche Treiben negativ bewertet.

Wolke + Berg
Man hält die Angelegenheit für aussichtslos, jemals den Gipfel zu erstürmen. Der Weg scheint zu verschwommen zu sein.

Wolke + Wege
Ein neuer Weg muss entschieden werden, nur Abwarten ist derzeit besser.

Wolke + Mäuse
Die Mäuse läuten die Wende ein, der Kopf ist frei. Das Problem stellt kein Problem mehr dar.

Wolke + Herz
Ein junger Mensch liegt direkt im Lebensweg. Er zeichnet sich durch Herzlichkeit, Wärme, Klarheit und natürliche Spiritualität (unbewusst gelebtes Wissen) aus.

Wolke + Ring
Halt – so wird das nichts. Diese Verbindung ist mit zu vielen Zweifeln beladen.

Wolke + Buch
Das Geheimnis muss unbedingt gelüftet werden, doch es ist verschlossen wie eine Auster.

Wolke + Brief
Gestörter Kommunikationsfluss nach außen.

Wolke + Herr
Flucht nach außen, da man mit seinem Inneren nicht klarkommt.

Wolke + Dame
Selbstzerfleischung, Selbstanklage und das noch mit Genuss.

Wolke + Lilie
Familiäre Probleme, Sorgen, Ausschweifungen, Krankheiten bis hin zu paranoidem Verhalten werden hinter einer eiskalten glatten Maske verborgen.

Wolke + Sonne
Frustriert bis depressiv werden, da unklare Vorgänge im Kopf zu viel Lebensenergie abziehen.

Wolke + Mond
Schlaf- und Traumstörungen. Stoppen Sie das geistige Tohuwabohu. (Kann zu lädiertem körperlichem Zustand führen. Ärztlicher Rat wird empfohlen).

Wolke + Schlüssel
Mit Sicherheit geht ein unangenehmer Teil des Lebens zu Ende und das in doppelter Hinsicht. Übernehmen Sie die Kontrolle.

Wolke + Fische
Finanzielle Ausgaben nicht mehr nachvollziehbar.

Wolke + Anker
Wegen undurchsichtiger Machenschaften Existenz gefährdet.

Wolke + Kreuz
Schwer depressive Phase. Gedanken und Berechnungen, um selber das Leben zu beenden.

Schlange – Nr. 7 Kreuz Dame in Verbindung

Schlange + Reiter
Eine gute überbrachte Botschaft reduziert die vorhandenen Komplikationen.

Schlange + Klee
Strategisch gut vorgeplant fällt kleines Gück in den Schoß.

Schlange + Schiff
Die Vorbereitungen zur Reise laufen nicht glatt.

Schlange + Haus
Damenbesuch mit hohen Ansprüchen kommt ins Haus.

Schlange + Baum
Die Einfachheit reizt zu einem Liebesgeplänkel am Lebensort.

Schlange + Wolke
Man kann den Schaden noch nicht übersehen, der durch die Verwicklungen entstanden ist. Noch denkt man, dass man die Situation unter Kontrolle hat.

Schlange + Sarg
Die raffiniert gelegten Fallstricke sind entdeckt worden. Der Beziehung wird sich vorübergehend entledigt.

Schlange + Blumen
Ein freudiges Ereignis transformiert schlechte Energien und lässt Sie leichter atmen. Heilung einer alten verkorksten Situation ist angesagt.

Schlange + Sense
Ein jüngerer Mann verführt zu Leichtsinnigkeit. Er beansprucht zu viel.

Schlange + Ruten
Intelligenz und Raffinesse einsetzen müssen, um zu seinem Recht zu kommen.

Schlange + Vögel
Sich mit Weisheit und Klarheit über das Gerede fremder Leute hinwegsetzen, ansonsten verschwinden Erfolg und Einnahmen.

Schlange + Kind
Durch oder wegen eines Kindes wird verziehen.

Schlange + Fuchs
Egal, wie sich der Betreffende versucht zu verhalten, er wird weiterhin verdeckt angefeindet.

Schlange + Bär
Zu klug, um einen offenen Konflikt mit einer alten Institution einzugehen. Abwenden bringt Sie nicht weiter. Verhandeln ist hier besser.

Schlange + Sterne
Durch das eigene Auftreten werden unmögliche Angelegenheiten möglich. »Geht nicht« ist derzeit gestrichen.

Schlange + Störche
In einigen Monaten wird sich eine Veränderung in feste Strukturen ergeben.

Schlange + Hund
Karmische Freundschaft, der man vertrauen kann.

Schlange + Turm
Große Befürchtungen, allein gelassen zu werden.

Schlange + Park
Längerfristige Aufgabe im öffentlich repräsentativen Bereich ist angeboten.

Schlange + Berg
Verwicklungen, Komplikationen, Hindernisse und Hürden geben sich die Hand. Kaum ist das eine gelöst, erscheint das nächste.

Schlange + Wege
Eine Bekannte, kann auch Freundin sein, bietet Wege und Alternativen an.

Schlange + Mäuse
Falsches, Überflüssiges, Verstrickungen, Verknotungen werden über Nacht verschwinden.

Schlange + Herz
Eine neue Wärme, Liebe, Herzlichkeit tritt in das Leben.

Schlange + Ring
Karmische Verbindung, die kaum zu lösen ist.

Schlange + Buch
Über Einkommen wird geschwiegen. Vermehrt sich gut, wird langfristig angelegt.

Schlange + Brief
Schlechte, nichts sagende, oberflächliche Botschaften werden schnell durchschaut.

Schlange + Herr
Nicht der richtige Partner.

Schlange + Dame
Alte Freundin, man kennt sich in- und auswendig.

Schlange + Lilie
Kommt nicht richtig von der Familie los. Das Finanzielle und der Schutz wird noch benötigt.

Schlange + Sonne
Glänzende Zukunft voller Kraft und Energie steht bevor. Positive magische Kraft lenkt das Leben.

Schlange + Mond
Die Tage sind voller Energie und die Nacht nur voller Träume ohne Partner.

Schlange + Schlüssel
Der gebundene Partner wird freigegeben. Ein wichtiger Abschnitt ist geklärt.

Schlange + Fische
Mit Leichtigkeit und spielerischem Einsatz gibt es hier gute finanzielle Unterstützung.

Schlange + Anker
Ein Arrangement wird getroffen und man bleibt wo man ist, betrifft Arbeitsbereich.

Schlange + Kreuz
Eigene Belastungen, die man nicht wahrhaben will, die aber immer wieder zu neuen unangenehmen energetischen Verbindungen führen.

Sarg – Nr. 8
Karo 9
in Verbindung

Sarg + Reiter
Krankenbesuch mit guter Nachricht.

Sarg + Klee
Glücksgeschenke aus dem Kosmos helfen, diesen ruhenden, trägen Zustand zu überwinden.

Sarg + Schiff
Die körperliche, schlappe und kränkelnde Phase neigt sich ziemlich dem Ende entgegen.

Sarg + Haus
Unternehmungen im Haus sind zum Erliegen gekommen.

Sarg + Baum
Eigentlich jahreszeitenbedingte Depriphase, diesmal durch eine Illusion in Liebesdingen ausgelöst.

Sarg + Wolke
Krankheiten lösen sich auf.

Sarg + Schlange
Das Innere will sich noch nicht von der Krankheit lösen, während der Geist schon nach vorne schaut.

Sarg + Blumen
Heilung »über Nacht« durch eine weibliche Freundschaft, die die Situation zurechtrückt.

Sarg + Sense
Das Finanzielle soll plötzlich gekürzt werden. Gesundheit und aktives Handeln sind dringend erforderlich.

Sarg + Ruten
Stetige Verständigungsschwierigkeiten.

Sarg + Vögel
Ohnmächtig muss man das Gerede der Leute über sich ergehen lassen. Handeln kann hier zu Verlusten führen. Abwarten, bis man sich stärker fühlt.

Sarg + Kind
Durch Hilfe eines Menschen, Glauben und Vertrauen wird die Kraft zum Neuanfang freigesetzt.

Sarg + Fuchs
Der andere hat Probleme, es irdisch zu verstehen, was sich da in der Psyche abspielt.

Sarg + Bär
Um staatliche oder behördliche Hilfe wird angefragt. Hier sollte man bestimmender und konkreter vorgehen.

Sarg + Sterne
Medialität, Verbindung zur Transzendenz.

Sarg + Störche
Transformationsphase neigt sich dem Ende entgegen. Geist und Seele werden wieder eine Einheit. Führt zu Veränderung des ganzen Lebens.

Sarg + Hund
Liebevolle Freunde halten Wache, behüten und beschützen in dieser schlechten Zeit.

Sarg + Turm
Zeitlich lange Isolation.

Sarg + Park
Kontakt zur Öffentlichkeit scheitert, wie nicht tragbar, nicht vermittelbar.

Sarg + Berg
Massive Hindernisse blockieren die Aussichten auf Erfolg in der Gesundheit.

Sarg + Wege
Alternative Heilmethoden andenken.

Sarg + Mäuse
Der kranke Zustand wird innerhalb ganz kurzer Zeit aufgelöst sein.

Sarg + Herz
Trotz allem gibt es hier reine, von Herzen kommende Liebe.

Sarg + Ring
Werteüberschreibungen, die vertraglich mit Familienmitgliedern geregelt werden.

Sarg + Buch
Krankheit, die geheim gehalten wird.

Sarg + Brief
Offizielle Meldung wegen Krankheit.

Sarg + Herr
Vergangenheit ist gleichgültig geworden. Eine neue Zukunft winkt in einer Partnerschaft.

Sarg + Dame
Zu Beginn eines wirklich neuen Lebensabschnittes wird sich bei der Vergangenheit bedankt und losgelassen.

Sarg + Lilie
Die Familie kann die psychischen Zustände nicht nachvollziehen.

Sarg + Sonne
Etwas mehr Energie vorhanden, aber noch nicht genug, um voll zu leben.

Sarg + Mond
Unstillbare Sehnsucht verhindert Genesung. Diffuse Träume oft von Verstorbenen.

Sarg + Schlüssel
Mit Sicherheit ist das Drama bald vorbei.

Sarg + Fische
Geldverdienen wird wieder leichter.

Sarg + Anker
Neue Verankerungen schaffen, Bodenständigkeit wird kommen.

Sarg + Kreuz
Verlust des Alten bringt einen komplett neuen Anfang.

Blumen – Nr. 9
Pik Dame
in Verbindung

Blumen + Reiter
Zu einer Unternehmung wird man abgeholt.

Blumen + Klee
Freudiger Umstand durch gesellschaftlichen Umgang bringt in Kürze angenehme, schöne Stunden.

Blumen + Schiff
Reise ist zu gewinnen.

Blumen + Haus
Feier, Festlichkeit, die im Haus ausgerichtet wird.

Blumen + Baum
Lebensfreude, Genesung von Krankheit.

Blumen + Wolke
Freude auf ein Treffen – beste Absichten –, das im Nachhinein angezweifelt und zerredet wird.

Blumen + Schlange
Eine Besucherin versucht auf Grund Ihres Erfolgs, Sie in ihr Leben zu verstricken.

Blumen + Sarg
In falsches Aufgabenprogramm geraten. Sackgasse.

Blumen + Sense
Wohlergehen, Freude und Erfolg will ein jüngerer Mann beenden. Er will alles haben.

Blumen + Ruten
Auf mentaler und verbaler Ebene wird gegen einen gearbeitet.

Blumen + Vögel
Fremde, auch Bekannte, nehmen Anteil, viel leeres Gerede.

Blumen + Kind
Starkes Selbstbewusstsein lässt einen kleinen Neubeginn zu.

Blumen + Fuchs
Falsche Ratschläge erhalten.

Blumen + Bär
Stabilität im irdischen Bereich.

Blumen + Sterne
Heilung durch spirituelle Erkenntnisse. Naturheilmethoden.

Blumen + Störche
Freudige Veränderung.

Blumen + Hund
Aktives Treffen mit Freunden.

Blumen + Turm
Vorbereitung auf große Prüfung, großes Vorhaben.

Blumen + Park
Ehrung des Erfolg, Prüfung, Abschluss.

Blumen + Berg
Umsetzung von Tätigkeit in den Alltag erweist sich schwieriger als gedacht.

Blumen + Wege
Freie Wegewahl. Jede Entscheidung ist akzeptabel.

Blumen + Mäuse
Zugesagtes geht in Verlust.

Blumen + Herz
Ein reines Herz tröstet liebevoll, fühlt mit und bringt zum Lachen.

Blumen + Ring
Verbindung, Versprechen in etwa wie Verlobung.

Blumen + Buch
Es steckt mehr Gutes dahinter als angenommen. Man weiß es nur noch nicht.

Blumen + Brief
Mehrere E-Mails, Faxe, Wurfzettel oder Kettenbriefe erhalten, die nur dem Wohl des Absenders dienen.

Blumen + Herr
Partner, der für eine andere bestimmt ist.

Blumen + Dame
Freundin kommt zu Besuch, will über anstehende Aktivitäten reden.

Blumen + Lilie
Familiäres Treffen. Dogmatische Personen werden zugänglich und lockerer.

Blumen + Sonne
Wünsche werden wahr. Erfolg gut bestrahlt, kommt.

Blumen + Mond
Wachstum und Anerkennung im spirituellen Bereich.

Blumen + Schlüssel
Mit Sicherheit freudige Überraschung von jemandem, der Gutes tut.

Blumen + Fische
Körper – Seele – Geist in Harmonie. Im sozialen Einsatz tätig.

Blumen + Anker
Zu wenig Lohn für das eingebrachte Wissen und Können.

Blumen + Kreuz
Trotz vorangegangenem Erfreulichen bleibt das Leben weiterhin von einer Last beladen.

Sense – Nr. 10
Karo Bube
in Verbindung

Sense + Reiter
Glück im Unglück. Nachricht durch einen guten Boten. Alles halb so schlimm.

Sense + Klee
Gefahr kommt durch glückliche Zufälle nicht zum Tragen.

Sense + Schiff
Finanzieller Engpass vor einer Reise.

Sense + Haus
Erhalt von Haus/Wohnung gefährdet.

Sense + Baum
Plötzliches Gesundheitsproblem am Lebensort. Kommt, da Sense Schicksalskarte ist.

Sense + Wolke
Erarbeitete geistige Klarheit und Fortschritt wird plätzlich attackiert.

Sense + Schlange
Das Unterbewusstsein fürchtet die Gefahr eines plötzlichen Angriffs einer Person aus der Vergangenheit.

Sense + Sarg
Durch grandiosen Schachzug, der nach hinten losging, finanziell und seelisch zum Erliegen kommen. Sehr schiefe Machenschaften.

Sense + Blumen
Mit zitternden Knien eine kritische Angelegenheit erfolgreich zu Ende bringen. Große Freude.

Sense + Ruten
Plötzlicher, heftiger Streit ums liebe Geld.

Sense + Vögel
Klatsch und Tratsch, sich energisch dagegen wehren.

Sense + Kind
Plötzlicher Angriff auf ein Kind. Aber dem Angreifenden wird seine Attacke verziehen.

Sense + Fuchs
Mit Schlauheit bis Gerissenheit wird die Gefahr gebannt. Trotzdem wird Schaden genommen (Machtkämpfe).

Sense + Bär
Schicksalhafter Angriff auf das, was für den Menschen einen Schutzschild darstellt. Kann hier Person, Sache oder auch Behörde sein.

Sense + Sterne
Plötzlich auftretende Hellsichtigkeit, auch Vorahnungen von Unglücken und Katastrophen.

Sense + Störche
Jemand ist gegen diese Veränderung. Sabotage kommt aus heiterem Himmel.

Sense + Hund
Plötzlich auf einen treuen Freund losgehen und ihm Verdientes vorenthalten wollen.

Sense + Turm
Große Gefahr für Pläne, Träume und Visionen.

Sense + Park
Gefährliche Gesellschaft. Will nicht teilen, alles für sich behalten.

Sense + Berg
Unerwartet tauchen neue gefährliche Hindernisse auf.

Sense + Wege
Gefährlicher Weg. Der richtige muss gesucht werden.

Sense + Mäuse
Kosmische Hilfe. Gefahr und Schrecken gebannt.

Sense + Herz
Unerwartete heftige Verletzung in Herzensdingen.

Sense + Ring
Trennungserklärung.

Sense + Buch
Plötzlicher Versuch, an das fest angelegte, gut gehütete Geld des anderen zu kommen.

Sense + Brief
Sehr heftig und direkt formulierte briefliche Absage. Abrupte Beendigung.

Sense + Herr
Aggressive Verfolgung aus der Vergangenheit, von der man nichts mehr wissen will.

Sense + Dame
Gefährliches Vorhaben. Will an Geld aus der Vergangenheit kommen.

Sense + Lilie
Familie, in der Sexualität missbraucht wird.

Sense + Sonne
Explosionsgefahr. Auch für Familienmitglieder durch unverhoffte Attacken (Überschuss an Energie).

Sense + Mond
Heftige Attacken, auch Albträume des Nachts.

Sense + Schlüssel
Einbruchgefahr.

Sense + Fische
Zurückhaltung von Investition stört die Geldeingänge. Geben und nehmen in Gefahr. Ungleichgewicht.

Sense + Anker
Plötzlich auftretende Gefahrensituation in Bezug auf Arbeit.

Sense + Kreuz
Duch Verlust, Auflösung, auch Beendigung einer karmischen Angelegenheit darf das vorher erhaltene Geld behalten werden.

Ruten – Nr. 11
Kreuz Bube
in Verbindung

Ruten + Reiter
Gute Einmischung einer unparteiischen Person glättet die aufgebrachten Wogen.

Ruten + Klee
Durch glückliche Momente werden Stress und Alltagsprobleme gemildert.

Ruten + Schiff
Langwierige nervige Diskussionen um eine bevorstehende Reise.

Ruten + Haus
Stetige kleine alltägliche Ärgernisse im Haus, auch wegen des Hauses.

Ruten + Baum
Diskussionen, weil der Lebensplatz oder Ort zu wenig Abwechslung bietet.

Ruten + Wolke
Schneller Wechsel von Meinungen.

Ruten + Schlange
Weibliche Person versucht im häuslichen Bereich Unfrieden zu stiften. Führt zu weiteren Verwicklungen.

Ruten + Sarg
Funkstille auf allen Ebenen (Redeverbot, mundtod).

Ruten + Blumen
Spontane Auflösung von Streit, meistens durch Geschenk.

Ruten + Sense
Heilende Gespräche ums liebe Geld. Sparsamer damit umgehen.

Ruten + Vögel
Diskussionen über das Denken und Gerede anderer Menschen. Belanglos, nicht der Rede wert.

Ruten + Kind
Durch Ausdiskutieren wird ein neuer Beginn gewagt.

Ruten + Fuchs
Als Störenfriede zu bezeichnende Person/en versuchen die Diskussionen anzuheizen.

Ruten + Bär
Stress mit Autoritätsperson, obwohl diese zum Schutz da ist. Nicht negativ eingestellt.

Ruten + Sterne
Diskussionen um Esoterik, auch Philosophieren.

Ruten + Störche
Für die geplante Veränderung muss noch vieles geklärt werden. Noch nicht ausdiskutiert. Keine Einheit.

Ruten + Hund
Freundschaftliche Gespräche.

Ruten + Turm
Meinungsaustausch wegen großer Pläne, Objekte.

Ruten + Park
Vorträge halten, reden und diskutieren in der Öffentlichkeit.

Ruten + Berg
Rhetorisch zu überlegen. Der andere versteht es nicht. Brett vor dem Kopf. Blockiert im Aufnehmen.

Ruten + Wege
Neue Wege müssen begangen werden, um die Diskussionen zu beenden. Handeln ist hier verlangt.

Ruten + Mäuse
Der Kosmos sorgt für Beendigung der endlosen Debatten.

Ruten + Herz
Sorgen machen, Stress haben, da Vertrauen und Glauben fehlt, dass die Liebe herzlich ist.

Ruten + Ring
Heftige Diskussionen und Realitätsgehabe um eine Verbindung.

Ruten + Buch
Bohrende Gespräche wegen Geheimniskrämerei.

Ruten + Brief
Schriftliche Vorwürfe zurückweisen. Das Gesagte widerlegen.

Ruten + Herr
Partner entzieht sich der Diskussion.

Ruten + Dame
Partnerin will alles ausdiskutieren.

Ruten + Lilie
Strafen durch Liebesentzug.

Ruten + Sonne
Kommunikative Angelegenheiten werden äußerst erfolgreich ausgehen (wie Streit, Rechtliches usw. gewinnen).

Ruten + Mond
Diskussionen um Anerkennung und Selbstachtung.

Ruten + Schlüssel
Unschöne Diskussionen um Altes, bereits längst Vergangenes. Aufwärmen.

Ruten + Fische
Ausdiskutieren und einteilen der Finanzen.

Ruten + Anker
Immer wieder Diskussionen über die Arbeit.

Ruten + Kreuz
Nur ganz langsame Auflösung von Streitigkeiten. Kann Jahre dauern. Karmisch belegt.

Vögel – Nr. 12
Karo 7
in Verbindung

Vögel + Reiter
Nachricht wird übermittelt, die das Getratsche dämpft.

Vögel + Klee
Bald lässt die üble Nachrede nach.

Vögel + Schiff
Zweifel und Unsicherheiten in Bezug auf eine Reise.

Vögel + Haus
Die Aufregungen ums Haus sind in vollem Gange. Auch Klatschtanten. Auch zwei Häuser oder Wohnstätten.

Vögel + Baum
Aufregungen mit den Nachbarn am Lebensort.

Vögel + Wolke
Vorübergehende Klarheit durch die Ratio erreicht. »Ruhe vor dem Sturm«.

Vögel + Schlange
Jeder neue Kontakt führt zu weiteren Verwicklungen.

Vögel + Sarg
Psychische Krankheit durch vorangegangene Aufregungen.

Vögel + Blumen
Dunkle Energien lösen sich von heute auf morgen auf.

Vögel + Sense
Lebensstandard durch Gerüchteküche gefährdet.

Vögel + Ruten
Androhung, mit Rechtsmitteln gegen das Gerede vorzugehen.

Vögel + Kind
Aufregungen, auch Hektik, Nervosität mit Kind/Kindern. Durchblick fehlt.

Vögel + Fuchs
Aufregungen locken falsche Freunde/Berater an.

Vögel + Bär
Behördliche Dementis.

Vögel + Sterne
Gruppengespräche über Medienspektakel wie Konzerte, Stars, auch seltene Himmelserscheinungen.

Vögel + Störche
Aufregungen mehrerer Personen um eine Standortveränderung.

Vögel + Hund
Zweifel und Aufregungen mit einem Freund.

Vögel + Turm
Rückzug, um mit sich selbst klar zu kommen.

Vögel + Park
Aufregungen in der Öffentlichkeit.

Vögel + Berg
Trotz Gerede und negativer Belastung stur sein Leben weiterleben.

Vögel + Wege
Die Aufmerksamkeit wird von dem belasteten Objekt abgezogen, da neue Möglichkeiten zur Diskussion stehen.

Vögel + Mäuse
Aufregungen, Hektik oder auch Getratsche erledigen sich ein für alle Mal.

Vögel + Herz
Nervosität und Herzflattern wegen eines neuen Mannes.

Vögel + Ring
Aufregungen. Nicht entscheiden können, welche Verbindung die richtige ist.

Vögel + Buch
Aufregungen, nervös sein wegen eines Geheimnisses. Nur schwer zu wahren.

Vögel + Brief
Hektik wegen schlechter Nachricht, die sich im Nachhinein als haltlos erweist.

Vögel + Herr
Chaospartner.

Vögel + Dame
Partnerin muss die aufgebrachten Wogen glätten.

Vögel + Lilie
Getratsche mit Freund/in über einen Mann, der als Liebespartner begehrt wird.

Vögel + Sonne
Positive Aufregungen im gelebten Umfeld. Starke Energie.

Vögel + Mond
Aufregungen oder Neues (Getratsche) erfahren in den späten Abendstunden.

Vögel + Schlüssel
Bei unterschiedlichen Meinungen zu einer Einigung kommen.

Vögel + Fische
Ideen aus dem kollektiven Bewusstsein aufnehmen, noch unausgegoren. Nach eingehender Bearbeitung brauchbar zum Geldverdienen.

Vögel + Anker
Konzentration auf eine Sache wird erreicht und verfestigt.

Vögel + Kreuz
Sorgen, Zweifel, unterschiedliche Meinungen lösen sich langsam auf.

Kind – Nr. 13
Pik Bube
in Verbindung

Kind + Reiter
Herz bleibt für die gute Nachricht verschlossen. Will nicht hören.

Kind + Klee
Sucht das Glück in der Vergangenheit.

Kind + Schiff
Will nicht verreisen.

Kind + Haus
Akzeptiert Haus/Wohnung nur aus Verstandesgründen, nicht aus dem Herzen.

Kind + Baum
Notgedrungene Akzeptanz des Lebensortes. Altes war schöner.

Kind + Wolke
Versuch, mit Magie – wie Glauben, Beten, starkes Wünschen – Teile der Vergangenheit zu aktivieren.

Kind + Schlange
Mit unerschütterlichem Glauben an Vergangenheit festhalten. Gut gemeinte Ratschläge kommen nur beim Verstand an, nicht im Herzen.

Kind + Sarg
Durch Krankheit versuchen, die Dinge ins Lot zu bringen.

Kind + Blumen
Ein freudiger Neubeginn. Ziel kann durch Urvertrauen, Hartnäckigkeit und Verzeihen erreicht werden.

Kind + Sense
Der Broterwerb ist in Gefahr. Handeln ist angesagt. Vertrauen, warten und hoffen, dass jemand aus der Vergangenheit hilft, reicht nicht.

Kind + Ruten
Streitigkeiten müssen geklärt werden.

Kind + Vögel
Das Festhalten an einer alten Sache zieht neues Gerede herbei. Kleine Ärgernisse.

Kind + Fuchs
Ein leichtes Opfer für den charmanten aber falschen »Fuchs«.

Kind + Bär
Unter besonderem Schutz stehen, irdisch und kosmisch.

Kind + Sterne
Ein reiner, klarer, sauberer neuer Start.

Kind + Störche
Ortsveränderungen in Form von kleinen Reisen.

Kind + Hund
Treue, herzlich gesinnte Freunde stehen zu einem, obwohl man sie kaum beachtet.

Kind + Turm
Sich eingesperrt fühlen. Auch Ausgehverbot.

Kind + Park
Fühlt sich nicht gesellschaftsfähig.

Kind + Berg
Mühseliges Vorankommen, in kleinen Schritten.

Kind + Wege
Neue Wege in Betracht ziehen. Möglichkeiten vorhanden. Altes muss abgehakt werden.

Kind + Maus
Alternative Wege des Neubeginns gekappt.

Kind + Herz
Offenes, hilfsbereites und gutmütiges Handeln.

Kind + Ring
Vorsichtige neue Verbindung, da das Herz noch nicht frei ist.

Kind + Buch
Ablehnung von undurchsichtigen Machenschaften.

Kind + Brief
Interesselosigkeit am aktuellen Zeitgeschehen.

Kind + Herr
Zu keiner neuen Partnerschaft bereit.

Kind + Dame
Dame, die ein Kind hat. Auch kindlich wirkende Person.

Kind + Lilie
Wechsel in eine strukturelle dogmatische Umgebung. (Bei Kindern Schule, Gymnasium, Internat). Bei Erwachsenen neue Familie, Wohnheim etc.

Kind + Sonne
Guter Energieaufschwung.

Kind + Mond
»Sechster Sinn«. Melancholisch, sensibel.

Kind + Schlüssel
Mit Sicherheit wird Altes abgeschlossen werden und Neues beginnen. Auch Schlüsselkinder.

Kind + Fische
Träumt vom reichen Partner. Auch Unreife/s.

Kind + Anker
Kleine Veränderungen in der Arbeit sind in Ordnung, große nicht gewollt.

Kind + Kreuz
Rückzug in eine Wunschtraumwelt. Auf Sicht Lebensgefährdung.

Fuchs – Nr. 14
Kreuz 9
in Verbindung

Fuchs + Reiter
Gut gemeinte Nachricht zeigt keine Wirkung. Empfänger glaubt nur, was er glauben will.

Fuchs + Klee
Hinterlist kommt durch glückliche Zufälle nicht zum Tragen.

Fuchs + Schiff
Reise ist nicht lukrativ. Eine Person hat Interesse daran verloren.

Fuchs + Haus
Unfrieden stiftende Person verlässt freiwillig das Haus/Wohnung.

Fuchs + Baum
Störenfried hat sich aus dem Lebensbereich entfernt.

Fuchs + Wolke
Lügen und scheinheilige Versprechen bleiben vorerst fruchtlos.

Fuchs + Schlange
Regelrechte Flucht vor Intrigen und Ränkespielen.

Fuchs + Sarg
Verlassen werden in Depressionsphase. (Undefinierbare Krankheitssymptome).

Fuchs + Blumen
Durch das Entfernen der boshaften Person kommen Freude und Erfolg zurück.

Fuchs + Sense
Freiwilliger, kluger Verzicht auf Finanzielles.

Fuchs + Ruten
Falsche, auch rhetorisch zu starke Ansprechpartner. Nicht gegenan kommen.

Fuchs + Vögel
Entfernen, nichts wissen wollen vom Getratsche.

Fuchs + Kind
Boshaftigkeit und Hinterhältigkeit wird verziehen werden.

Fuchs + Bär
Falsches Spiel kommt nicht zum Tragen. Gerechtigkeit wird siegen.

Fuchs + Sterne
Mit fremden Federn schmücken. Vergangenheit als strahlend und sauber darstellen.

Fuchs + Störche
In der Umzugsphase Rückzieher machen.

Fuchs + Hund
Verantwortlichkeit dem Freund oder Freunden zuschieben.

Fuchs + Turm
Ausbrechen aus der Isolation, aus dem, was man als Gefängnis betrachtet.

Fuchs + Park
Öffentliche Veranstaltung vorzeitig verlassen.

Fuchs + Berg
Versucht bei anderen etwas abzustauben, da derzeitiges Leben nichts hergibt (abzustauben im Sinne von leihen, borgen, mit List und Tücke Geschäfte machen, anderen etwas vormachen).

Fuchs + Wege
Will sich nicht neu entscheiden, greift lieber auf alte bekannte Wege zurück.

Fuchs + Mäuse
Verlust einer falschen Person, auch einer falschen Sache. Störenfried verschwindet über Nacht (guter Verlust).

Fuchs + Herz
Vergiftung des Herzens hört auf, da Person sich entfernt.

Fuchs + Ring
Erscheint zu einem zugesagten Termin nicht, der eine Sache verbinden soll. Z.B. Vertrag, Bündnis, Verbindung.

Fuchs + Buch
Verletzen der Schweigepflicht. Versuch, Geheimnis zum Vorteil zu nutzen.

Fuchs + Brief
Falsche Weiterleitung von Dokumenten, Briefen etc.

Fuchs + Herr
Ehrliche Person, tolerant und offen.

Fuchs + Dame
Ehrliche Person, die Verständnis und gute Intuition hat. Beurteilt den anderen trotz seiner nicht sehr sauberen Art dennoch positiv.

Fuchs + Lilie
Familiäre Konflikte, da einer immer rückfällig wird.

Fuchs + Sonne
Familie, auch Lebenspartnerschaft, bemüht sich ständig, doch der andere tankt kurz auf und verschwindet wieder.

Fuchs + Mond
Nächtliche verstohlene Ausbrüche. Anspannung, Unruhezustände.

Fuchs + Schlüssel
Mit Sicherheit wird dem Lebenswandel, dem Aktionsradius ein Ende gesetzt.

Fuchs + Fische
Mit reichlich Finanziellem versorgt, wendet sich die Person altgewohnten Aktivitäten zu.

Fuchs + Anker
Verlassen des festen Arbeitsplatzes.

Fuchs + Kreuz
Mit der Zeit verschwinden falsches Denken, Verhalten und falsche Personen.

Bär – Nr. 15
Kreuz 10
in Verbindung

Bär + Reiter
Äußerst positive Nachricht aus sehr weiter Ferne.

Bär + Klee
Kleines, schnell kommendes Glück, in rechtlichen und auch schutzbedürftigen Bereichen.

Bär + Schiff
Stabile, eindrucksstarke Reise zu Kultplätzen, Altertümern, Kulturreisen.

Bär + Haus
Ein »bärenstarkes« Haus. Sich wohl und beschützt fühlen.

Bär + Baum
Stabiles langes Leben. Gute Gesundheit, starke Konstitution.

Bär + Wolke
Irdisch gerechtes Denken, stabil und klar.

Bär + Schlange
Intrigengefahr. »Teddybär« kann sich dem glamourösen Charme der holden Weiblichkeit nur schwer entziehen.

Bär + Sarg
Nerven liegen blank, obwohl ansonsten die Stabilität in Person (braucht Streicheleinheiten).

Bär + Blumen
Auszurichtendes Fest nach traditionellem Vorbild.

Bär + Sense
Nichts und niemand kann einem das nehmen, was man sich erarbeitet hat.

Bär + Ruten
Gespräche um Recht und Gesetz.

Bär + Vögel
Von Gerüchten verschonte Person, der nichts etwas anhaben kann.

Bär + Kind
Schutzbedürftiges Kind. Erwachsene: Schmeicheln oder Geschenk überreichen, um Schutz zu erhalten, auch Versöhnung anstreben, um wieder dazuzugehören.

Bär + Fuchs
Verbaler Angriff mit falschen Inhalten.

Bär + Sterne
Sehr treu sorgender und geistig herausragender Mensch beseitigt manche Hürde. Auch Geistführer oder Berater.

Bär + Störche
Gesicherte Veränderung.

Bär + Hund
Verlässliche Freunde haben.

Bär + Turm
Behördliches Stopp für große Pläne. In die Schranken zurückgewiesen.

Bär + Park
In der Öffentlichkeit eine wichtige Funktion übernehmen.

Bär + Berg
Dickköpfig und stur. Sieht nur Blockaden und Hindernisse.

Bär + Wege
Mit Mut, Kraft und Stärke neue Wege gehen.

Bär + Mäuse
Das wird nichts. Plötzlicher Verlust der sozialen Ausgeglichenheit.

Bär + Herz
»Bär und Bärin«. Dehnbares und absolut reißfestes Band. (Bestehend immer aus Mann und Frau, muss keine feste Partnerschaft sein).

Bär + Ring
Lebenslange traditionelle Bindung oder Verbindung.

Bär + Buch
Geheimnisträger, Hüter der Gerechtigkeit mit finanzieller Entlohnung.

Bär + Brief
Behördliche Aufforderung zu einem Termin.

Bär + Herr
Treue, traditionelle Versorgung (wie Vaterschaft, Elternteil, Partner oder auch Behörde).

Bär + Dame
Hatte oder hat noch guten Versorger, auf den man zurückgreifen kann.

Bär + Lilie
Starkes, gerechtes Familienoberhaupt. Schutz für die Familie.

Bär + Sonne
Fähigkeiten auf dem höchsten Stand. Energie, Kraft, Wille, Durchsetzungsvermögen und Souveränität befähigen zu Spitzenleistungen.

Bär + Mond
Kraft und Stärke wächst in den Abendstunden. Konzentration und Aktivität nimmt zu.

Bär + Schlüssel
Engagement für ökologischen und wirtschaftlichen Erfolg wird im Vordergrund stehen. Zurückstellung einer festen Bindung.

Bär + Fische
Gesicherter sauberer Umgang mit Finanzen für Eigen- und Fremdgeld.

Bär + Anker
Workaholic, da starkes Kontrollbedürfnis vorhanden.

Bär + Kreuz
Hohe Auszeichnungen für Gerechtigkeit, Recht und Ordnung.

Sterne – Nr. 16
Herz 6
in Verbindung

Sterne + Reiter
Reine, mediale Nachricht ist unterwegs.

Sterne + Klee
Erwarten einer Glückssträhne, die im Kleinen eintrifft.

Sterne + Schiff
Traumreise geht in Erfüllung.

Sterne + Haus
Traumhaus/Wunschhaus bzw. »verwunschenes Schlösschen« gesehen.

Sterne + Baum
Traumhaft guter, klarer, reiner Lebensplatz.

Sterne + Wolke
Clean sein für kurze Zeit. Suchtgefährdung: sich-selbst-halluzinieren, betäuben, vernebeln z. B. durch Drogen, Zigaretten, Alkohol oder Medikamentenmissbrauch.

Sterne + Schlange
Spiritueller Lehrer.

Sterne + Sarg
Dumpfheit und fehlendes Unterscheidungsvermögen. Kränkelnder Geist. Auch zu viel, zu oft Jenseitskontakte.

Sterne + Blumen
Erfolg und Freude in spirituellen Arbeiten. Transformation schlechter Energien.

Sterne + Sense
Plötzliche klare Erkenntnisse. Vom Schicksal begünstigtes rasches Wachstum.

Sterne + Ruten
Gespräche, Diskussionen über geistiges, auch spirituelles Wissen.

Sterne + Vögel
Eindeutige klare Aussagen von verschiedenen Leuten.

Sterne + Kind
Umsetzung der Fähigkeiten in kleinen Schritten. Auch Hinweis auf Indigo-Kinder.

Sterne + Fuchs
Hinterhältiger Versuch, das Wissen anzuzapfen, abzukupfern. Falsche Person für eine gemeinsame Sache.

Sterne + Bär
Kontakt mit innerem Ich-bin, Geistführer oder auch hohem Selbst funktioniert ausgezeichnet. Saubere, klare Basis.

Sterne + Störche
Diese Veränderung, Umwandlung vom Schicksal so gewollt, ist immer gut.

Sterne + Hund
Hilfe von Freunden, gehören zur Seelenfamilie. Tiefe Verbundenheit.

Sterne + Turm
Außergewöhnliche Begabungen, die nicht umgesetzt werden können.

Sterne + Park
Künstlerische Fähigkeiten, Darbietungen, die in der Öffentlichkeit präsentiert werden.

Sterne + Berg
Blockiertes Gehirn, Vergesslichkeit im Alltag.

Sterne + Wege
Entscheidung aus Klarheit und Durchblick treffen.

Sterne + Mäuse
Verwirrte Sinne, diffuse Aussagen. Klarheit ist verschwunden.

Sterne + Herz
Traumliebe, die Heilung für Körper, Geist und Seele bedeutet.

Sterne + Ring
Verbindung als Traum der Träume geht in Erfüllung.

Sterne + Buch
Studieren, Forschungen betreiben und erlernen von Geheimwissenschaften.

Sterne + Brief
Nachrichten bringen Ärger und trüben den klaren Blick. Sich-Sorgen-machen.

Sterne + Herr
Ein Bekannter/Freund wird sich mehr der rationalen Seite zuwenden.

Sterne + Dame
Das innere Wissen wird mit Intelligenz, Logik, Rationalität und einer gehörigen Portion Intuition richtig eingesetzt.

Sterne + Lilie
Unbändiger Freiheitsdrang, auch nach Grenzenlosigkeit, Weite, Unerreichbares.

Sterne + Sonne
Was reinen Herzens gewünscht wird, geht in Erfüllung. Betrifft aktives gelebtes Leben. Auch familiären Bereich.

Sterne + Mond
Kollektives Bewusstsein, telepathische Kontakte.

Sterne + Schlüssel
Mit Sicherheit Umwandlung der Person zu ganzheitlichem Leben, auch in finanzieller Hinsicht.

Sterne + Fische
Durch »Siebten Sinn« zu finanziellem Wohlstand (ausreichendes Einkommen) gelangen

Sterne + Anker
Freiwillige innere Verbundenheit zum Arbeitsplatz.

Sterne + Kreuz
Mensch mit besonderen Gaben, die gelebt werden sollen.

Störche – Nr. 17 Herz Dame in Verbindung

Störche + Reiter
Die gute übermittelte Nachricht löst die Veränderung aus.

Störche + Klee
Veränderung, die in Kürze erfolgen wird.

Störche + Schiff
Reisevorbereitung, Aufbruchstimmung zu einem Reiseort, der weit weg ist (Reise über das Wasser).

Störche + Haus
Familiärer Zuwachs. Familienmitglied zieht ins Haus/Wohnung.

Störche + Baum
Veränderungen sind am Laufen, um in einen Stadtvorort oder auf dem Land zu leben.

Störche + Wolke
Eine klar durchdachte, geplante Veränderung wird begonnen.

Störche + Schlange
Veränderungen langwieriger Art. Viel Laufereien und lösen von kleinen Knoten. Viele Wege.

Störche + Sarg
Veränderungen, die mit Umzugsplänen in jeglicher Form zu tun haben, werden abgebrochen, vorübergehend stillgelegt.

Störche + Blumen
Gelungene Veränderung, die mit Freunden gefeiert wird. Auch Einweihungsparty.

Störche + Sense
Umzugstermin in Gefahr, da Gelder noch nicht freigegeben sind.

Störche + Ruten
Veränderungen, die zu Streitigkeiten führen. Rechtliches muss noch geklärt werden.

Störche + Vögel
Veränderung läuft inkoordiniert, hektisch und unruhig. Zu viel reden, zu wenig anpacken.

Störche + Kind
Veränderungsbereitschaft nach Kinderwunsch. Auch Umzug an den Wohnort des Kindes.

Störche + Fuchs
Veränderung wäre falsch.

Störche + Bär
Umzug, der von Behörden abgesegnet ist. Gut bezahlbare Wohnungen (Hinweis auf Sozialwohnungen oder Wohnungen von kirchlichen oder sozialen Organisationen).

Störche + Sterne
Veränderung in eine Wunschvorstellung. Erfolgreich.

Störche + Hund
Umzug in die Nähe zu alten Freunden. Auch Veränderung bringt alte Freunde näher.

Störche + Turm
Veränderungswünschen sind Grenzen gesetzt.

Störche + Park
Umzug in öffentliche Einrichtungen.

Störche + Berg
Umzug in mühevolles hindernisreiches Leben.

Störche + Wege
Unsteter Lebenswandel, kurze Aufenthalte, immer wieder neue Wege und Orte.

Störche + Mäuse
Veränderungswünsche, auch Umzug geht in Verlust. Großer Ärger.

Störche + Herz
Umzug zum Liebespartner.

Störche + Ring
Vertragliche Bindung wegen Umzug. Unterschrift.

Störche + Buch
Veränderungswünsche, aber man weiß noch nicht genau wohin man will.

Störche + Brief
Abschlägige Nachricht, die den Veränderungswunsch in Frage stellt.

Störche + Herr
Umzug zu einem Partner, der für häusliche Arbeiten zwei linke Hände hat.

Störche + Dame
Umzug mit oder zu einer Freundin.

Störche + Lilie
Familienzuwachs sichert die Tradition und bringt Frieden.

Störche + Sonne
Mütterliches, liebevolles soziales Verhalten wirkt sich als Energiewelle auf alle sozialen und familiären Verbindungen als Integrität, Kraft und Stärke aus.

Störche + Mond
Veränderung, die nur einen Teil im Menschen zufrieden stellt. Auch Umzug zu einem Partner, mit dem nur geträumt, aber wenig Irdisches realisiert wird.

Störche + Schlüssel
Vorprogrammierte Veränderung. Liegt im Schicksal.

Störche + Fische
Umzug zu einem Partner, mit dem es seelisch und materiell stimmt.

Störche + Anker
Umzug durch Wechsel des Arbeitsplatzes. Langfristig stabil.

Störche + Kreuz
Veränderungen nicht mehr notwendig, finden nicht mehr statt, da sich Bürde und Belastung auflösen.

Hund – Nr. 18
Herz 10
in Verbindung

Hund + Reiter
Einladen eines Freundes.

Hund + Klee
Glück in kleinen Dingen, auch im Spiel.

Hund + Schiff
Freundschaftliches gemeinsames Verreisen.

Hund + Haus
Freundschaftliches Treffen im Haus.

Hund + Baum
Loyalität und Treue zum Lebensplatz, auch Ort, auch Freundschaft. Bodenständigkeit.

Hund + Wolke
Sich um eine Person sorgen, obwohl in der Realität alles zum Besten scheint.

Hund + Schlange
Freundschaft, der man nicht gewachsen ist.

Hund + Sarg
Eine »Freundschaft« raubt den letzten Nerv. Freund ist seelisch angeknackst.

Hund + Blumen
Ehrliche, aufrichtige Freundschaft. Den Freund beschenken.

Hund + Sense
Ein Freund versucht, dem, der immer für ihn da war, den finanziellen Anteil vorzuenthalten.

Hund + Ruten
Trotz Freundschaft auf seinem Recht beharren müssen.

Hund + Vögel
Interessante Gespräche mit netten quirligen Personen.

Hund + Kind
Leichte, unbeschwerte und fröhliche Kinder- bis Teenagerfreundschaft.

Hund + Fuchs
Freundschaft, der man misstraut.

Hund + Bär
Stabile, irdisch sehr gefestigte Freundschaft mit »Vitamin B«.

Hund + Sterne
Ideelle Freundschaft mit gleichen Interessen.

Hund + Störche
Ein Freund zieht um, weg.

Hund + Turm
Keinen Kontakt zum Freund, zur Freundin.

Hund + Park
Seelenverbindung als Freundschaft, die sich gemeinsam in der Öffentlichkeit treffen.

Hund + Berg
Freund nimmt keinen Rat an.

Hund + Wege
Zwei oder mehrere Treffen an einem Tag sind zu viel. Entscheidung zugunsten von Prioritäten setzen.

Hund + Mäuse
Verlust einer Freundschaft.

Hund + Herz
Wohlfühlfreundschaft, mit Geben und Nehmen und Füreinander-da-sein.

Hund + Ring
Vertraglich verbundene, besiegelte Freundschaft (wie Blutsbrüderschaft, Studentenverbindung, oder Personen, die zusammenleben oder auch arbeiten und befreundet sind).

Hund + Buch
Freundschaft, die versteckt, geheim gehalten wird.

Hund + Brief
Kurze Zwischenmitteilung an Freund.

Hund + Herr
Freundschaft, der man ständig hinterher laufen muss.

Hund + Dame
Es wird in Betracht gezogen, den Freund eventuell als Lebenspartner anzusehen. Großes Vertrauen und Dankbarkeit.

Hund + Lilie
Freundschaft mit äußerem Glanz, die einen aussaugt.

Hund + Sonne
Energievolle, unternehmungslustige und aktive Freundschaft. Hoher Energielevel.

Hund + Mond
Freund mit großer Sehnsucht nach Zärtlichkeit, Nähe und Geborgenheit. Auch trauriger Freund.

Hund + Schlüssel
Eine längst vergangene Freundschaft wird mit Sicherheit neu aktiviert.

Hund + Fische
Neue Freundschaft, die finanzielle Vorteile bietet.

Hund + Anker
Freundschaft, die sich nicht lösen lässt.

Hund + Kreuz
Belastete Freundschaft, die sich über kurz oder lang wieder auflösen wird.

Turm – Nr. 19
Pik 6
in Verbindung

Turm + Reiter
Wichtige Nachrichten werden übermittelt. Einsamkeit verwandelt sich in Freiheit.

Turm + Klee
Alleinsein wird in diesem Fall zum Glücksfall werden.

Turm + Schiff
In selbstständiger Regie eine große, weite Reise planen.

Turm + Haus
Isoliert sein, einsames Leben in Haus mit vielen Bewohnern.

Turm + Baum
Einsam und allein gelassen am Lebensort alt werden.

Turm + Wolke
Klare geistige Einsätze, um der Einsamkeit zu entfliehen. Probleme, Vorhaben in die Tat umzusetzen.

Turm + Schlange
Durch Schuldzuweisungen Dritter (Hinweis auf Fehlschläge) in der Isolation festgehalten.

Turm + Sarg
Kontrolle über das eigene Leben verloren. Psychisch krank (braucht ärztliche Betreuung).

Turm + Blumen
Gratulation und Geschenk zu einem Ereignis, an Person, die allein lebt.

Turm + Sense
Große Pläne bringen großen Ertrag.

Turm + Ruten
Rechtliche Auseinandersetzung.

Turm + Vögel
Skandal, Sensationen, Gerüchte um den zurückgezogen Lebenden.

Turm + Kind
Kindesbesuch ins »Schneckenhaus«. Versöhnungsbereitschaft des Kindes. Auch magisch große Macht (wenn hier Magie, dann negative Anwendung).

Turm + Fuchs
Überwachung der isoliert lebenden Person.

Turm + Bär
Vater. Auch Überwachung/Beobachtung durch soziale Behördenperson, die positiv gesinnt ist.

Turm + Sterne
Revolutionierende große Pläne. Auch magisch große Macht (hier positive Anwendung, dient fast immer der eigenen Entwicklung).

Turm + Störche
Planungen waren gut, Einsamkeit verwandelt sich in sozial gefestigte Strukturen.

Turm + Hund
Treuer Freund wartet geduldig, bis der andere bereit ist wieder nach außen zu gehen.

Turm + Park
Brillieren-wollen. Medienmacht. Auch große öffentliche Häuser mit viel Publikumspräsenz.

Turm + Berg
Mit dem Kopf durch die Wand gehen. Starrsinnig, dickköpfig und stur.

Turm + Wege
Eigenbrötlerisch wird Hilfe abgelehnt. Will keine neuen Wege gehen.

Turm + Mäuse
Verlust durch Spekulation. Hatte zu groß geplant, zu hoch gepokert.

Turm + Herz
Einsamkeit wird zu Gunsten eines Herzens freiwillig verlassen

Turm + Ring
Verbindung, die einem Gefängnis gleicht.

Turm + Buch
Etwas zu verbergen. Fürchtet die Öffentlichkeit. Auch große Fähigkeiten und Studium des Okkulten.

Turm + Brief
Post, die die Abschirmung durchdringt.

Turm + Herr
Egoistischer, selbstherrlicher Mann.

Turm + Dame
Dame aus sehr noblem Haus.

Turm + Lilie
Stillhalteabkommen. Äußerer scheinbarer Frieden, man muss sich aber dem Dogma und dem starren Reglement unterwerfen. Auch mächtige Familie.

Turm + Sonne
Supergute Energie. Reicht, um 24 Stunden aktiv zu sein.

Turm + Mond
Lebensnotwendige Energie fehlt. Einsame Tage, einsame Nächte. Vorsicht! Nervliche Überbelastung. Tränen beim geringsten Anlass.

Turm + Schlüssel
Sicherheitsverwahrung (kann auf Person, Pläne oder auch Sache hinweisen).

Turm + Fische
Ein staatlich garantierter Geldfluss wird gewährleistet (wie Zusatzrente, Rendite, Fondserträge usw.).

Turm + Anker
Arbeitsplatz im Großunternehmen in der Nähe.

Turm + Kreuz
Wird in Abgeschiedenheit und Alleinsein das Leben zu Ende leben.

Park – Nr. 20 Pik Acht in Verbindung

Park + Reiter
Gesellschaftliche Neuigkeiten werden weitergegeben.

Park + Klee
In Kürze werden sich glückliche Ereignisse aus einem gesellschaftlichen Treffen ergeben.

Park + Schiff
Unternehmung mit vielen Leuten geplant. Reisegesellschaft.

Park + Haus
Geselligkeit, Fest im eigenen Haus/Wohnung.

Park + Baum
Einladung zu Geselligkeit in der freien Natur. Park und parkähnliche Landschaftsbereiche, auch Wald.

Park + Wolke
Treffen mit vielen Menschen, das nicht so gut endet, wie es beginnt.

Park + Schlange
Intrigen, Anfeindungen auf öffentlicher Veranstaltung.

Park + Sarg
Kontakt zur Gesellschaft fehlt.

Park + Blumen
Offizielle Entschuldigung und Wiederaufnahme in den Kreis.

Park + Sense
Starke Seitenhiebe sind während einer Geselligkeit zu erwarten.

Park + Ruten
Scharfe Wortgefechte auf einer Geselligkeit. Auch spritzige, scharfsinnige Darbietungen.

Park + Vögel
In der Gesellschaft wird über die Besucher geredet. Auch Klatsch über aktuelles Tagesgeschehen.

Park + Kind
Vorstellung von etwas Neuem bei gesellschaftlichem Treffen. Kleine Vorführungen.

Park + Fuchs
Öffentliche Prüfung, wie Erstauftritt.

Park + Bär
Gute Lobby bei Veranstaltungen.

Park + Sterne
Großer Medienauftritt, viel Publikum. Auch Musikfestivals und Konzertveranstaltungen.

Park + Störche
Gesellschaftliche Veränderung durch neue Kreise.

Park + Hund
Mit Freunden zu einer Veranstaltung gehen.

Park + Turm
Treffen in der Gesellschaft, nur wenn man dazugehört. Auch Regierungsgebäude.

Park + Berg
Derzeit fast unmöglich, zu gesellschaftlichen Treffen zu gehen. Persönliche Hemmungen.

Park + Wege
Zwei offizielle Einladungen zur gleichen Zeit. Der Vernunft den Vorzug geben.

Park + Mäuse
Absage eines gesellschaftlichen Treffens. Fällt aus oder weg.

Park + Herz
Großes Fest mit lieben Menschen. Sozialer Zusammenschluss.

Park + Ring
Stetig sich wiederholendes gesellschaftliches Ereignis. Auch Hochzeit.

Park + Buch
Gesellschaftliches Treffen unter Ausschluss der Öffentlichkeit.

Park + Brief
Kurzfristige Einladung zu gesellschaftlichem Treffen.

Park + Herr
Großes eigenes Fest, wie Geburtstag, Jubiläum usw.

Park + Dame
Großes eigenes Fest, wie Geburtstag, Jubiläum usw.

Park + Lilie
Kirchliches, religiöses Fest.

Park + Sonne
Öffentlich stattfindendes Familienfest, wie Geburtstag usw.

Park + Mond
Abends in eine Veranstaltung, ein Fest geraten.

Park + Schlüssel
Sichere öffentliche Veranstaltung.

Park + Fische
Einladung zu einer Verkaufsveranstaltung.

Park + Anker
Offizielle Einladung zu einem Firmenfest. Auch Richtfest beim Hausbau.

Park + Kreuz
Einladung kann nicht mehr wahrgenommen werden.

Berg – Nr. 21
Kreuz 8
in Verbindung

Berg + Reiter
Fehlender Glaube an positive Veränderung. Im Schema festgefahren.

Berg + Klee
Zeitwillige Erleichterung. Hindernisse geringer.

Berg + Schiff
Blockade gegen lange Reise. Einmal um die Ecke reicht.

Berg + Haus
Hürden- und arbeitsintensiver Hausbau. Dauert lange.

Berg + Baum
Karges, schweres Leben. Ereignislos und eintönig.

Berg + Wolke
Geistig, gedanklich klare Pläne, um der Mühsal zu entfliehen. Teilerfolge mit Rückfällen.

Berg + Schlange
Fehlende Diplomatie zieht Verwicklungen nach sich.

Berg + Sarg
Passive Auszeit. Selbstgemachte Probleme.

Berg + Blumen
Abwechslung durch Kur, auch Erholungsurlaub, wie Wellness-Wochenende.

Berg + Sense
Durch fehlende Kontrolle – sich verlassen auf andere/n – seine eigene Existenz gefährden.

Berg + Ruten
Kompromisslos und unbeugsam. Man kann sich den Mund fusselig reden, geht nur mit dritter unparteiischer Person.

Berg + Vögel
Inspirierende Gedanken haben und große Anstrengungen unternehmen, um in die angebliche Freiheit zu gelangen.

Berg + Kind
Kind wird als Schwierigkeit, Hemmschuh, Hindernis betrachtet.

Berg + Fuchs
Da gibt es nichts zu holen. Auch: kann nichts ausrichten.

Berg + Bär
Gerechter Schutz für gefährdete Region, Projekt. Auch Verbindung zu höherem Selbst stabil.

Berg + Sterne
Nach intensiver Arbeit und vielen Mühen zur Klarheit gelangen. Auch: Erleuchtung erlangen.

Berg + Störche
Abzug wie Weiterziehen. Auch Wohnortwechsel aus dem mühevollen schwierigen Leben.

Berg + Hund
Freunde oder Freundschaften binden an den Ort, an dem man lebt.

Berg + Turm
Herausforderung mehr als eine Nummer zu groß.

Berg + Park
Konservatives und kleinbürgerliches gesellschaftliches Treffen (wie Dorfkneipe, Stammtisch usw., keine Spielhalle).

Berg + Wege
Jede Entscheidung, jeder neue Weg ist besser, als da zu verharren, wo man ist.

Berg + Mäuse
Die Rettung naht. Die Person, die das Leben zur Hölle macht, wird gehen oder gegangen werden.

Berg + Herz
Eine neue liebevolle Person weicht die verhärteten Strukturen des Herzens auf und bringt frischen Wind ins Leben.

Berg + Ring
Notwendige und erforderliche Verbindung.

Berg + Buch
Durch lange Sparsamkeit und Rücklagen zu gutem finanziellem Ertrag gelangen.

Berg + Brief
Blockaden werden durch schriftliche Kontakte mit der Außenwelt schnell aufgelöst sein.

Berg + Herr
Zeit der Einsiedelei vorbei. Bereitschaft für hautnahes, turbulentes Leben.

Berg + Dame
Sieht niemand, außer sich selbst und der vielen Arbeit. Betriebsblind, auch für Avancen.

Berg + Lilie
Einsame, sexuell gestörte, in die Arbeit vergrabene Person. Auch unnahbarer Chef.

Berg + Sonne
Von innen heraus gewachsene Kraft und Stärke plus einer energiemäßig gut bestrahlten Phase ergibt eine ungeheure Durchschlagskraft.

Berg + Mond
Endlose Fehlschläge, ohne Erkenntnis, warum es nicht klappt.

Berg + Schlüssel
Inneren Feind besiegen und sich neu dem Leben öffnen.

Berg + Fische
Harte, blockierte Strukturen werden durch einfühlsame Bearbeitung der Psyche aufgeweicht. Auch Knickrigkeit im Finanziellen.

Berg + Anker
Festhalten, blockieren, klammern, auch wenn man es schon lange nicht mehr mag.

Berg + Kreuz
Verschlossene Person, die eher zusammenbricht als zu klagen. Auch Last des Lebens verbittert und starr tragen.

Wege – Nr. 22 Karo Dame in Verbindung

Wege + Reiter
Die beste Wahl, die es derzeit gibt. Guter Weg.

Wege + Klee
Kurzfristig wird mit Glück die richtige Entscheidung getroffen.

Wege + Schiff
Der richtige Weg führt zu alten Zeiten. (Ist bekannt, bitte im Gedächtnis kramen). Auch Entscheidung für lange, weite Reise.

Wege + Haus
Möglichkeiten klären, Alternativen betrachten, die der Stabilität des Hauses dienen (Vernunftentscheidung vorziehen).

Wege + Baum
Entscheidung für Standort, Lebensplatz treffen.

Wege + Wolke
Entscheidung innerhalb der nächsten Wochen treffen. (Danach wird man uneins).

Wege + Schlange
Wege, die in Verwicklungen enden. Auch Serpentinen, Umwege.

Wege + Sarg
Entscheidungslosigkeit, die krank macht. Auch Sackgassen oder Stopp durch Baustellen.

Wege + Blumen
Wege der Freude, der Gesundung. Auch freudige, schöne Fahrten.

Wege + Sense
Unerwartet zu gehende Wege. Plötzlich, überraschend und mit Handikaps versehen (wie z.B. Schlüssel oder Portmonee vergessen usw.).

Wege + Ruten
Diskussionen um den richtigen Weg, die richtige Entscheidung.

Wege + Vögel
Diese Wahl löst große Diskussionen aus. Sorgt für Aufregungen.

Wege + Kind
Kleine Wege, Erledigungen, in Angriff nehmen. Derzeit auf große Sprünge verzichten.

Wege + Fuchs
Falsche Wege. Falscher Ein-/Ausgang. Auch man wird überall gesehen, kann nicht heimlich verschwinden.

Wege + Bär
Stabiler, guter beschützter Weg.

Wege + Sterne
Klare, helle Wege. Entscheidung ist gut. Auch hell erleuchtete Straßen.

Wege + Störche
Neue Wege führen zu sozial gefestigten Lebensbedingungen, innerhalb einiger Wochen.

Wege + Hund
Freund oder Freunde helfen bei der Wahl des richtigen Weges.

Wege + Turm
Die Chance zum Sieben-Meilen-Schritt. Meistens führt der Weg in die Einsamkeit.

Wege + Park
Öffentliche, offensichtliche Wege mit vielen Menschen drauf benutzen ist von Vorteil.

Wege + Berg
Blockierte Wege. Bei Entscheidungen sind viele Hindernisse wegzuräumen.

Wege + Mäuse
Die Entscheidung wird abgenommen. Zu lange gewartet. Auch: der Weg ist weg (kann auch umweltbedingt sein).

Wege + Herz
Wege des Herzens. Der Liebe entgegengehen.

Wege + Ring
Wege zu einer Verbindung, die aus Vernunftgründen eingegangen wird. Auch Kreisverkehr.

Wege + Buch
Geheime Gänge, geheimnisvolle Wege. Auch inkognito ausgehen.

Wege + Brief
Wege, die man macht. Kurze Wege. Oberflächliche schnelle Entscheidungen. Besorgungen. Wege in Hetze und Eile.

Wege + Herr
Kann sich für keine der angebotenen Alternativen entscheiden. Entzieht sich der Wege. Auch, entzieht sich der Verantwortung.

Wege + Dame
Sorgfältig und lange werden alle erdenklichen Wege betrachtet, bevor eine Entscheidung getroffen wird. Auch: tut sich schwer mit Entscheidungen.

Wege + Lilie
Mehrere Möglichkeiten, Wege vorhanden, um mit der Familie Frieden zu schließen (der Vernunft und Intelligenz den Vorzug geben).

Wege + Sonne
Jede Entscheidung, jeder Weg ist derzeit gut bestrahlt und powervoll. Hier gibt es keinen falschen Weg.

Wege + Mond
Empfindungen nachgeben, um die Sehnsucht nach Liebe zu stillen, anstatt Entscheidungen zu treffen. Weg führt ins Dunkel der Nacht.

Wege + Schlüssel
Dieser Weg wird neu entschieden. Es liegt im Schicksal und kommt mit Sicherheit. Auf Entscheidung folgt Entscheidung: Verdoppelung.

Wege + Fische
Mit dem neuen Weg wird Seelisches und Finanzielles leichter werden.

Wege + Anker
Wege, die getätigt werden müssen, um die materielle Struktur zu festigen. Notwendige Wege.

Wege + Kreuz
Keiner der Wege, keine der Entscheidungen oder Möglichkeiten, führt derzeit aus dem Karmaplan (Lebensumstände) heraus.

Mäuse – Nr. 23
Kreuz 7
in Verbindung

Mäuse + Reiter
Etwas, das man schon verloren glaubte, darf man dann doch behalten. Wird einem ausgerichtet.

Mäuse + Klee
Umgehend Ersatz/Ausgleich erhalten für etwas, das einem genommen wurde.

Mäuse + Schiff
Neuer Lebensabschnitt nach Verlust.

Mäuse + Haus
Unrat hinter dem Haus. Auch Abfallbeseitigung, Recycling. Auch Haus, das ständig Ärger gemacht hat. Pechserie mit Haus vorerst vorbei.

Mäuse + Baum
Langsamer stabiler Aufbau des Lebensbereiches, auch Region als solches, nach naturbedingten Verlusten.

Mäuse + Wolke
Negatives geistiges Gedankengut klart sich auf, da Ärger sich von selbst erledigt hat.

Mäuse + Schlange
Die Weisheit des Unterbewusstseins versteht, warum es zu diesem Verlust kommen musste. Nur der Verstand will nichts davon wissen.

Mäuse + Sarg
Inakzeptabler Verlust, der krank macht.

Mäuse + Blumen
Verlust, der große Freude bringt. Auch überraschende Genesung.

Mäuse + Sense
Durch Verlust so geschwächt, dass normaler Lebensstandard stark gefährdet ist.

Mäuse + Ruten
Inakzeptabler Verlust, gegen den rechtlich angegangen wird.

Mäuse + Vögel
Verlust des Alten bringt Freiheit. Auch: aus Keller, Erdgeschoss, unterirdischen Gewölben wieder ans Tageslicht gelangen.

Mäuse + Kind
Aus einer Verlustgeschichte stark, sauber, absolut rein hervorgehen. Auch Neuanfang ohne Rachegedanken.

Mäuse + Fuchs
Mitleid von einer Person, von der man es am wenigsten erwartet hätte. Auch Hilfe von einem »gerissenen Fuchs«.

Mäuse + Bär
Behörde sichert den Geschädigten eine staatlich Unterstützung zu bzw. sichert durch Gerechtigkeit das Überleben.

Mäuse + Sterne
So gut wie alles muss zurückgelassen werden. Neuanfang, in dem wieder eine irdische Existenz aufgebaut werden muss. (Vergleich wie

Aussiedler oder nach Naturkatastrophen, wenn alles zerstört ist).

Mäuse + Störche
Gezwungenermaßen oder angeordnete Beseitigung von Abfall, Müll. Auch Wohnungsauflösung bei Lebensveränderung, wie Umzug.

Mäuse + Hund
Trotz verminderten Lebensstandards bleibt Freund/in erhalten.

Mäuse + Turm
Verlust irdischer Materie führt in Einsamkeit, Isolation.

Mäuse + Park
Mit gereinigter Persönlichkeit neuen Kontakt zur Gesellschaft aufbauen.

Mäuse + Berg
Verlust führt zu weiteren Schwierigkeiten und Hindernissen fürs tägliche Leben.

Mäuse + Wege
Verlust zwingt zu neuen Wegen. Entscheidung innerhalb kurzer Wochen.

Mäuse + Herz
Obwohl Verlust des Alten noch ganz frisch, ist das Herz schon für eine neue Liebe bereit.

Mäuse + Ring
Neue Bindung eingehen, ohne den vorhergegangenen Verlust zu verarbeiten. Auch Muss-Bindung. Auch Hinweis auf erzwungene Verträge/ Verbindungen zzgl. Sense: erpresste Unterschriften.

Mäuse + Buch
Verlust, der geheim gehalten, totgeschwiegen wird.

Mäuse + Brief
Oberflächliches Beileid. Auch Bedauern des Verlustes, aber keine Hilfe.

Mäuse + Herr
In einer Klagesituation, wegen erlittener Verluste, auch Ungerechtigkeit, sich elegant und schnell entfernen.

Mäuse + Dame
Echtes Bedauern und der Versuch, aufzuheitern, in einer Klagesituation wegen erlittener Verluste.

Mäuse + Lilie
Familie sieht tatenlos zu, obwohl sie die Tragik des Verlustes kennt. Auch Impotenz oder Frigidität.

Mäuse + Sonne
Trotz Verlust als Sieger hervorgehen, dastehen. Schnelles Abschütteln.

Mäuse + Mond
Psychische Angstzustände durch erlittenen Verlust, auch durch massiven Ärger.

Mäuse + Schlüssel
Verlust ist schicksalsbedingt.

Mäuse + Fische
Wieder Stabilisation des Seelenlebens. Auch neue leichte Geldeinnahmequellen tun sich auf.

Mäuse + Anker
Arbeiten hilft über den Verlust hinweg.

Mäuse + Kreuz
Auflösung des Verlustes, bedeutet die Rückgabe des Guten. Braucht aber Zeit.

Herz – Nr. 24
Herz Bube
in Verbindung

Herz + Reiter
Nachricht erhalten, genau wie vom Herzen gewünscht.

Herz + Klee
Kurze glückliche Liebesstunden versüßen das Leben.

Herz + Schiff
Liebesreise antreten.

Herz + Haus
Herzlicher, liebevoller Besuch kommt überraschend in Haus/Wohnung. Auch Liebe zu Haus/ Wohnung.

Herz + Baum
Liebe, die bis zum Ende der Tage halten soll. Auch Liebe zum Lebensplatz.

Herz + Wolke
Liebe, die immer wieder in regelmäßigen Abständen Zweifel hervorruft.

Herz + Schlange
Von raffinierter Frau gut eingewickelt. Auch beherrscht von der Partnerin.

Herz + Sarg
Liebeskummer.

Herz + Blumen
Offizielle Bekanntmachung der Liebe. Auch Verlobung.

Herz + Sense
Plötzlich, unerwartet mit Haut und Haaren verfallen. Blitz aus heiterem Himmel.

Herz + Ruten
Endlose Diskussionen um Liebesangelegenheiten.

Herz + Vögel
Herzklopfen, Flattern, Nervosität vor dem Treffen.

Herz + Kind
Kindlich, naive Liebe. Auch Sandkastenliebe. Auch Schwärmerei.

Herz + Fuchs
Die liebevolle Art ist dem anderen ein Dorn im Auge. Auch scheinheiliges Verhalten.

Herz + Bär
Liebe unter behördlicher Aufsicht. Auch herzliche, liebevolle Treffen unter Aufsicht von Erziehungsberechtigten.

Herz + Sterne
Im siebten Himmel schweben. Gilt auch für partnerlose Person.

Herz + Störche
Plan zum Zusammenleben in Arbeit.

Herz + Hund
Das ist nicht der Liebes- oder Lebenspartner, sondern ist und bleibt ein treuer Freund.

Herz + Turm
Verliebt sein, in Chef, Idol oder auch Verheiratete, also jemand Unerreichbares. Auch einsames Herz. Verhärten, gefühllos werden.

Herz + Park
Liebesgunstbezeugungen an viele Personen. Auch Treue fällt schwer.

Herz + Berg
Keine Zeit für Liebe, zu viel Arbeit. Auch zu schwierig Verabredungen einzuhalten.

Herz + Wege
Entscheidung treffen müssen, zwischen seinem Herzen und dem Verstand.

Herz + Mäuse
Liebesverlust, ungewollte Beendigung.

Herz + Ring
Partnerschaftliche Bindung.

Herz + Buch
Liebesgeheimnis. Auch Liebe, die geheim gehalten wird. Auch Liebe unter Ausschluss der Öffentlichkeit.

Herz + Brief
Enttäuschende Liebe. Auch Absage. Abschied durch schriftliche Mitteilung.

Herz + Herr
Liebesverhältnis auf unterschiedlichem Niveau. Kann auch auf Altersunterschied hindeuten.

Herz + Dame
Geradlinigkeit, Unverdorbenheit wird sehr geschätzt. Auch Sehnen nach Liebe.

Herz + Lilie
Sexuelles ausprobieren, testen. Auch Hinweis auf erfahrenen Partner. Auch herzlicher Besuch der Familie, speziell ältere Personen.

Herz + Sonne
Liebe, mit der man eine Familie gründen will. Auch kraftvolle, aktive, wärmende Liebe.

Herz + Mond
Liebe ohne Worte. Auch sehr stimmige Sexualität, auch Übereinstimmung der Sehnsüchte.

Herz + Schlüssel
Liebe, auf die man sich verlassen kann.

Herz + Fische
Tiefe Liebe zu einer gut situierten Person.

Herz + Anker
Besitzergreifende, festklammernde Liebe.

Herz + Kreuz
Liebe, die von selbst immer mehr nachlässt, da sie irdisch zu stark belastet ist.

Ring – Nr. 25 Kreuz As in Verbindung

Ring + Reiter
Nachricht wird übermittelt, die den Bereich Liebesverbindung begünstigt.

Ring + Klee
Bald Glück in der Verbindung.

Ring + Schiff
Reisebuchung, wie Zusage.

Ring + Haus
Vertragsunterzeichnung Haus/Wohneigentum.

Ring + Baum
Vertragsunterzeichnung Grund-/Landerwerb. Auch lebenslange Verbindung.

Ring + Wolke
Mehr spüren als definitiv wissen, dass Ärger in der Verbindung vorprogrammiert ist. Auch unsichere, unklare, zweifelnde Verbindung.

Ring + Schlange
Verbindung bringt Verwicklungen. Auch: Verbindung wird unterlaufen, unterminiert.

Ring + Sarg
Tote Verbindung. Auch: Partner leben nicht zusammen. Auch vertragliche Bindung, inaktiv, zerfällt.

Ring + Blumen
Gebundene Dame. Auch freudiges Verbindungsfest.

Ring + Sense
Verbindung, die plötzlich ans Geld will.

Ring + Ruten
Streit in der Ehe. Auch Diskussionen über Bindungen.

Ring + Vögel
Eheprobleme werden mit Außenstehenden diskutiert.

Ring + Kind
Verbindung wird erneuert, Neuanfang.

Ring + Fuchs
Beneidete Verbindung. Auch unaufrichtig.

Ring + Bär
Gebundener Herr, verheiratet. Auch stabile, gerechte vertragliche Bindung.

Ring + Sterne
Verbindung, die Wünsche erfüllt. Auch Erfüllung einer gewünschten Traumvorstellung in Bezug auf Bindung.

Ring + Störche
Verbindung/Vertrag bringt die Veränderung.

Ring + Hund
Dauerhafte Freundesverbindung. Auch »ewige« Treue.

Ring + Turm
Scheidung.

Ring + Park
Hochzeit einer öffentlichen Person. Auch: öffentlich Verbindungen besiegeln, wie Versprechen abgeben. Auch öffentliche Bündnisse schließen.

Ring + Berg
Verbindung bringt Blockaden.

Ring + Wege
Verbindung muss neu entschieden werden.

Ring + Mäuse
Verbindung kommt nicht zustande, gilt auch für Vertrag.

Ring + Herz
Bindung zu Gunsten des Herzens.

Ring + Buch
Verbindung, Versprechen unter dem Siegel der Verschwiegenheit. Auch Geheimbund.

Ring + Brief
Verbindung, die oberflächlich und nur von kurzer Dauer ist.

Ring + Herr
Verbindung, die verleugnet wird.

Ring + Dame
An Verbindung in angenehmer Form gebunden fühlen. Auch: stolz auf Ehering sein. Auch auf Freundschafts- oder Verlobungsring.

Ring + Lilie
Fester Familienverbund. Auch alte Bindung, wie langjähriges Ehepaar.

Ring + Sonne
Glücksverbindung. Lebendige, aktive, fruchtbare Verbindung.

Ring + Mond
Verbindung stillt die Sehnsucht nicht. Auch Vertrag mit Lücken.

Ring + Schlüssel
Schicksalhafte Bindung, nicht abwendbar.

Ring + Fische
Geldverbindung. Auch Geldheirat. Auch ergiebiger finanzieller Vertrag.

Ring + Anker
Feste Bindung in Langzeitarbeit. Auch verkettet sein.

Ring + Kreuz
Verbindung löst sich langsam auf.

Buch – Nr. 26
Karo 10
in Verbindung

Buch + Reiter
Übergabenachricht, nur an Empfänger.

Buch + Klee
Geheimnis, das zum Vorteil ist.

Buch + Schiff
Reise mit unbekanntem Ziel antreten. Auch unbekanntes Hotel. Auch Reisebekanntschaft, deren Namen man nicht kennt.

Buch + Haus
Haus, das man später bekommt. Auch Haus, das einem als Erbe zusteht.

Buch + Baum
Historischer Lebensplatz. Auch Denkmal- oder Naturschutz. Auch Sperrgebiete.

Buch + Wolke
Esoterik, esoterisches Wissen wird angezweifelt (meistens im Bereich Magie). Auch: Echtheit wird angezweifelt.

Buch + Schlange
Durch fehlende Information verlaufen, verfahren, verirrt. Auch fehlendes Wissen.

Buch + Sarg
Überladene Psyche, durch Wissen. Auch Jenseitskontakte.

Buch + Blumen
Geheimnis wird freiwillig gelüftet. Freudige Überraschung.

Buch + Sense
Geheimnisträger.

Buch + Ruten
Wegen fehlender Offenheit ständig Diskussionen.

Buch + Vögel
Geheimnis, das aufgeflogen ist.

Buch + Kind
Heimlichkeiten werden verziehen. Auch Kindergeheimnisse.

Buch + Fuchs
Neugier ohne Ende.

Buch + Bär
Geheimnis bei älterer Person gut aufgehoben. Auch vertrauenswürdiger Mitwisser.

Buch + Sterne
Mediales Schreiben. Auch Gedichte, Tagebuch u.ä.

Buch + Störche
Umzug, der heimlich vorbereitet wird. Auch heimliche Veränderung. Auch heimlicher Abgang.

Buch + Hund
Geheime Freundschaft. Auch Freundschaft, die man nicht vorzeigen kann.

Buch + Turm
Hermetisch abgeschlossen.

Buch + Park
Geheim gehaltener aber neutraler Treffpunkt in der Öffentlichkeit. Auch geheime und öffentlich abgeschirmte Organisation.

Buch + Berg
Geheimnis wächst über den Kopf hinaus. Auch aus Minigeheimnis werden Maxigeheimnisse.

Buch + Wege
Geheime Wege machen.

Buch + Mäuse
Geheimnis, das es nicht mehr gibt.

Buch + Herz
Verliebtheit, Herzlichkeit, die noch geheimgehalten wird.

Buch + Ring
Heimliche Verbindung. Auch heimlich heiraten, zusammenleben. Auch heimlicher Vertrag.

Buch + Brief
Heimliche Post. Auch Zurückweisen von Geheimnissen.

Buch + Herr
Gebundener Herr. Geheim gehaltene Besuche.

Buch + Dame
Dame, die Geheimnisse liebt. Auch geheimer Partner.

Buch + Lilie
Familiengeheimnis. Auch verborgene Sexualität.

Buch + Sonne
Lebensenergie fließt aus geheimer Quelle. Auch: auftanken durch Gebete, spirituelles Lernen. Auch durch heimlichen Freund.

Buch + Mond
Geheime, undurchsichtige nächtliche Touren.

Buch + Schlüssel
Schicksal wird nicht gelebt. Lebensbestimmung nicht offenbart.

Buch + Fische
Geldzufluss aus geheim gehaltener Quelle.

Buch + Anker
Geheim gehaltene Arbeit. Auch Hinweis auf Schwarzarbeit.

Buch + Kreuz
Etwas geheim halten müssen. Auch Schuld, die sehr belastet. Nur langsame Auflösung.

Brief – Nr. 27
Pik 7
in Verbindung

Brief + Reiter
Nachricht, die ein Lichtblick ist.

Brief + Klee
Auf dem allerkürzesten Weg.

Brief + Schiff
Auslandsnachrichten, Überseetelefonate.

Brief + Haus
Belanglose Nachricht ins Haus.

Brief + Baum
Spärliche, aber langlebige Kommunikation.

Brief + Wolke
Widersprüchliche Aussagen. Auch: falsche Schlussfolgerung aus einer Nachricht.

Brief + Schlange
Gut gemeintes Schreiben führt zu Komplikationen und Verwicklungen.

Brief + Sarg
Krankschreibung, Befund.

Brief + Blumen
Nachricht bringt Abwechslung. Lässt Trübsal vergessen.

Brief + Sense
Nachricht, die Chance enthält die Gefahr abzuwenden.

Brief + Ruten
Angebot für Gespräche und Verhandlungen.

Brief + Vögel
Nachricht erhalten über Dinge, die eh schon alle wissen.

Brief + Kind
Alte Bekanntschaft anschreiben.

Brief + Fuchs
Der Nachricht wird misstraut.

Brief + Bär
Behördennachricht.

Brief + Sterne
Nachricht, die klares, reelles Angebot unterbreitet.

Brief + Störche
Veränderungsmitteilungen. Auch Umzugsmitteilungen.

Brief + Hund
Nachricht mit der Bitte um kurzfristige Freundeshilfe.

Brief + Turm
Keine Anwort.

Brief + Park
Stellungnahme an öffentliche Stellen.

Brief + Berg
Nachricht, der man hinterherrennen muss.

Brief + Wege
Nachricht, die über viele Stationen läuft.

Brief + Mäuse
Nachricht geht verloren. Auch abgebrochener oder unterbrochener Kontakt.

Brief + Herz
Liebesbrief.

Brief + Ring
Schriftliches Bindungsangebot.

Brief + Buch
Nachricht, die sich gut anhört, die man aber nicht wirklich versteht. Auch verschlüsselte Nachricht. Auch Geheimcode.

Brief + Herr
Oberflächlicher Kontakt.

Brief + Dame
Nachricht, Brief, Kontakt, tut dem Ego gut.

Brief + Lilie
Nachricht an Familie, wie bitte, bitte machen müssen. Auch: Bittbrief an Familie.

Brief + Sonne
Wohlwollend werden Ideen und Vorschläge angenommen. Werbung, Bewerbung, Angebot wird zum Erfolg.

Brief + Mond
Eine eigentlich chancenlose Nachricht wird positiv bewertet. Auch Verstehen.

Brief + Schlüssel
Angebot bringt auf finanzieller Ebene Erfolg.

Brief + Fische
Nachricht, die seelisches Gleichgewicht stört. Auch kurze Stabilitätsschwankung.

Brief + Anker
Anfragen nach Arbeit.

Brief + Kreuz
Schicksalhafte Botschaft, die bei instabiler seelischer Verfassung ein kurzfristiges Aus bedeutet. Auch: Kontakt ist nicht zu halten.

Herr – Nr. 28 Herz As in Verbindung

Herr + Reiter
Nachricht von der Dame des Herzens.

Herr + Klee
Kurzes glückliches Abenteuer.

Herr + Schiff
Traum vom Reichwerden in fernen Ländern.

Herr + Haus
Partner kommt nach Hause. Auch Herr des Hauses sein.

Herr + Baum
Besuch der alten Heimat. Auch Landaufenthalt.

Herr + Wolke
Klare Definition seines Willens und Wollens.

Herr + Schlange
Verfällt einer Circe, einer »betörenden Schlange«.

Herr + Sarg
Totes Eheleben. Auch keine Sexualität.

Herr + Blumen
Gratulation, Festlichkeit oder freudige Geselligkeit heitert auf.

Herr + Sense
Plötzliche Bewusstwerdung, dass Lebensstil geändert werden muss. Auch versteckte Aggressionen.

Herr + Ruten
Diskussionsfreudige Person.

Herr + Vögel
Über lockeren Lebenswandel wird geredet.

Herr + Kind
Kleine Unternehmung mit einem Kind nach längerer Pause.

Herr + Fuchs
Das Außer-Haus-Gehen soll sabotiert werden.

Herr + Bär
Wird trotz Erwachsensein von einer übergeordneten Person dominiert.

Herr + Sterne
Offene, klare, intelligente Person. Hohe Kreativität.

Herr + Störche
Bereitschaft eine Familie mit Kind zu gründen.

Herr + Hund
Freunde bestimmen das Leben. Auch gemeinsame Hobbys, auch Verbindungen stehen an erster Stelle.

Herr + Turm
Streben nach Macht. Auch nach Ruhm, Ehre und Anerkennung.

Herr + Park
Repräsentativer Umgang mit der Gesellschaft.

Herr + Berg
Inflexibel, konservatives Verhalten.

Herr + Wege
Geht den Weg des geringsten Widerstandes. Auch Toleranz aufbringen.

Herr + Mäuse
Partnerschaft wird bereinigt.

Herr + Herz
Als Retter einspringen.

Herr + Ring
Wiederholtes Bindungsversprechen abgeben.

Herr + Buch
Noch nicht spruchreife Situation/Geschichte/Ding. Auch: sich darauf verlassen können.

Herr + Brief
Oberflächliche, kurzfristige Vergnügungen und Ablenkungen.

Herr + Dame
Ein Paar. Auch Vereinigung von Bewusstsein und Unterbewusstsein.

Herr + Lilie
Überkandidelter Sexprotz!

Herr + Sonne
Guter Familienvater. Auch sehr bewusstes aktives Leben.

Herr + Mond
Traumtänzer. Auch Mangel an Realitätsbezogenheit.

Herr + Schlüssel
Selbstverantwortliches Handeln und dazu stehen im Bereich Zusagen. Auch: etwas versprechen und halten.

Herr + Fische
Mehr scheinen wollen als sein. Liebt leichtes schnelles Geld, auch Glanz und Glimmer.

Herr + Anker
Notgedrungen sesshaft werden.

Herr + Kreuz
Auflösung des leichten flirrigen Lebens. Sich den Umständen unterordnen, auch beugen zu müssen.

Dame – Nr. 29 Pik As in Verbindung

Dame + Reiter
Nachricht muss öfter als einmal zugestellt werden, da keiner zu Hause ist.

Dame + Klee
Das kleine Glück läuft hinter Ihnen her.

Dame + Schiff
Selbstauferlegte Dogmen wie: »Das kann ich doch nicht tun«. Auch: will nicht allein verreisen.

Dame + Haus
Fehlende Anerkennung im häuslichen Bereich. Auch Partnerin des Hauses.

Dame + Baum
Kann die Langeweile nur schwer ertragen. Auch rebellierende Ratio. Auch Gedanken, auszubrechen.

Dame + Wolke
Disharmonie zwischen Seele und Geist. Hat genug von brillanten Denkern. Auch: denken und keine Taten folgen lassen.

Dame + Schlange
Freundschaft, die alles besser weiß.

Dame + Sarg
Rückzug in die Vergangenheit, da Gegenwart krankmachend ist.

Dame + Blumen
Freudige Erfolgsmitteilung.

Dame + Sense
Glorifizierung der »ruhmreichen« Vergangenheit. Auch mangelndes Interesse an finanziell gesicherter Zuskunft.

Dame + Ruten
Auseinandersetzung mit der Vergangenheit. Langwierig, nur sehr geringer Erfolg.

Dame + Vögel
Der Versuch, sich dem Geschimpfe zu entziehen.

Dame + Kind
Sehr anhängliches Kind. Kann so gut wie keinen Schritt alleine tun.

Dame + Fuchs
Jeder Schritt wird wie überwacht.

Dame + Bär
Beschränkte, festgesetzte Ausgehzeiten.

Dame + Sterne
Kosmischer Schutz, auch für Eskapaden.

Dame + Störche
Verabschiedung von Altem, da Ortswechsel bevorsteht.

Dame + Hund
Freunde bürgen für einen. Auch sichern oder decken.

Dame + Turm
Um große Pläne zu verwirklichen, wird Hilfe aus der Vergangenheit angefordert.

Dame + Park
Öffentliches Treffen wird offiziell vorgeschoben, während andere Aktivitäten wahrgenommen werden.

Dame + Berg
Will Hindernisse und Blockaden nicht richtig sehen und folgerichtig auch nicht bearbeiten.

Dame + Wege
Geht der Entscheidung aus dem Weg.

Dame + Mäuse
In seinem Intellekt bloßgestellt und niedergemacht werden.

Dame + Herz
Herzliche, liebevolle ehrliche Person, von der man nichts wissen will, läuft einem hinterher.

Dame + Ring
Verbindung eingehen, die man nicht wirklich will.

Dame + Buch
Gibt seine Adresse nicht preis. Auch Hinweis auf Doppelleben.

Dame + Brief
Der Versuch den Inhalt einer Nachricht zu reparieren. Auch alte Situation wieder herzustellen.

Dame + Herr
Paar, das sich auseinander gelebt hat. Auch: jeder kann seine eigenen Wege gehen. Auch keine Gewinner, keine Verlierer. Auch vereinbarte Toleranz.

Dame + Lilie
Untersteht den Regeln der Familie. Auch Verabschiedung eines Familienmitgliedes.

Dame + Sonne
Selbstbewusst, temperamentvoll, höflich und freundlich.

Dame + Mond
Aktives Taggeschehen, trotz unterdrückter Schwermut, Depression oder Traurigkeit.

Dame + Schlüssel
Offene Tür für alten abgelegten Partner.

Dame + Fische
Finanziell freies abgesichertes Leben. Freie Entwicklung möglich. Auch Wohlbefinden, Genuss.

Dame + Anker
In festen Händen. In fester Arbeit. Auch angekettet sein.

Dame + Kreuz
Auf Wunder warten, sich aus Vergangenem noch Wunder erhoffen. Auch: ins tägliche Leben zurückgeholt werden. Auch: Belastung kann nicht abgestreift werden.

Lilie – Nr. 30 Pik König in Verbindung

Lilie + Reiter
Bei Erwachsenen: Nachricht über Besuchsankündigung, auch Terminankündigung für übergeordnete Person.
Bei Kindern: Nachricht an Elternteil bzw. Autoritätsperson, von Schule etc.

Lilie + Klee
Kurzer, aber eisiger Frieden.

Lilie + Schiff
Träume von einem friedvollen Abschied. Auch: Vorbereitung treffen für das letzte Kapitel des Lebens.

Lilie + Haus
Unnahbares, von einem Schutzschild umgebenes und kühles Haus. Auch: vorsichtig sein müssen und nicht zu laut werden dürfen.

Lilie + Baum
Friedlicher Lebensplatz. Auch Altersresidenz.

Lilie + Wolke
Kein Entrinnen möglich, auch nicht seiner eigenen Gedanken. Auch aussichtsloses Unterfangen für jegliche geplante Aktivität.

Lilie + Schlange
Intrigantin in der Familie.

Lilie + Sarg
Ungesunde Familienstruktur, auch krankheitsanfällig. Auch Defizit im Sexuellen.

Lilie + Blumen
Optimum an Lebensfreude und Vitalität wird erreicht. Auch harmonisches Familientreffen.

Lilie + Sense
Abnorme Sexualität. Auch scharf und hart. Auch unersättlich. Auch heftiges Begehren.

Lilie + Ruten
Streitigkeiten um die Aufgaben-/Arbeitsverteilung in der Familie.

Lilie + Vögel
Aufregung im Sexuellen. Auch über Kleidungsstil bei Jugendlichen.

Lilie + Kind
Sexueller Übergriff. Auch ausnutzen von Untergebenen.

Lilie + Fuchs
Gewandte, charmante Verführerperson reizt ihre Möglichkeiten in Bezug auf Sexualität aus. Auch einschleichen oder einschmeicheln.

Lilie + Bär
Familienoberhaupt. Auch altmodisches, strenges, traditionelles Verhalten.

Lilie + Sterne
Sehnsucht nach einem warmen Zuhause, egal wo.

Lilie + Störche
Familienmitglied wird ausziehen.

Lilie + Hund
Dienstbare, treue »gute Geister« in der Familie, wie z.B. Gärtner, Zugehfrau, Kinderfrau etc. Auch: sich auf Loyalität, Treue und »das Beste geben« verlassen können.

Lilie + Turm
Machtstreben.

Lilie + Park
Illustre Gesellschaft.

Lilie + Berg
Sexuelle Blockaden, nur selten Sex. Auch sexuelle Enthaltsamkeit.

Lilie + Wege
Entscheidung oder auch Weg ist bekannt.

Lilie + Mäuse
Zusammenbruch. Auch: das auseinanderbrechen einer eingefahrenen Familienstruktur. Betrifft auch alte Familie wie langlebiges Ehepaar. Auch derzeit keine Sexualität.

Lilie + Herz
Herzliche, frische Person kommt als Neuzugang in Familie.

Lilie + Ring
Traditionelle Bindung vollziehen, nach dem Brauchtum dieser Familie.

Lilie + Buch
Genügend Geld und Werte vorhanden, um guten Lebensstandard zu sichern (immer in Bezug zu dem gewohnten Lebensstandard des Menschen).

Lilie + Brief
Auf schnelle Angebote, auch kurze Kontakte, wird nicht reagiert.

Lilie + Herr
Lebt sein Leben außerhalb der Familie. Auch: kommt von sexuellem Vergnügen.

Lilie + Dame
Regelmäßiger Besuch bei Familie. Auch: Sexualität liegt weit zurück.

Lilie + Sonne
Fester, lebendiger Familienzusammenhalt, auch wenn hunderte von Kilometern dazwischen liegen. Auch Familie, auf die man sich verlassen kann.

Lilie + Mond
Sehnsucht nach Liebe und Geborgenheit.

Lilie + Schlüssel
Mit Sicherheit ein Verhältnis.

Lilie + Fische
Zärtliche, seelische Übereinstimmung und auch Sexualität.

Lilie + Anker
Nimmt was er bekommt. Hält was er hat. Auch Ernüchterung.

Lilie + Kreuz
Zwanghaftes Verhalten. Nur langsame Auflösung, auch der Sexualität. Auch wird Sex als Last, als Pflicht empfunden.

Sonne – Nr. 31
Karo As
in Verbindung

Sonne + Reiter
Die übermittelte Nachricht verspricht den großen Erfolg.

Sonne + Klee
In Kürze Glück auf allen Ebenen.

Sonne + Schiff
Die beste Zeit, um durch große Pläne viel Geld zu machen. Durch Handel – Kaufen – Verkaufen.

Sonne + Haus
Erfolgshaus.

Sonne + Baum
Aktive, energievolle und erfolgsorientierte Gegend. Auch Stadtteile mit sehr viel Grün. Auch Villenvororte.

Sonne + Wolke
Erfolgsorientierte, lebendige Verhandlung, unter Zeit- und Termindruck stehend.

Sonne + Schlange
Durchgesetzter Wille zieht Verwicklungen nach sich.

Sonne + Sarg
»Schlag ins Gesicht«. Schlagartig erlahmte Energie. Auch urlaubsreif.

Sonne + Blumen
»Stehaufmännchen«. Einsatz hat sich gelohnt, zahlt sich aus. Auch Belohnung erhalten.

Sonne + Sense
Die beste Zeit, um zu ernten. Auch, um die Lorbeeren für sich zu beanspruchen.

Sonne + Ruten
Hitzige Diskussionen.

Sonne + Vögel
Tratschen, lästern, gegen den, der Erfolg hat, dem es gut geht.

Sonne + Kind
Lebendige Aktivitäten mit einem Kind unternehmen. Auch kleines bis mittleres Kindertreffen in der Familie.

Sonne + Fuchs
Schmarotzer. Falsche Freundlichkeit. Auch der Versuch, die starke Energie der Power-Person zu schlürfen.

Sonne + Bär
Handelnde Schutzperson, die alles in Ordnung bringt.

Sonne + Sterne
Durch eigene Kraft, Stärke und Willen öffnet sich Tür und Tor für Zusagen. Auch bewusste Steuerung medialer Begabung.

Sonne + Störche
Freudige, powervolle Umzugsvorbereitungen.

Sonne + Hund
Freunde nehmen teil am aktiven Leben.

Sonne + Turm
Im höchsten Stand von Energie, Wille und Wissen wurde durch bewussten Einsatz das erreicht, was man innerlich will. Auch Unerreichbares wird möglich sein. (Hier zum Wohle aller). Auch magische Begabung, s. Kapitel »Magische Kombinationen«, Seite 147.

Sonne + Park
Aktive Gesellschaftlichkeiten. Auch powervolle Veranstaltungen.

Sonne + Berg
Objekt oder auch Person, starr und unbeweglich. Auch nutzloses Vergeuden von Energie.

Sonne + Wege
Die beste Zeit, um sich neu zu orientieren.

Sonne + Mäuse
Ärger geht an die Substanz. Auch: Existenz wird angeknabbert.

Sonne + Herz
Unbändige, ausgelassene Freude, diese Person zu treffen.

Sonne + Ring
Bewusste, gewollte, familienähnliche Verbindung eingehen. Auch aktive vertragliche Bindung.

Sonne + Buch
Erfolg wird amtlich eingetragen. Auch energievolles, aktives Projekt. Auch energievolles Produkt, wie z.B. Baby.

Sonne + Brief
Störende, unwichtige Post. Auch kleine Stolpersteine.

Sonne + Herr
Dynamischer, familiärer Partner. Auch Startschuss, wie in den Startlöchern stehend.

Sonne + Dame
Dynamische familiäre Partnerin. Auch: derzeit »Mittelpunkt der Welt« sein.

Sonne + Lilie
Spielt wichtige Rolle im Außen, doch in seiner Familie ist und bleibt er nur Mensch. Auch aktive dynamische gute Sexualität.

Sonne + Mond
Planungen werden erfolgreich umgesetzt. Auch Anerkennung der Leistung.

Sonne + Schlüssel
Mit Bestimmtheit den Schlüssel zum Glück/Sieg in Händen halten. Gilt auch für Geld.

Sonne + Fische
Erfolg/Sieg bringt sehr gute Geldvermehrung. Auch guter, leichter Fluss der Fülle. Auch Geist und Seele in Einklang.

Sonne + Anker
Berufliche Laufbahn wird festgemacht.

Sonne + Kreuz
Mystisches Erlebnis. Auch Schock. Auch Konfrontation mit dem Tod.

Mond – Nr. 32 Herz 8 in Verbindung

Mond + Reiter
Nächtliche Zustellung, wie Kurier oder Überbringer von ... z.B. Essen, Partyeinladung etc.

Mond + Klee
Kurze Mondscheinromanze. Auch Ideenausarbeitung im Schlaf.

Mond + Schiff
Tiefe Sehnsucht nach einem anderen Land.

Mond + Haus
Sich nachts in den eigenen Wänden geborgen fühlen.

Mond + Baum
Gefühlsmäßig instabiler, auch schwankender Lebensplatz. Auch Mondmagie in freier Natur.

Mond + Wolke
Kurzfristige, geistige Klarheit, ansonsten getrübt. Auch geistig abwesend sein.

Mond + Schlange
Charismatische, melancholisch wirkende Dame, wie leiser Hauch von Schwermut. Auch mythologische Träume.

Mond + Sarg
Hilflosigkeit bis Dumpfheit. Auch tatenlos zusehen.

Mond + Blumen
Transformation von schlechter Energie. Plötzlich gute Laune bekommen. Auch schöne Traumerlebnisse.

Mond + Sense
Weiche, nachgiebige Stimmung soll ausgenutzt werden. Auch Träume von positivem Ausgang schlechter Situationen.

Mond + Ruten
Zerrt an Nerven und Psyche.

Mond + Vögel
Gerede der Leute belastet. Auch: dem Ganzen nicht gewachsen sein.

Mond + Kind
Sensibles Kind, auch Erwachsener. Auch harmoniesüchtig.

Mond + Fuchs
Falscher Partner, um die Sehnsucht zu stillen.

Mond + Bär
In stabile Phase geraten, vor allem nachts.

Mond + Sterne
Ausdruck der seelischen Kreativität in klare Konzepte umsetzen.

Mond + Störche
Träume, die die Persönlichkeit verändern. Auch: zur ausgeglichenen Psyche gelangen.

Mond + Hund
Feinfühlige, zurückhaltende Freundschaft.

Mond + Turm
Durch Grübeln und Sorgenmachen sich selber ins Gefangensein bringen. Auch selbstständige Entscheidungsfähigkeit verlieren.

Mond + Park
Öffentliche abendliche/nächtliche Veranstaltung.

Mond + Berg
Wie Unterschied zwischen Traum und Realität. Keiner versteht den anderen. Auch kein Zusammenfinden.

Mond + Wege
Den Wunschweg der Seele einschlagen.

Mond + Mäuse
Abendlicher/nächtlicher Ärger verschwindet schnell und gründlich.

Mond + Herz
Totales Verliebtsein von der Seele her.

Mond + Ring
Gefühlsmäßig sehr starke Verbindung.

Mond + Buch
Unausgegorene Geschichte. Auch Liebesroman, alles was Herz – Schmerz enthält.

Mond + Brief
Flüchtige Erkenntnisse, gleich wieder vergessen.

Mond + Herr
Bindungsinteresse verloren. Auch: Suche oder Wunsch nach Dual- oder Seelenpartner.

Mond + Dame
Verbindung von Intuition und Intellekt. Auch Würdigung der Seele.

Mond + Lilie
Ergebenheit. Auch sexuelle Fantasien um einen Mann.

Mond + Sonne
Sehnsucht erfüllt sich. Auch höchster Stand an seelischer Kraft.

Mond + Schlüssel
Altes seelisches Leid wird mit Sicherheit in bare Münze umgewandelt.

Mond + Fische
Unkontrollierbares Geldausgeben, da von Wünschen geleitet.

Mond + Anker
Mangel an Realitätsbezogenheit, in Bezug auf Arbeit.

Mond + Kreuz
Undurchsichtiges Leben für Außenstehende, wie in einer Traumwelt gefangen. Auch längerer Zeitraum bis zur Erlösung.

Schlüssel – Nr. 33
Karo 8
in Verbindung

Schlüssel + Reiter
Bestätigung der Nachricht erfolgt mit Sicherheit.

Schlüssel + Klee
Mit Sicherheit glückliche Wende.

Schlüssel + Schiff
Reise, die im Schicksal liegt, bestimmt ist.

Schlüssel + Haus
Sicheres Haus, auch abgesichertes. Auch abgesicherter Körper, wie Vorsorger, Impfungen, Versicherungen. Auch unschädliches Metall im Körper.

Schlüssel + Baum
Gesicherte Lebensbedingungen. Auch Sicherheit am Lebensort.

Schlüssel + Wolke
Was sicher und fest scheint, wird wieder in Frage gestellt. Nachfolgendes Misstrauensvotum. Auch: wird wieder schwankend.

Schlüssel + Schlange
Vorprogrammierte Komplikationen.

Schlüssel + Sarg
In passive Rebellion geraten. Selbst gesteuert. Auch friedliche passive Demonstration.

Schlüssel + Blumen
Erfüllung, Abschluss, Vollendung eines Werkes, Projektes, auch einer Lebensbestimmung.

Schlüssel + Sense
Einbruchgefahr. Überraschendes Hereinbrechens, um alte Bindung wieder zu reparieren, der man Schaden zugefügt hatte. Vorsicht, da hier sehr viel Charme verwendet wird.

Schlüssel + Ruten
Lösung des Problems liegt in der Kommunikation. Auch problematischer Ablauf.

Schlüssel + Vögel
Mit Sicherheit zu viele Meinungen. Auch hektischer Ablauf.

Schlüssel + Kind
Mit Urvertrauen kleinen Neustart wagen.

Schlüssel + Fuchs
Vorsicht walten lassen, ansonsten Geschaffenes in Gefahr.

Schlüssel + Bär
Soziale Sicherheit. Auch gesicherter Ablauf.

Schlüssel + Sterne
Erfolgreicher Höhenflug. Auch glatter, wie reibungsloser Ablauf.

Schlüssel + Störche
Verantwortungsbewusste Planung in Bezug auf Familienzuwachs. Auch koordinierter Ablauf.

Schlüssel + Hund
Ehrliche, aufrichtige, verlässliche Freundschaft.

Schlüssel + Turm
Grenzen wahren.

Schlüssel + Park
Mit Sicherheit auf öffentliche Veranstaltung gehen müssen, auch wenn der Verstand nicht will. Auch Pflicht oder Bestimmung, wie Zwang, dabei sein zu müssen.

Schlüssel + Berg
Kampf mit den täglichen Karmaauswirkungen.

Schlüssel + Wege
Dieser Entscheidung (Lebensplan) fehlt die Herzenswärme und das Einverständnis der Seele.

Schlüssel + Maus
Verlustängste, die auch wirklich dann zu Verlusten führen. Auch: Verlieren der Sicherheit, auch Schlüsselbund.

Schlüssel + Herz
Sicherer Zugang zum Herzen des anderen.

Schlüssel + Ring
Gesicherte Verbindung, vom Schicksal bestimmt.

Schlüssel + Buch
Eigene gesicherte Existenz wird nicht preisgegeben, vor der Öffentlichkeit geheim gehalten. Auch tiefstapeln, herunterspielen.

Schlüssel + Brief
Schriftliche Nachricht, die das Sicherheitsdenken erheblich beunruhigt.

Schlüssel + Herr
Mit Sicherheit vom Schicksal bestimmter Partner mit gleichen Strukturen.

Schlüssel + Dame
Dankbarkeit für finanzielle Absicherung.

Schlüssel + Lilie
Macht und Sicherheit. Mächtig abgesichert. Auch sichere Einflussnahme durch gesellschaftliche Stellung.

Schlüssel + Sonne
Sicherer Sieg, sicherer Erfolg, muss so kommen.

Schlüssel + Mond
Mit Sicherheit taucht Sehnsucht nach Liebe und Nähe wieder auf.

Schlüssel + Fische
Durch mühelose Kontakte mit der Außenwelt sicherer Erfolg gewährleistet.

Schlüssel + Anker
Hamsterei. Nichts wegwerfen können. Nicht loslassen können. Auch überversichern.

Schlüssel + Kreuz
Sicherheit, abgesichert sein wird im Laufe der Jahre aufgebraucht werden.

Fische – Nr. 34 Karo König in Verbindung

Fische + Reiter
Geldnachricht unterwegs.

Fische + Klee
Kleines Glück im Finanziellen, länger anhaltend.

Fische + Schiff
Geschäftliche Kommunikation/Transfers über die Kontinente hinaus. Auch Geld fließt leicht.

Fische + Haus
Finanziell sorgenfreies Haus. Auch gut ausgewogen.

Fische + Baum
Angenehmer reicher Lebensplatz. Auch Fülle.

Fische + Wolke
Guter Plan, um Vermögen zu mehren, jedoch stellen sich Zweifel an Durchführung ein.

Fische + Schlange
Ambivalente schillernde Persönlichkeit. Auch Verwicklungen mit Geld in Sicht.

Fische + Sarg
Traum von leicht zu vermehrendem Geld stagniert.

Fische + Blumen
Geschenktes Geld. Auch Freude über Geldeingang.

Fische + Sense
Geld in Gefahr.

Fische + Ruten
Gespräche über Geld. Auch feilschen, wie auf orientalischem Basar.

Fische + Vögel
Finanzielles wird ausgetratscht, ausgeplaudert.

Fische + Kind
Bitte um Geld, auch um kleine Spende.

Fische + Fuchs
Fadenscheinige Angebote werden unterbreitet, um ans Geld zu kommen. (Achtung, hier besteht die Gefahr des Darauf-herein-Fallens, geschieht mit List und Tücke).

Fische + Bär
Finanzielle Stabilität durch Autoritätsperson, kann auch Elternteil oder Behörde sein. Auch seelische Stabilität.

Fische + Sterne
Siebter Sinn, Superidee verspricht Erfolg im Finanziellen.

Fische + Störche
Finanzielle langfristige Planung zu mehr sozialer Sicherheit.

Fische + Hund
Leichtes Leben mit Freunden genießen.

Fische + Turm
Finanzielle Macht vorhanden. Als Gebäude Bank.

Fische + Park
Auf Grund finanzieller Möglichkeiten sich frei in der Gesellschaft bewegen können.

Fische + Berg
Schwierigkeiten im Geldfluss. Auch: wenig ergiebig.

Fische + Wege
Finanziell angenehme Wahl treffen, da Sicherheitsdenken überwiegt.

Fische + Mäuse
Plötzliches Versagen der Geldquelle.

Fische + Herz
Viel Geld für neue Liebe ausgeben.

Fische + Ring
Finanziell und seelisch stimmige Verbindung.

Fische + Buch
Geldrücklagen, die geheim bleiben sollen.

Fische + Brief
Nachricht, Angebot, das keinen Gewinn bringt. Auch kein Interesse, dafür Geld auszugeben.

Fische + Herr
Vermögender Partner, der weiß, wie man Geld ausgibt.

Fische + Dame
Liebt das pure Geld mehr als den vermögenden Partner. Auch: Anziehungskraft des Geldes.

Fische + Lilie
Gier nach Genuss. Auch: familiäre Macht durch Statussymbole zeigen.

Fische + Sonne
Griff in den Glückstopf für Finanzielles, durch Tagesaktivitäten.

Fische + Mond
Griff in den Glückstopf für Finanzielles, durch Emotionen oder Nachtaktivitäten.

Fische + Schlüssel
Mit Sicherheit wird der Geldfluss besser laufen, da Belastung aus der Vergangenheit wegfällt.

Fische + Anker
Übriges Geld fließt in Arbeit und Verankerung der Lebensstruktur. (Arbeit kann in dem Fall auch kreatives Hobby sein).

Fische + Kreuz
Das persönliche leichte Leben löst sich auf. Auch: revolutionierende Veränderung der gesamten Lebensstruktur.

Anker – Nr. 35
Pik 9
in Verbindung

Anker + Reiter
Berufliches Überbringen durch Botengänge, Kurierdienste.

Anker + Klee
Kurzfristiger, guter Arbeitseinsatz.

Anker + Schiff
Berufliches Verreisen. Auch Reisebüro.

Anker + Haus
Arbeit im Haus. Auch Hausarbeit machen.

Anker + Baum
Lebensstellung.

Anker + Wolke
Arbeitsplatz wird in Frage gestellt, angezweifelt.

Anker + Schlange
Intrigen, möglicherweise bereits Mobbing am Arbeitsplatz.

Anker + Sarg
Berufliche Überforderung, wie Burn-Out-Syndrom.

Anker + Blumen
Beförderung. Auch beruflich Erfolg haben.

Anker + Sense
Übergehen bei anstehender beruflicher Beförderung. Auch Aufstieg kommt nicht zum Tragen. Auch der Versuch, Lohn für geleistete Arbeit einzubehalten.

Anker + Ruten
Diskussionen, Gespräche am Arbeitsplatz.

Anker + Vögel
Allgemeine Aufregung über Veröffentlichungen am Arbeitsplatz.

Anker + Kind
Beginn einer neuen Tätigkeit. Auch kleine Verantwortung.

Anker + Fuchs
Arbeit, bei der Organisationstalent, kriminalistischer Spürsinn und Diplomatie zum Einsatz kommen.

Anker + Bär
Traditionelle Arbeit verrichten. Auch Behördentätigkeiten.

Anker + Sterne
Arbeit mit geistigen Belangen.

Anker + Störche
Arbeitswechsel in Planung. Auch beruflicher Umzug.

Anker + Hund
Gute Teamarbeit.

Anker + Turm
Sehr einsame Arbeit.

Anker + Park
Öffentlichkeitsarbeit mit vielen Leuten, auch mit Publikumsverkehr. Auch soziale Zwänge.

Anker + Berg
Viel Arbeit, wenig Lohn.

Anker + Wege
Entscheidung in Bezug auf Arbeit steht an.

Anker + Mäuse
Arbeitsverlust.

Anker + Herz
Gutes Betriebsklima. Auch netter sympathischer Neuzugang. Auch Liebe am Arbeitsplatz.

Anker + Ring
Vertragsunterzeichnung in beruflicher Hinsicht.

Anker + Buch
Arbeitsschluss, auch Abschluss einer Arbeit noch ungewiss, noch nicht spruchreif.

Anker + Brief
Arbeitsabsage. Auch Bewerbungsabsage. Auch Kündigung.

Anker + Herr
Arbeit im Repräsentationsbereich.

Anker + Dame
Große Verantwortung am Arbeitsplatz.

Anker + Lilie
Oberster Chef.

Anker + Sonne
Erfolgreiche Arbeit.

Anker + Mond
Arbeit in Spät- oder Nachtdiensten.

Anker + Schlüssel
Sichere Arbeitsstelle.

Anker + Fische
Kreative Arbeit.

Anker + Kreuz
Arbeitsausstieg durch natürliches Beenden der Arbeit.

Kreuz – Nr. 36
Kreuz 6
in Verbindung

Kreuz + Reiter
Nachricht wird überbracht, die das Leben erleichtert.

Kreuz + Klee
Auf Leid folgt Glück.

Kreuz + Schiff
Schicksalhafte Erholungsreise.

Kreuz + Haus
Häusliche Belastungen gehen zu Ende.

Kreuz + Baum
Altes Karma ist ausgestanden. Auch derzeitige Monotonie.

Kreuz + Wolke
Durch Sorgen und Kummerentladung zu geistiger Klarheit und klarem Denken gelangen.

Kreuz + Schlange
Die nächsten Verwicklungen stehen bevor. Auch Lernaufgabe nicht gemeistert.

Kreuz + Sarg
Körper und Seele werden streiken, liegen flach. Auch ohnmächtiges Verhalten gegen Schicksal.

Kreuz + Blumen
Spontanheilung einer belastenden Situation.

Kreuz + Sense
Auf Grund karmisch verstrickter Ursachen ist Erfolg und Geld kurzfristig noch in Gefahr.

Kreuz + Ruten
Durch Kommunikation wird schwere Altlast schnell aufgelöst.

Kreuz + Vögel
Über altes vergangenes Leid, auch Unglück, zerbrechen sich die Leute immer noch den Kopf.

Kreuz + Kind
Die Person verzeiht das karmisch bedingte Unrecht und wagt einen Neubeginn.

Kreuz + Fuchs
Schließen Sie Ihre belasteten Situationen ab und gestatten Sie danach keinem Menschen mehr, überhaupt nur noch darüber zu reden. Sonst werden Sie das nie los.

Kreuz + Bär
Die Obrigkeit des Staates sorgt für die Auflösung des Leids.

Kreuz + Sterne
Besondere Gaben werden Sie nicht länger belasten. Das karmische Leid darin ist beendet. Es wird jetzt leicht sein, es voll zu akzeptieren.

Kreuz + Störche
Freiwillige Veränderung nach dem Zurücklassen einer Last.

Kreuz + Hund
Neue echte, wahre Freunde sind nach Beendung einer schweren Situation schnell zur Stelle.

Kreuz + Turm
Schicksalhafter isolierter Aufenthaltsort.

Kreuz + Park
Sich wieder unter Menschen wagen. Auch: erste Kontakte nach großem Leid, wieder in die Öffentlichkeit gehen.

Kreuz + Berg
Buße tun für die Vergangenheit. Z.B. in Form von Spenden, zumindest Wiedergutmachung.

Kreuz + Wege
Neue Wege sind vorhanden, nach Beendigung der Belastung.

Kreuz + Mäuse
Eine zweite Lebenschance wird geboten, da altes Leid erlöst wurde.

Kreuz + Herz
Einer Ihrer Seelenpartner tritt in Ihr Leben.

Kreuz + Ring
Neue Verbindungen zum Leben sind derzeit immer richtig. Alte Last ist weg.

Kreuz + Buch
Obwohl viele karmische Belastungen weggefallen sind, ist die Lebensaufgabe noch nicht geklärt.

Kreuz + Brief
Nach schicksalsmäßig schwieriger Situation gibt es viel Post.

Kreuz + Herr
Karmischer Partner. Schicksalsmäßige Bestimmung.

Kreuz + Dame
Die Katastrophe noch nicht vergessen können, obwohl sie hinter einem liegt.

Kreuz + Lilie
Oberste Macht, tiefste Ergebenheit. Auch Unterwerfung. Auch Demut. Auch Gnade.

Kreuz + Sonne
Neue Kraft, Energie, Gesundheit nach schwerer Belastung. Es ist, als bekäme man ein neues Leben geschenkt.

Kreuz + Mond
Das Leid ist vorbei, aber die Sehnsucht nach Liebe bestimmt weiterhin das Leben.

Kreuz + Schlüssel
Mit Sicherheit wird der Bestimmungsort erreicht und der Mensch sein Schicksal erfüllen.

Kreuz + Fische
Teilerledigung des Karma. Geldfluss wird leichter und das Leben fließender.

Kreuz + Anker
Sich innerhalb kurzer Zeit im neuen Leben zurechtfinden, durch Berufliches.

Besonderheiten

Unterscheidung der Personenkarten

Als Personenkarten zählen wir:

Herr 28 Herz As
Ehemann, Partner des Hauses, auch langjähriger Lebenspartner. Unverbindlich und freundlich, egozentrisches Denken, Paschatyp, auf eigenes Wohl bedacht, lässt sich gern bedienen.
Alter: ab 30 Jahre

Reiter 1 Herz 9
Bote, Überbringer, Mittler.
Freundlich, wohlgesonnen, bei schlechter Laune trotzdem besonnen.
Alterslos, aber jugendlicher Typ.

Hund 18 Herz 10
Treuer Freund, Freunde, Wächter, persönlicher Beschützer, Jugendfreunde, verbundene Seelen.
Warmherzig, selbstlos, treu, loyal, zu einem stehend, aus der Patsche helfend, immer für einen da.
Alterslos, kein bestimmter Typ.

Fuchs 14 Kreuz 9
Störenfried, Feindbild, Widersacher, falscher Freund.
Unzufriedenheit, Gier, Neid bis Hass wird hinter Masken versteckt.
Nach außen schlau, raffiniert, agil, originell und auch tatkräftig.
Alterslos, aber sehr wendiger Typ.

Bär 15 Kreuz 10
Leiblicher Vater, Gottvater, Chef, Vorgesetzter, Behördenperson, also übergeordnete Person, von deren Goodwill man über einen langen Zeitraum abhängig ist.
Schutz, Sicherheit, Integrität, Gelassenheit, Weisheit, gerechtes Handeln, Vertrauensvermittlung, Verstehen und Verständnis.
Alter: ab 35 Jahre

Wolke 6 Kreuz König
Selbst geschaffene Vaterersatzfigur oder kritischer Freund.
Streng, doktrinäres, dominantes Verhalten, analytischer Denker, Zweifler, Zerreder, Sorgen verursachender Typ. Tut sich schwer mit Entscheidungen.
Alter: ab 40 Jahre

Lilie 30 Pik König
Oberster Chef, Patriarch der Familie, altes Oberhaupt, Machtperson, oberste Regierungsperson.
Kühles, unnahbares Verhalten, unantastbar in Würde und Macht.
Strenges Reglement. Bestimmend

in seinen Entscheidungen.
Alter: ab 50 Jahre

Haus 4 Herz König

Lebenspartner oder Person, die bei einem wohnt, z.B. Haus/Wohnungsmitbewohner.
Wohlgesonnen, freundlich bis herzlich, Schutz gebend für Familie. Handelt eigenständig, aber kann sich auch gut anpassen.
Alter: ab 40 Jahre

Fische 34 Karo König

Geschäftsmann, reicher Freund oder auch reicher Partner.
Sensibel, mitfühlend, leichte Sichtweise des Lebens, weiches Herz, gibt oder schenkt gerne.
Alter: ab 40 Jahre

Ruten 11 Kreuz Bube

Neffe, die männlichen Geschwister des Ehemannes (Schwager), die männlichen Geschwister der Ehefrau (Schwägerin) sowie eine Rechtsperson wie Anwalt oder rechtlicher Berater.
Alter: 18 bis 35 Jahre
Anwälte oder rechtliche Berater können auch älter sein, sind aber dennoch meistens jung wirkende Menschen.

Kind 13 Pik Bube

Kind, Enkel, Kindergarten- bis Pubertätsalter.
Selbstlos, wenig Prestigedenken, glaubt an das Gute, kann noch sehr schnell verzeihen, vergessen, Weltverbesserer, Opfertyp.
Alter: ca. 3 bis 14/15 Jahre

Herz 24 Herz Bube

Herzensfreund, große schwärmerische Liebe, Lebensabschnittspartner, Freund, mit dem man zusammenlebt, auch Neffe, Cousin, also direkte Blutsverwandte. Bei Geschiedenen zeigt sich der Herz Bube als männliches Kind ab 8 Jahren, das bei der Mutter die Rolle des Herzensmannes einnimmt.
Liebevolles Herz, treuherzig, fürsorglich, aufopfernd, spielt Retterrolle, ich tue alles für dich, nur liebe mich. Übernimmt Verantwortung, wird aber nicht wirklich erwachsen. Ehrlich, solange man zu ihm steht.
Alter: 8 bis 25 Jahre

Sense 10 Karo Bube

Jugendlicher Liebhaber, Verführer, Teenager, jemand, der nicht erwachsen werden will.
Sehr charmantes »Bürschchen«, pfiffig, witzig, gewieft und mit allen Tricks und Wassern gewaschen. Aktiv und ungestüm. Vertraut auf sich selbst.
Alter: 18 bis 35 Jahre

Dame 29 Pik As

Ehefrau, Partnerin, auch langjährige Lebenspartnerin.

Intelligent, praktisch, lebensnah, kooperativ, verständnisvoll.

Alter: ab 30 Jahre

Schlange 7 Kreuz Dame

Schwiegermutter, Freundin, Vorgesetzte.

Intelligent, klug, raffiniert, auch gute irdische Ratgeberin mit praktischer Umsetzung, ist von sich sehr überzeugt. Die Dame versprüht ihren Charme durch das körperliche Charisma.

Alter: ab 30 Jahre

Blumen 9 Pik Dame

Nichte, Cousine, Freundin, selbstständig denkende Dame, auf Erfolg bedacht, Verhalten geradliniger, aktiv, fröhlich, setzt sich für Freunde ein. Im Gegensatz zur Schlange (Kreuz Dame) wirkt sie eher kühl. Sie versprüht ihren Charme über den Geist, d.h., wenn man mit ihr warm wird, erkennt man erst, wie fantastisch sie ist.

Alter: ab 20 Jahre

Störche 17 Herz Dame

Dame des Herzens, Mutter der Kinder, selbstständig denkende mütterlich und familienorientiert ausgerichtete Dame.

Warmherzig, treu sorgend, selbstlos, für andere da sein, Schönheits- und Ästhetiksinn vorhanden. Zukunftsorientiert.

Alter: ab 25 Jahre

Wege 22 Karo Dame

Die Dame des klugen Verstandes, des Rechnens, der Berechnungen. Nachbarin, entfernte Verwandte, also Personen, die keiner direkten Blutsverwandtschaft unterliegen.

Selbstständig geschäftsmäßig orientiert denkende Person. Im Gegensatz zum Kreuz König der Wolke bleiben ihre getroffenen Entscheidungen bestehen und werden nicht zerredet.

Abwägend, klug, auf finanziellen oder prestigemäßigen Vorteil bedacht. Wenn Vorteil erkannt, dann wird die Angelegenheit auch zu Ende gebracht.

Alter: ab 30 Jahre

Das angegebene Alter der Personenkarten wollen Sie bitte nicht wörtlich nehmen. Es bezieht sich mehr auf den Charakterstand, der dann gemäß der Einschätzung das Alter ergibt.

Genießen Sie es mit Vorsicht, denn jemand, der gerade mal eben 20 ist, kann fast genauso weise sein wie der Pik König, der dann als 40-Jähriger in den Karten erscheint.

Die Zeit

Die richtige Zeitangabe aus den Lenormandkarten zu lesen ist alles andere als leicht. Doch diese Schwierigkeit bezieht sich nicht nur auf o.g. Karten, sondern auf alle Kartensysteme und es betrifft auch die Hellseherei sowie jede Art von Medium oder Medialität. Ständig versuchen wir die Zeit zu definieren und nach irdischen Maßstäben zu bewerten, was bei einigen Karten überhaupt nicht geht.
Zeit zu bewerten, hängt von vielen Faktoren ab, wie zum Beispiel:

- Legung mit 2 Karten (Man fragt nach einer Sofortaussage, dem Ist- oder Jetzt-Zustand)

- Legung mit 3 bis 5 Karten (Sofortaussage, unmittelbar, direkt vor einem)

- Siebener-Reihe (beginnend im Jetzt und bitte immer mit Jahresbegrenzung)

- Tages Kreuz ist eine Aussage für den Stand der angefragten Situation oder den täglichen Bedarf. (Der Zeitrahmen dafür beläuft sich auf maximal 7 Tage).

- Astrologisches Jahresorakel ist eine Legung auf 12 Monate zu jeweils 3 Karten. In dem Fall sind jeweils 3 Karten auf eine Laufzeit von einem Monat komprimiert.

- Keltisches Kreuz. (Bitte begrenzen Sie es auf ein halbes, ein ganzes oder auch zwei Jahre. Dann rechnen sich die Zeitkarten ab der 6. Karte bis zur 10. Karte.

- Das Kleine Blatt mit Signifikator »Dame« oder »Herr« sollte nur als Zukunftsaussage gelesen werden. Begrenzen Sie die Zeit auf ein halbes, ein ganzes oder auch zwei Jahre.

- Das Kleine Blatt ohne oder mit anderen Signifikatoren kann Vergangenheit und Zukunft in einem sein. Begrenzen Sie es zeitmäßig, denn sonst erhalten Sie unter Umständen Aussagen, die in zehn Jahren erst eintreffen werden.

- Das Große Blatt sollte eigentlich eine Lebenslegung sein, denn sie enthält Vergangenheit, Gegenwart und Zukunft. Begrenzen Sie es zeitmäßig, ansonsten erhalten Sie Aussagen, die bis Ultimo gehen. Vor allen Dingen sollte hier nicht jede Woche eine Legung gemacht werden. Sie können dann hundertprozentig davon ausgehen, dass fast keine einzige Zeitangabe mehr stimmt.

Lassen Sie uns beide jetzt gedanklich ein kleines Spiel spielen. Sie werden sehen, wie hilfreich es sein kann, bei Fragen mit einer Zeitbegrenzung zu arbeiten. Stellen wir uns Folgendes vor: Eine allein stehende Kundin kommt zum Kartenlegen und stellt folgende Frage: Wann werde ich endlich richtig glücklich? Wenn wir diese Kundin jetzt wahllos zum Beispiel eine Siebener-Reihe ziehen lassen, so wird man kaum in der Lage sein, eine konkrete Zeitangabe für die Ereignisse zu bestimmen. Denn es könnte passieren, dass zum Beispiel die Gedanken der Rat Suchenden in die Vergangenheit abschweifen und sie deshalb die letzten fünf Jahre oder zehn Jahre präsentieren, dabei sind es vielleicht, wenn man Glück hat, gerade mal zwei Karten, die auf die Zukunft hinweisen.

Man deutet das Ganze und die Klientin meint ganz erstaunt, »das hatte ich schon, das kenne ich, das hört sich nach dem Herrn Soundso an«. Und schon will sie wissen, ob sie ihn eventuell doch noch bekommen würde, und so weiter und so fort. Innerhalb 15 Minuten befindet man sich dann mit der Kundin auf einer gedanklichen Schiene, die jetzt mit all dem Leid reaktiviert wurde und in die Gegenwart geholt wird. Und das Vertrackte daran ist, es trägt nicht im Wesentlichen dazu bei, die Ursprungsfrage richtig zu beantworten.

Zu diesem Zeitpunkt muss die Kundin bereits gebeten werden, diese alten Erinnerungen abzuschütteln, sich vollständig leer zu machen, sich zu 100% auf die Zukunft zu konzentrieren und nochmals anzufangen, mit der Prämisse die 1. Karte als Jetzt-Gegenwart zu betrachten.

Und stellen Sie sich des Weiteren vor, das Gedankengut und der Kommentar der Kundin hat auch Sie nicht unbeeindruckt gelassen. Auch Sie müssten jetzt vollständig abschalten, sich leer machen und völlig neutral an die neue Legung herangehen. Ich weiß, dass das nicht so einfach ist, denn es ist auch mir schon passiert, dass ich in irgendwelchen – bereits abgeschlossenen – Vergangenheitsgeschichten gelandet bin. Heute widerfährt mir das kaum noch. Höchstens mit mir selbst, wenn ich zu unkonzentriert und fahrig bin. Deshalb bitte ich alle Kunden um die volle Aufmerksamkeit und Konzentration auf die Ausgangskarte, das ist die 1. Karte der Reihe, auf das Hier und Jetzt – auf die gegenwärtige Situation.

Ich biete dem Kunden an, die Zukunft – z.B. ob er wieder richtig glücklich wird – diese und solche Art von Fragen auf ein Jahr zu begrenzen. Meine Kunden sind begeistert, denn in der Tat interessiert es sie, ob sie morgen, übermorgen das große Los ziehen und nicht erst in zwei oder fünf Jahren. Daher begrenze ich viele Legesysteme auf ein Zeitlimit von einem Jahr. Es müssen nicht genau 365 Tage sein, es dürfen auch 350 oder 390 Tage sein. So stellt es keine Schwierigkeit dar, Zeiten relativ konkret zu bestimmen.

Wie Sie jetzt sicher erkennen, sind genaue Zeitangaben durch das Kartenlegesystem bedingt, mit dem Sie arbeiten.

Zeitzuordnung in den Karten

Wichtig

Bitte nehmen Sie die Zeiten nicht wörtlich. Sie gelten nur als Richtschnur, als Faustregel für größere Legesysteme. Doch mit der Zeit werden sich Ihre intuitiven Fähigkeiten verbessern und Sie können aus dem Bauch heraus die Zeiten oftmals besser angeben, als wenn Sie sie ablesen.

Erklärungsbeispiel

Die Zeit wird immer daran gemessen, an welchem Platz die Karte liegt.

Nehmen wir zum Beispiel den Reiter. Er bedeutet im Zeitfaktor: bereits im Werden.

Liegt der Reiter nun in der Legung im Kleinen Blatt auf Platz 14, so bedeutet es, dass das Ereignis dann zu diesem Zeitpunkt im Werden ist.

Liegt die Karte, der Reiter hingegen auf Platz 1 oder 2, so bedeutet es, dass die Nachricht schon fast unterwegs ist.

Zeiten im normalen Bereich

Reiter	bereits im Werden
Klee	im Irdischen, sofort unmittelbar innerhalb von 2 Tagen bis 2 Wochen, im Geistigen unberechenbar, bei Wunschpartnern Zeitverzögerung bis zu 15 Jahren Zeitdauer der Glücksserie bis zu 8 Wochen
Schiff	normale Besuche, Reisen, Zeitraum ca. 30 bis 60 Tage Sehnsucht nach Veränderung, große Planungen, ca. bis zu 3 Jahren, Visionen bis zu 15 Jahren
Haus	gegenwärtig (richtig für lange Zeit)
Baum	stabiler Status, Ist-Zustand, lange Jahre – auch bis Lebensende
Wolke	6 Tage bis 6 Monate (die 6 Tage sind sehr oft eine zyklische Zeit, bedingt durch den menschlichen Organismus wie Mondphasen-Reaktionen, Menstruation usw.)
Schlange	Zeit – Zustandswiederholung in 7 bis 9 Wochen
Sarg	Zustandsdauer 8 Wochen bis 1,5 Jahre
Blumen	Tagesgeschehen, Zustandsdauer bis zu 3 Monaten
Sense	innerhalb Stunden, eher Umbruch, als Zeitangabe, denn es btrifft immer nur das dann aktuelle Geschehen Materie, Liebe usw.
Ruten	Tagesgeschehen, bei langlaufenden Ereignissen komprimiert auf kurze Wochen

Vögel	8 bis 14 Tage, bei Problem behafteten Situationen immer wiederkehrende langlaufende Karte, bis das Problem gelöst ist
Vögel	Dauer 2 bis 7 Wochen, bei Politik oder dramatischen Ereignissen kann es bis zu 12 Monaten dauern
Kind	von jetzt bis zu 3 Monaten, als Charakterzustand bitte nur eine Dekade von 12 Jahren gelten lassen, denn Menschen sind in der Lage auch die guten Eigenschaften zu unterdrücken
Fuchs	8 Tage bis 8 Wochen, als Zustand kann er bis zu einigen Jahren kleben bleiben
Bär	Zustands-, auch Charakterkarte, Dauer bis zu 2 Jahren, in Partnerschaft mit einer guten, auch langlebigen Karte wird er zum Zustand und kann bis Lebensende gehen
Sterne	kurz, maximal 4 Wochen Laufzeit
Störche	kurzfristiger Vorbereitungsbeginn, bis zu tatsächlichen Veränderungen dauert es aber mindestens 4 Wochen, Laufzeit bei Projekten bis zu 11 Monaten, als Ehe mit Ring, mindestens 1 Dekade = 12 Jahre
Hund	wenn zustandsbedingt für die eigene Persönlichkeit, max. 4 Monate, für Freunde und Partner – lebenslang
Turm	bei Gebundenheit der eigenen Person meist lebenslang, bei Isolation (freiwillig) 1 bis 2 Jahre min., bei Isolation (gezwungen) bis zu 10 Jahren
Park	langlaufende Karte, wird mehr zum Zustand der Persönlichkeit, Zeitdauer für Beziehungen, in der Regel viele Jahre, bei schnelllaufender Karte vor dem Park steht das Ereignis kurz bevor
Berg	8 Wochen bis 4 Jahre
Wege	kurzfristig bis zu 7 Wochen
Mäuse	Zeitgeschehnisse, schnell, kurze Tage, Bewältigung des Geschehens in bis zu 12 Wochen
Herz	Zeitfaktor 4 bis 6 Wochen, Zeitdauer im Charakter – bis Lebensende
Ring	kurze Tage mit langen Folgen, da Zeit als Ereignis zu sehen ist, bei Verträgen steht Ereignis unmittelbar bevor
Buch	mehr Zustand als Zeit, kann Zeitdauer von 1 Jahr bis zum Lebensende haben
Brief	kurz, schnell, eilig, jetzt, Dauer 1 bis 4 Wochen
Herr	Hier habe ich keine Zeitangabe, denn das Selbst der Persönlichkeit ist endlos und zeitlos und nicht auf

Raum und Zeit zu begrenzen. Deshalb ziehen Sie bitte für eine Zeitangabe die nächste Karte neben dem Herrn als Zeitbemessung zu Rate.

Dame — Hier habe ich keine Zeitangabe, denn das Selbst der Persönlichkeit ist endlos und zeitlos und nicht auf Raum und Zeit zu begrenzen. Deshalb ziehen Sie bitte für eine Zeitangabe die nächste Karte neben der Dame als Zeitbemessung zu Rate.

Lilie — Charakter: Zustand, Dauer: nur durch die nächste Karte berechenbar, da die Lilie selbst eine der endlos laufenden Karten ist, wenn im kleinen Blatt, dann mindestens 30 Tage, in einer noch kürzeren Legung, auch mindestens 30 Tage, aber eigentlich, wenn nach Zeit gefragt, weist sie immer auf die Unveränderbarkeit der Situation hin

Sonne — 4 bis 5 Monate, Zustand, Dauer: »Sonnenscheinkinder«, in Bindungen langlebige Karte, mehr als eine Dekade

Mond — zyklusbedingte Zeitkarte, ca. 30 Tage. Die Intensität des Zeitgeschehens verläuft parallel im Mondzyklus. Das betrifft auch den Charakter

Schlüssel — eine Gegenwartskarte, ein Jetzt- oder auch Ist-Zustand, Laufzeit ca. 30 Tage, bis es Alltag wird. Wichtig ist der Platz, auf dem die Karte liegt, und die Entfernung von dem Heute anzeigt

Fische — fließender Zustand, mal mehr, mal weniger, dadurch kann eine Dauer von 30 Tagen bis über viele Jahre gewährleistet sein. Zeiten für Ereignisse bestimmen Sie bitte mit der nächsten nachfolgenden Karte.

Anker — festhaltender Zustand. Entfernung neuer Geschehnisse ca. 30 bis 45 Tage, die für lange Jahre dann behalten werden, manchmal bis Lebensende

Besonderheit: Kreuz

In der Zeitangabe ist das Kreuz nur hundertprozentig belegbar, wenn es in einer Legung mit 2 oder 3 Karten zum Tragen kommt. Dann bedeutet es, jetzt, sofort, heute, morgen. Das Kreuz bedeutet immer die Auflösung, aber es kann unendlich lange dauern, teilweise bis zum Lebensende. Manche Karten davor verzögern oder beschleunigen die Auflösung.

Schauen Sie sich die 2 bis 3 davor liegenden Karten an. Wenn zum Beispiel die Karten so liegen:

. . . . Störche + Sonne + Kreuz

Störche haben eine normale Laufzeit von 9 Monaten. Die Sonne wirkt als Verstärker. Also 9 Monate + 1 Monat Sonne wären dann 10 Monate Laufzeit. Doch die Sonne vor dem Kreuz potenziert von 10 Monaten auf 10 Jahre.

Demzufolge erfolgt die Auflösung in ca. 10 Jahren (Kreuz).

Liegen die **Vögel** davor – kein Verstärker –Auflösung in ca. 2 Jahren.

Liegt der **Baum** davor – kein Verstärker – doch langsam laufende Karte, Auflösung zwischen 5 bis 30 Jahren.

Liegt der **Klee** davor – schnelle Karte – Auflösung in ca. 2 Wochen bis 2 Monaten.

Liegt die **Sense** davor – plötzliche Karte – innerliche Kündigung je nach Platz der Karte, reale Auflösung erfolgt genauso plötzlich in ca. 10 Jahren.

Liegt der **Bär** davor – Schutzkarte – dauert es mindestens 15 Jahre vom ersten Gedanken bis zur Auflösung.

Liegt das **Haus** davor – wird das Kreuz in der Regel bis zum Lebensende oder Altersheim, Krankenhaus etc. laufen.

Wie Sie selbst sehen, ist das Kreuz für Zeitangaben eine tückische Angelegenheit. Achten Sie dabei auf Ihr Gefühl, es wird sich mit der Zeit entwickeln.

Tageszeiten

Sterne	nachts
Sonne	später Vor- bis später Nachmittag
Mond	abends, auch frühmorgens

Jahreszeiten

Klee	Frühling bis Sommer
Baum	Spätsommer
Blumen	Mai bis Oktober
Sense	Juni bis August
Fuchs	September bis Oktober
Bär	Hochsommer
Sterne	Winter
Lilie	November bis Dezember
Sonne	Sommer
Fische	Februar bis April

Positive und negative Karten

Hier biete ich Ihnen eine besondere Aufschlüsselung an, denn oft wurde mir die Frage gestellt: »Ist das nun positiv oder negativ für mich?« Das ist nicht immer so ganz einfach zu beantworten. Oft lauten die Aussagen, rot ist positiv und schwarz sei negativ. Dieser Meinung kann ich mich nicht anschließen, denn das hieße, dass man beim Kartenlegen das kleine Bild mit Herzen, Karos, den Piks und den Kreuzen außer Acht lässt. Das wäre genauso, als ob man ein Auto mit 300 PS besitzen würde, das 280 Stundenkilometer fährt und der Mensch immer nur bis zum 2. Gang schaltet und mit 40 dahinzockelt.

Viele Menschen und Institutionen ziehen gerade diese dunklen Farben, wie Purpur, Lila, Dunkelblau und Schwarz vor, die auf Macht und Schutz hinweisen. Sie kennen es an sich selbst. Manches Mal ist Ihnen danach, sich vollständig in Schwarz zu kleiden, denn Sie schützen sich unbewusst und zentrieren Ihr Inneres. Vielleicht muss eine Verletzung ausheilen, oder Sie wollen sich in einem Gespräch stark fühlen.

In unserem Lenormand-Kartendeck haben wir außer den eindeutigen Bestimmungen von Positiv oder Negativ die Sowohl-als-auch-Karten. Lassen Sie uns schauen.

Sollte Ihnen die eine oder andere Zuordnung auf Grund eines Erlebnisses deutlich missfallen, so können Sie diese nach Ihrem Gefühl umordnen.

Positiv zu bezeichnende Karten

Nr. 1	Reiter
Nr. 2	Klee
Nr. 3	Schiff
Nr. 4	Haus
Nr. 5	Baum
Nr. 9	Blumen
Nr. 15	Bär
Nr. 16	Sterne
Nr. 17	Störche
Nr. 18	Hund
Nr. 20	Park
Nr. 22	Wege
Nr. 24	Herz
Nr. 25	Ring
Nr. 26	Buch
Nr. 28	Herr
Nr. 29	Dame
Nr. 31	Sonne
Nr. 33	Schlüssel
Nr. 34	Fische

Negativ zu bezeichnende Karten

Nr. 14	Fuchs
Nr. 21	Berg
Nr. 23	Maus
Nr. 27	Brief
Nr. 30	Lilie
Nr. 32	Mond
Nr. 36	Kreuz

Negative sowohl positive Karten

Nr. 6	Wolke
Nr. 7	Schlange
Nr. 8	Sarg
Nr. 10	Sense
Nr. 11	Ruten
Nr. 12	Vögel
Nr. 13	Kind
Nr. 19	Turm
Nr. 35	Anker

Überwiegend positive Karten zum Beispiel in einer Siebener-Reihe deuten schon von vornherein auf gutes Gelingen hin, überwiegend negative Karten auf Probleme und Schwierigkeiten. Jedoch wichtige Antworten nach rot positiv und schwarz negativ zu bewerten, empfinde ich persönlich als zu gewagt, zu ungenau. Wie gesagt: Wenn überhaupt, sollten die Karten nur der Tendenz nach als positiv oder negativ bewertet werden.

Klima

Reiter	Wetterveränderung im Anmarsch
Klee	gutes Wetter in Kürze
Schiff	Wasser, kaltes, Hochwasser
Haus	stabiles, normales Wetter
Baum	anhaltendes gutes Wetter
Wolke	Regen *Wolke + Mond = Nebel*
Schlange	unterschiedliche Wetterzonen, geologische Verwerfungen
Sarg	längere Schlechtwetterlage
Blumen	mildes bis warmes Klima
Sense	Trockenheit, Blitze *Sense + Sonne = Gewitter* *Sonne: darunter* *Sense = vulkanische Tätigkeit*
Ruten	Aufklaren der Wetterlage
Vögel	launische Wetterlage (z.B. wie April)
Kind	Wetterwechsel
Fuchs	warm und trocken
Bär	felsig und steinig
Sterne	nachtklarer Himmel *Sterne + Lilie = eisig kalt* *Sterne + Berg = Hagel*
Störche	Übergang zur nächsten Jahreszeit
Hund	trocken und leicht bewölkt
Turm	krasser Wetterumsturz *Turm + Mäuse = Instabilität für schroffe hoch aufragende Felsen*
Park	schönes Wetter
Berg	Gebirge, jede Wetterlage
Wege	Sommerbeginn
Mäuse	Katastrophenwetter
Herz	mildes Klima

Ring	wiederkehrende Wetterzyklen
Buch	nicht berechenbares Wetter
Brief	kurze, schnell vorbeiziehende Wetterstörungen
Lilie	Winter *Lilie + Wolke = Eisregen*
Sonne	Sommer
Mond	diesige Sicht
Schlüssel	unveränderbar, bleibt länger so
Fische	Wasser, warmes *Sonne: darunter* *Fische = Sommerregen*
Anker	Spätherbst
Kreuz	Wetterzusammenbruch

Übung 1

Versuchen Sie sich jetzt vorzustellen, Sie wollen oder haben bereits einen Urlaub in Deutschland gebucht. Sie stehen vor den leeren Koffern. Welche Garderobe packen Sie ein, wenn die Karten so liegen:

Sense

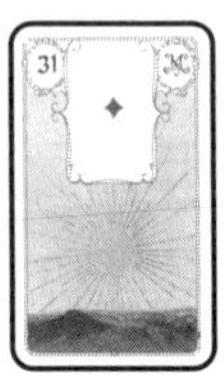

Sonne

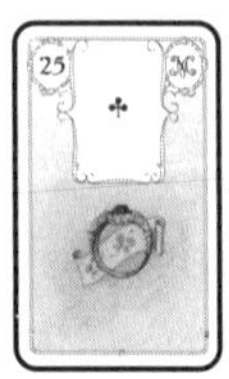

Ring

Lösung 1

Die **Sonne** als Mittelkarte zeigt an, dass während des Urlaubs überwiegend warmes, angenehmes Klima herrscht, das ab und zu von kurzen Gewittern **Sense + Sonne** unterbrochen wird. Das wird sich abwechselnd **Ring** während des ganzen Urlaubs so halten.

Sie sehen, es ist nicht schwierig. Sie benötigen überwiegend Sommerbekleidung, trotz der kurzen Gewitter.

Übung 2

Ein Klient sitzt Ihnen gegenüber und meint: »Ich weiß nicht, was ich tun soll. Soll ich die Einladung nach Norwegen annehmen oder soll ich nach Griechenland fliegen. Wo ist es vom Wetter angenehmer?« Fragen Sie ihn, wann er fliegen will. Er sagt: »im Juli«.

Da Sie ihm das auch nicht aus dem Stegreif beantworten können und es außerdem zwei Fragen sind, bitten Sie ihn, sich jeweils 3 Karten aus dem ausgefächterten Kartendeck zu ziehen.

Sie nehmen ein Blatt Papier und schreiben **Urlaub in Norwegen** darauf.

Jetzt lassen Sie den Klienten 3 Karten verdeckt ziehen und legen diese verdeckt hin.

Schreiben Sie jetzt diese 3 Karten auf das Blatt und legen es zur Seite, damit Ihr Klient nicht beeinflusst wird.

Packen Sie diese 3 Karten wieder in das Kartendeck zurück und lassen Sie es vom Klienten erneut mischen.

Danach nehmen Sie ein weiteres Blatt, schreiben **Urlaub in Griechenland** darauf und bitten den Klienten erneut, 3 Karten auf das Wetter in Griechenland während dieser Wochen zu legen.

Norwegen

Park

Haus

Anker

Griechenland

Baum

Turm

Vögel

Lösung 2

In Norwegen wird während der geplanten Reisezeit folgendes Wetter sein: Der **Park** bedeutet, dass dort für die Verhältnisse des Landes schönes Wetter herrscht, das durch eine stabile Hochdrucklage **Haus** anhält. Jedoch ist es keinesfalls mit einem südlichen Land zu vergleichen, denn der Anker zeigt als Temperaturkarte den Spätherbst an, wo die Tage warm und sonnig sind, die Nächte dagegen kälter.

In Griechenland hingegen ist über einen langen Zeitraum **Baum** eine anhaltend stabile und gute Hochsommerperiode zu erwarten. Jedoch kommt es während der geplanten Reisezeit zu einem sehr heftigen Wetterumschwung **Turm**, der von **Vögel** Blitz und Donner bis zu heftigen Regenfällen, Hagel, Schnee oder Eisregen alles bringen kann.

Nun weiß Ihr Klient, mit welcher Wetterlage er in dem entsprechenden Land zu rechnen hat. Somit steht er in der Entscheidungspflicht, nicht Sie. Sie können ihm allerdings mit zwei Zusatzfragen, wo er sich wohler fühlen würde, die Auswahl für das Reiseland erleichtern.

Lieber Leser, wenn Sie eine Wetterbeschreibung abgeben, schauen Sie sich dabei die Karte ganz genau an. Nehmen wir zum Beispiel die Mäuse. Unter Klima steht Katastrophenwetter. Was kann eine Katastrophe sein? Angenommen, Sie haben 3 Kinder, diese wollen unbedingt draußen spielen. Es hatte geregnet, doch nun scheint die Sonne wieder. Sie stürmen nach draußen. Nach einer Viertelstunde kommen sie zurück. Sie sind klitschnass und völlig verdreckt, weil es inzwischen wieder wie aus Eimern schüttet. So geht das fünf Mal am Tag. Nach zwei Tagen kommen Sie mit der Wäsche nicht mehr nach.

Ein anderes Beispiel: Sie sind zu einem Ausflugsziel unterwegs. Brechen bei Sonnenschein auf. Aus heiterem Himmel fängt es an zu gießen und die Straße wird weggeschwemmt. Lassen Sie die Bilder sprechen.

Länder und Gebiete

Ägypten	Park + Sterne + Sonne
Afrika	Sonne + Schiff
Arabische Emirate	Sonne + Park + Lilie
Australien	Sonne + Park + Schiff
Belgien	Reiter + Herr
Bulgarien	Wege + Hund
China	Sonne + Park + Schiff
Dänemark	Reiter + Klee
Deutschland	Hund
England	Brief + Schiff
Frankreich	Reiter + Schlange
Gebirge	Berg
bis zur Grenze	Reiter +Schiff + Turm
über die Grenze	Turm + Schiff
Griechenland	Sonne + Blumen
Nordpolregion	Sterne
Holland	Reiter + Blumen
Inseln, kleine	Blumen + Schiff
Italien	Reiter + Sonne + Kind
Irland	Baum + Sense + Schiff
Japan	Fuchs + Sonne + Schiff
Kanada	Lilie + Baum + Schiff
Karibik	Sonne + Blumen + Schiff
Küste, flach	Brief
Küste, steil	Turm
Tschechien	Reiter + Hund
Österreich	Reiter + Haus
Persien	Mond + Ruten
Polen	Reiter + Baum
Portugal	Sonne + Dame
Russland	Haus + Lilie + Bär
Schweiz	Reiter + Berg + Fische
Schottland	Wolken + Baum
Schweden	Reiter + Baum + Lilie
Spanien	Sonne + Park
Strand, allgemein	Fische
Südpolregion	Kreuz
Türkei	Sense + Mond
Umgebung, nähere	Reiter + Ring
Ungarn	Wege + Reiter
USA	Lilie + Fische + Schiff
Waldgebiete	Baum

Lassen Sie sich nicht verwirren, es steckt ein sehr einfaches System dahinter.

Deutschland ist der Hund.
Der Reiter stellt die nähere Umgebung dar. Somit haben alle anliegenden Länder den Reiter als 1. Karte liegen. Also Reiter + . . . ergibt ein angrenzendes Nachbarland.

Länder, die allgemein als warm oder heiß gelten, enthalten die Sonne.

Länder, die nur per Flieger oder Schiff zu erreichen sind, sind immer mit dem Schiff gekennzeichnet.

Sie sehen selbst, es bleibt nicht mehr viel zum Lernen übrig. Wenn Sie einige Male damit geübt haben, werden Sie staunen, wie leicht es Ihnen fallen wird, auch hier nicht aufgeführte Länder zu erkennen.

Städte – Gebäude – Orte

Haus	Haus
Ort, kleiner	Haus + Kind
Stadt, große	Haus + Turm + Baum
Hochhaus	Turm: darunter Haus
Stadt, kleine	Haus + Baum
Hotel	Turm + Park + Reiter
Hotel, kleines	Haus + Park + Reiter
Wellnessinstitut	Haus + Sonne + Baum
Altenheim	Haus + Sarg + Vögel
Bank, große	Haus + Fische + Turm
Bank, kleine	Haus + Fische
Fabrik	Turm + Anker
Gewerbebetrieb	Haus + Turm + Anker

Öffentliche Gebäude	Haus + Park
Schule, normale	Park + Kind + Anker
– für Erwachsene	Park + Buch + Anker
– Universität	Park + Wolke + Anker
Kindergarten	Park + Kind + Blumen
Kirche	Park + Kreuz
Friedhof	Park + Sarg + Lilie
Krankenhaus	Park + Sarg
– Privatklinik	Fische + Sarg
Sanatorium	Park + Fische + Sarg
Anstalt, geschlossen	Turm + Sarg + Ring
Finanzamt, groß	Haus + Turm
Finanzamt, klein	Haus + Turm + Kind
Theater	Park + Sterne
Kloster	Lilie + Kreuz
Gefängnis	Turm + Kreuz
Behörden	Bär + Turm
– Einwanderung	Bär + Turm + Störche
– Jugend	Bär + Turm + Kind
– Soziales	Bär + Turm + Park
– Justiz	Bär + Turm + Ruten

Magische, spirituelle, esoterische Zuordnung

Anbei eine kurze Übersicht aller Karten für die oben genannten Bereiche. Selbst einfache Fragen wie: »Wo stehe ich derzeit? Ist mein Weg richtig? Was habe ich noch zu lernen? Welches Karma habe ich abzuarbeiten?« sind mit der entsprechenden spirituellen Bedeutung leichter zu beantworten. Im karmischen und magischen Kreuz finden Sie interessante Fragen als Musterauswertungen.

Reiter	Götterbote: z.B. Engel, geistige Helfer
Klee	Raum- und Zeitreisen, Zeitreisende, irdische Manifestationen
Schiff	Transkommunikation mit geistigen Wesenheiten
Haus	Geistwesen aus häuslicher Ahnenreihe, Besetzungen durch Geistwesen
Baum	karmische Lebensplätze, Ahnenkultur des Ortes, Platzes
Wolke	Seelenwanderung, Spukerscheinung, Zwischenbereich, niedere Ebenen/Dimensionen (Magie niederer Qualität, die dennoch sehr effektiv sein kann).
Schlange	energetische Verbindungen, Seelenverbindungen, Guru, Lehrer
Sarg	Übertritt, Transformation, Metamorphose, Wiedergeburt im Geiste
Blumen	Geistige Helfer: Schutzengel, Lichtboten, Elfen
Sense	Schicksal, Schicksalsbote, Todesvorwarnung
Ruten	Heilungen aus der geistigen Welt, Eingebungen aus der Transzendenz
Vögel	Mediale Welten, morphogenetisches Feld, Telepathie
Kind	Magie der Reinheit (100% Effektivität), wird unbewusst von vielen Menschen über Gebete, Rituale oder Wünschen genutzt. Daher kommt Wunsch- und Gebetserfüllung.
Fuchs	karmische, schicksalsmäßige Prüfung
Bär	Schamanismus, Tao, alte Tradition/Religion, Kulthandlungen, Naturrituale

Sterne	Sternenwissen, Hellsehen, Medialität, (Indigo-Kinder)
Störche	Inkarnationsbereitschaft, Reinkarnation, Geburt
Hund	alte Seelenverbindungen, kosmische Wächter, Hüter des Karma
Turm	Magie, Zauberei, Okkultismus (hohe Qualität, was nicht unbedingt rein und sauber sein muss). Bei magischer Ausübung 100% Effektivität.
Park	Seelenhalle, Seelenaufgabe, Lebensaufgabe
Berg	Erleuchtung, Samadhi, Eremit, Mönch
Wege	karmischer Lebensplan, Joker
Mäuse	kosmische Kurskorrektur
Herz	Herzchakra, emotionslose Liebe, All-eins-Sein
Ring	karmisches Band, Wiederholungen nicht gelernter Aufgaben, heilige Versprechen
Buch	Akasha-Chronik, Geheimwissenschaften, Hellsehen durch inneres Wissen
Brief	seelisches Wachstum
Herr	freie Gestaltungs- und Entfaltungsmöglichkeiten (mehrere Fähigkeiten latent vorhanden)
Dame	freie Gestaltungs- und Entfaltungsmöglichkeiten (mehrere Fähigkeiten latent vorhanden)
Lilie	Nirwana, Nichts, Ewigkeit, lange Inkarnationspausen, Priester/Priesterinnen (hohe, alte, mitgebrachte Macht)
Sonne	Energie, Bewusstsein von magischer, spiritueller Kraft und Macht (100% Effektivität), wird selten ausgeübt, da die Angst vor der Verantwortung überwiegt, mit der Ausübung der Macht auch anderen schaden zu können.
Mond	Kraft und Macht der Göttin, weibliche Intuition, Seelenspiegel, Tor zur Unterwelt, Mondmagie
Schlüssel	Seelenweg nach Hause, schicksalsmäßige Bestimmung
Fische	Reichtum der Fülle, Überflutung, Überschuss an seelischem Potenzial vorhanden
Anker	Verankerungen im Seelenkollektiv schaffen
Kreuz	karmische Beendigung, Unterwerfung unter kosmische Macht

Kartenbilder der Magie

In den letzten Jahren tauchen immer häufiger die Fragen auf: Wird gegen mich magisch gearbeitet? Bin ich verflucht worden, mit einem Bann belegt oder praktiziert man gar Voodoo gegen mich? Selbst wenn Sie das wissen, indem man es Ihnen mitteilt, sind Sie noch keinen Schritt weiter. Vielleicht lachen Sie darüber und tun es ab. Wenn Sie ein spirituell wachsender Mensch sind, ist dies nicht immer so ganz einfach. Denn Sie wissen um die verborgene Macht, wissen, dass es mehr gibt zwischen Himmel und Erde, als der Verstand uns glauben machen will. Nun ist guter Rat teuer.

Seien Sie ehrlich, bleibt ein Rest von Angst hängen, dann stellt sich die Frage: Was können Sie dagegen tun, bzw. ist der andere überhaupt in der Lage, mir schaden zu können? Wenn ja, so sollten Sie etwas dagegen unternehmen, wenn nein, dann lachen Sie mal kräftig drüber.

Unser Kartenblatt der Mlle Lenormand enthält drei Hauptkarten, die bestätigen oder verneinen, ob erfolgreich Magie getätigt wird (ist in den beiden vorangegangenen Seiten beschrieben).

Nur diese drei nachfolgenden Karten bedeuten 100% Kraft und Macht.

Karten der erfolgreichen Magie

Kind 13

Turm 19

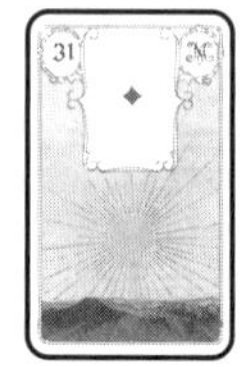
Sonne 31

Kind

Unbewusste Steuerung durch die Reinheit
= 100% Macht aus
ich wünsche mir das
kosmische Kraft
kosmische Energie

immer positive, meist unbewusste Steuerung.

Turm

Steuerung durch Egowillen
= 100% Macht aus
Wille
Wissen
Okkultismus

beim Turm kann die Steuerung beides sein, positiv sowie negativ

Sonne

Steuerung durch volles Bewusstsein
= 100% Macht aus
Wille
kosmische Kraft
kosmische Energie

immer positive Steuerung.

Magische Kombinationen

Sonne + Turm

In dieser Kombination belegen Sonne + Turm dass das voll erwachte Bewusstsein zum Wohle aller eingesetzt werden wird.

Die Kombination andersherum:

Turm + Sonne

Durch den Turm an 1. Stelle ist die Macht über den Egowillen gesteuert. Sehr zum Wohle des eigenen Vorteils.

Die Kombination:

Sonne + Kind

Durch die Sonne an 1. Stelle sind bewusste Befürchtungen vorhanden, was man mit Magie anrichten könnte. Man ist kaum, oder nur ganz selten in der Lage, Magie zum Vorteil zu nutzen, eben weil man zu bewusst ist.

Die Kombination:

Kind + Sonne

Durch das Kind an 1. Stelle funktionieren Wünsche, auch Gebetserfüllungen, da es unbedarft und rein handelt.

Die Kombination:

Kind + Turm

Durch das Kind an 1. Stelle wird man letztendlich darauf verzichten, wenn es zum Schaden des anderen wäre. Jedoch trägt man einen ständigen Kampf zwischen Gut und Böse in seinem Inneren aus.

Die Kombination:

Turm + Kind

Durch den Turm an 1. Stelle wird Kraft und Macht eingesetzt. Geht bis zum Letzten. Kostet alles aus. Geht über Grenzen.

Das Kind kann den Turm hier nicht abhalten, es ist zu naiv, wird vom Turm überstimmt.

Wie Sie sehen, kann nur eine der Karten wirklichen Schaden anrichten. Damit meine ich, es ist gefährlich und kann lebensbedrohend werden, wenn jemand die Macht aus dem Turm bezieht und sie gegen eine andere Person einsetzt.

Selbstverständlich kann mit anderen Kartenkombinationen auch Schaden oder Störung verursacht werden, doch das ist weitaus weniger gefährlich. Dazu müsste eine magische oder halbmagische Karte schon von einem ganzen Pulk negativer Karten umrahmt sein. Selbst dann ist noch nicht gesagt, dass Sie darunter zu leiden hätten. Manchmal reicht es aus, sich von der Person zu trennen, oder zu beten und sich zu schützen.

Nun gestatten Sie uns doch die Fragen: Was ist Magie? Wo beginnt sie, wo endet sie? Wann ist es negatives Denken und wann wird es mehr? Lassen Sie es uns ganz einfach beantworten.

Magie ist 100% Wille auf ein Ziel gerichtet, um ein Resultat zu erhalten.

Wir kennen die Gedankenmagie und die Ritualmagie. Gedankenmagie wenden Menschen täglich an, wenn sie sich zu 100% auf ihre Ziele, ihr Wollen konzentrieren. Das geschieht ganz unbewusst. Durch ein Zuviel wird Karma aufgebaut, aber das kann auch wieder abgebaut werden. Bei bewusster Gedankenmagie auf eine Person wird es zu einer Beeinflussung der Persönlichkeit kommen, die durchaus schädlich für den Empfänger sowie für den Absender ist. Selbst wenn es nur tausende positiver Gedanken wären. Der Empfänger fühlt sich unbewusst bedrängt, blockiert und wehrt meistens auch unbewusst ab.

Ritualmagie wird hingegen bewusst praktiziert. Auch hier wird 100% Konzentration, mit der Absicht – ist gleich 100%igem Willen – eingesetzt, um ein Ziel zu erreichen, ein Resultat zu erhalten. Ritualmagie sowie Gedankenmagie kann zum Positiven oder Negativen eingesetzt werden.

Sich dagegen ist zu wehren, dazu ist jeder Mensch in der Lage. Wir hier auf der Erde sind alles alte Seelen, zumindest die, die dieses Buch lesen, und diese Kraft des Schutzes ist in Ihnen selbst. Es ist die Kraft Ihrer Seele, Ihrer Geistesstärke, die Kraft des Glaubens, der Liebe, der Güte usw. Was soll ich weiter aufzählen, es ist die göttliche Kraft, die jedem Menschen innewohnt.

Viele Menschen fürchten sich vor Magie, selbst vor dem Wort schrecken sie bereits zurück. Doch was ist mit den Flüchen, den Verwünschungen und den schlechten Gedanken, mit denen die lieben Mitmenschen tagtäglich belegt werden. Das wird nur zu oft praktiziert und die wenigsten denken sich etwas dabei. Ein bisschen viel, ein bisschen oft, ein wenig zu heftig, aus Wut und Hass heraus den anderen damit zu verteufeln gleicht fast schon einer richtigen Magie. Dazu bedarf es dann keiner Absicht und keines Rituals mehr, um dem anderen zu schaden.

Empfindliche Menschen spüren zum Beispiel, ob über sie gelästert und gehöhnt wird oder ob sich andere Gemeinheiten gegen sie ausdenken. Ihnen fängt dann das Gesicht an zu brennen. Oder ein anderer übt psychischen Druck auf sie auf, redet ohne Unterlass, weil dahinter die Absicht seines eigenen Vorteils steckt, und der empfindliche Mensch fängt an, aus heiterem Himmel zu husten.

Glauben Sie mir, die unbewussten negativen Handlungen sind auf Dauer genauso verheerend, als wenn ein »Magier« seine Rituale praktiziert. Auf Grund mangelnder Gedankenkontrolle gehen wir mehr als unbedacht damit um.

Körperliche Zuordnung

Fast jede Karte der Mlle Lenormand hat eine körperliche Zuordnung. Falls Sie nach Krankheiten oder gefährdeten Organen im Kartenblatt sehen wollen, betrachten Sie die Karten vor und nach dem Baum. Selbstverständlich sind aus anderen gravierend schlechten Kartenkombinationen auch Krankheiten abzulesen.

Der Reiter Karte Nr. 1

entspricht den Füßen, Waden, Sprunggelenken.

Zuordnung	
Fesseln	Reiter + Vögel
Füße	Reiter + Störche
Zehen	Reiter + Kind
Gelenke, allgemein	Reiter + Schlange

Der Klee Karte Nr. 2

entspricht den kurzfristigen, schnell ausheilenden Krankheiten.

Das Schiff Karte Nr. 3

entspricht den Organen, in denen Wasser oder Flüssigkeiten im Körper gespeichert werden.

Zuordnung	
Blase	Schiff

Die Karten sind nur als Hinweis zu sehen. Sie ersetzen keine ärztliche Behandlung.

Galle	Schiff + Fische + Haus
Leber	Schiff + Wolke
Nieren	Schiff + Fische

Das Haus Karte Nr. 4

entspricht dem gesamten Körper, dem körperlichen Wohlbefinden.

Zuordnung	
Aura	Haus + Klee
DNS	Haus + Schlange + Bär
Ganzheitlicher (fester) Körper	Haus
Geistumhüllung des Körpers	Haus + Fische

Der Baum Karte Nr. 5

entspricht den Lungen, dem Brustbereich und dem Lebensverlauf des Menschen.

Zuordnung	
Bronchien	Baum + Wege + Haus
Lungen	Baum

Die Wolke Karte Nr. 6

entspricht dem Gehirn, der Atmung.

Zuordnung	
Gehirn	Wolke
Atem	Wolke + Baum

Die Schlange Karte Nr. 7

entspricht den Därmen.

Zuordnung	
Darm	Schlange
Dünndarm	Schlange + Brief
Dickdarm	Schlange + Bär
Nabelschnur	Schlange + Störche
Milz	Schlange + Brief

Der Sarg Karte Nr. 8

entspricht den undefinierbaren Krankheiten seelischen Ursprungs, psychischen Traumen.

Die Blumen Karte Nr. 9

entspricht den Gewächsen, Tumoren, Auswucherungen und Hautpusteln.

Zuordnung	
Gewächs	Blumen + Berg +Haus

Die Sense Karte Nr. 10

entspricht den Zähnen und dem Kieferbereich.

Zuordnung	
Kiefer	Sense + Berg
Zähne	Sense + Fuchs
Zahnfleisch	Sense + Blumen

Die Ruten Karte Nr. 11

entspricht der Sprachmotorik, der Zunge, den Sehnen und der Muskulatur.

Zuordnung	
Zunge	Ruten

Die Vögel Karte Nr. 12

entspricht den Armen, der Instabiliät der Organe durch Stress.

Zuordnung	
Arme	Vögel

Das Kind Karte Nr. 13

entspricht den allgemeinen Kinderkrankheiten und flüchtigen Wehwehchen.

Der Fuchs Karte Nr. 14

entspricht der Nase, den Ohren.

Zuordnung	
Nase	Fuchs
Ohren	Fuchs + Ruten

Der Bär Karte Nr. 15

entspricht den Haaren, Fingernägeln.

Zuordnung	
Haare	Bär + Fuchs
Fingernägel	Bär + Sterne

Der Stern Karte Nr. 16

entspricht der Haut.

Zuordnung	
Haut	Sterne
Hornhaut	Sterne + Berg

Die Karten sind nur als Hinweis zu sehen. Sie ersetzen keine ärztliche Behandlung.

Die Störche Karte Nr. 17
entspricht den Beinen und der Schwangerschaft.

Zuordnung	
Beine	Störche
Knie	Störche + Berg

Der Hund Karte Nr. 18
entspricht den Stimmorganen, dem Hals.

Zuordnung	
Hals	Hund + Fuchs
Kehle	Hund
Mund	Hund + Vögel
Schilddrüse	Hund + Wege
Stimme	Hund + Ruten

Der Turm Karte Nr. 19
entspricht der Wirbelsäule.

Zuordnung	
Bandscheibe	
Wirbelsäule, ganze	Turm + Schlange
– Halswirbelsäule	Turm + Hund
– Brustwirbelsäule	Turm + Baum
– Bandscheibe	Turm + Berg
– Lendenwirbelsäule	Turm + Anker

Der Park Karte Nr. 20
entspricht den körperlichen Behinderungen und Gebrechen. Wenn von Geburt an, dann karmisch bedingt.

Der Berg Karte Nr. 21
entspricht dem Schädel, den Knochen.

Zuordnung	
Gesicht	Berg + Sterne
Knochen	Berg
Nacken	Berg + Turm

Die Wege Karte Nr. 22
entspricht den Adern, Venen, Arterien.

Zuordnung	
Adern	Wege + Herz
Atemwege	Wege + Baum
Arterien	Wege + Blumen
Krampfadern	Wege + Berg
Lymphbahnen	Wege + Sterne

Die Mäuse Karte Nr. 23
entspricht dem Magen, der Verdauung, der Abfallverwertung und der Ausscheidung.

Zuordnung	
Magen	Mäuse

Das Herz Karte Nr. 24
entspricht dem Herzen, Blut.

Zuordnung	
Blut	Herz + Wege
Herz	Herz
Herzkranzgefäße	Herz + Ring

Die Karten sind nur als Hinweis zu sehen. Sie ersetzen keine ärztliche Behandlung.

Der Ring Karte Nr. 25
entspricht dem Kreislauf und chronischen Erkrankungen.

Zuordnung
Blutkreislauf   Herz + Ring
Kreislauf   Ring + Herz

Das Buch Karte Nr. 26
entspricht den überflüssigen Organen.

Zuordnung
Blinddarm   Buch + Schlange

Der Brief Karte Nr. 27
entspricht den Händen.

Zuordnung
Hände   Brief
Finger   Brief + Vögel

Der Herr Karte Nr. 28
entspricht der maskulinen Energie des Menschen, der Yang-Energie, betrifft immer die rechte Körperhälfte.

Zuordnung
Maskuline Energie Herr + Sonne + Fische

Die Dame Karte Nr. 29
entspricht der weiblichen Energie des Menschen, der Yin-Energie, betrifft immer die linke Körperhälfte.

Zuordnung
Weibliche Energie   Dame + Mond + Fische

Die Lilie Karte Nr. 30
entspricht den Sexualorganen, Geschlechtsorganen und Genitalien.

Zuordnung
Eileiter   Lilie + Schlange
Gebärmutter   Lilie + Störche
Sexualorgane   Lilie + Herz

Die Sonne Karte Nr. 31
entspricht den Augen, der Sehstärke.

Zuordnung
Augen   Sonne

Der Mond Karte Nr. 32
entspricht den Nerven, auch Phantomschmerzen.

Zuordnung
Nerven   Mond
Nervenfieber   Mond + Sense

Der Schlüssel Karte Nr. 33
entspricht dem Schlüsselbein.

Zuordnung
Schlüsselbein   Schlüssel

Die Karten sind nur als Hinweis zu sehen. Sie ersetzen keine ärztliche Behandlung.

Die Fische Karte Nr. 34

entspricht der Seele, den Drüsen.

Zuordnung	
Lymphdrüsen	Fische + Mond
Bauchspeicheldrüse	Fische + Anker
Seele	Fische + Mond + Haus

Der Anker Karte Nr. 35

entspricht dem Beckenbereich, Hüften.

Zuordnung	
After	Anker + Sarg
Beckenbereich	Anker
Hoden	Anker + Herr
Hüfte	Anker + Sense
Gesäß	Anker + Kreuz
Rücken	Anker + Berg
Steißbein	Anker + Haus

Das Kreuz Karte Nr. 36

entspricht dem Kreuz.

Zuordnung	
Kreuz	Kreuz

So schön und und hilfreich Kartenlegen sein kann, bei Krankheiten sollten Sie nicht damit spaßen. Wenn Sie sich krank fühlen oder den Verdacht hegen, dass Sie etwas haben könnten, gehen Sie zum Arzt. Auch eine gute Kartenaussage ersetzt keine ärztliche Diagnose.

Kartenkurzbedeutung im Krankheitsverdacht

Um die Schwere, den Verlauf oder die Gesundung etwas genauer in den Karten zu sehen, finden Sie eine Auflistung der Karteneigenschaften und der möglichen Bedeutung im Krankheitsfall.

Reiter	schnell, aktiv, agil, gelenkig, freundlich
Klee	bald, kurz, schnell vorübergehend
Schiff	nass, wässrig, fließend, zu weitläufig, großflächig, voll
Haus	stabil, solide, fest
Baum	langlebig, langsam, fruchtbar, verwurzelt, träge
Wolke	zweifelnd, zerrissen, bizarr, schnell, teils nass, teils trocken
Schlange	verdreht, schlängelnd, dehnbar, eingewickelt, reißfest, bandagiert
Sarg	schwer, dumpf, ohnmächtig, passiv, substanzlos, glanzlos, ernste Angelegenheit
Blumen	sprießend, lebendig, wachsend, reifend
Sense	rasant, scharf, reif, akut, aggressiv, Schnitt, Fieber
Ruten	erarbeiten, diskutieren, kompetente Berater hinzuziehen, brüchig

Vögel	nicht greifbar, zittrig, flattrig, aufregend, Verdacht nicht ganz von der Hand zu weisen, Vervielfachung, Luftübertragung
Kind	neu, rein, klein, harmlos, schnelle Erholung bei Erwachsenen
Fuchs	schlank, zierlich, listig, versteckt, haarige Angelegenheit
Bär	alt, sehr alt, groß, stark, breit, gutartig, dickleibig, schwerfällig
Sterne	klar, leuchtend, strahlend, offen, kühl
Störche	veränderlich, verdoppelnd, Symptomverschiebung
Hund	sanft, treu erhalten, kehlig, keine großartige Veränderung, damit abgefunden
Turm	hoch, eingekapselt, umschlossen, stark, standfest, isoliert, abweisend, evtl. nach oben geöffnet
Park	vermehrt sich durch Öffentlichkeit, viele Menschen
Berg	griesig, körnig, grob, erhöht, massig, schroff, abweisend, stark, kahl
Wege	freundlich, klug, eigenständig, selbstständig handelnd, beweglich
Mäuse	reinigend, verlustig, faulig, stinkend, gasig, Verunreinigung, zerfressen
Herz	blutig, sauber, fließend
Ring	verbunden, gebunden, in sich geschlossen, wiederkehrend
Buch	versteckt, verborgen, dahinter, überflüssig, schwer zugänglich, nicht klar
Brief	oberflächlich, schmal, eilig, dünn, leicht, schneller Verlauf
Herr	selbstgefällig, egozentrisch, eitel
Dame	mitleidig, mitfühlend, ausschmückend
Lilie	harmonisch, friedlich, ruhend
Sonne	dynamisch, energievoll, warm, heiß, trocken
Mond	undurchsichtig, sensibel,weich, matt
Schlüssel	sicher, bestimmt, abschließend, starr, konkret
Fische	nass, glitschig, strömend, glatt, satt
Anker	sehr fest, haltend, eisern, verkrallt, flachere Wurzeln als Baum
Kreuz	sehr schwer, tragend, belastet, ergeben, aufgebend, Schock

Die Karten sind nur als Hinweis zu sehen. Sie ersetzen keine ärztliche Behandlung.

Tipps fürs Kartenlegen

Wie Kartenlegen geht und was es zu berücksichtigen gilt – denke ich, wissen alle, die dieses Buch in Händen halten. Also gäbe es eigentlich nicht viel Neues, was ich Ihnen hier zu sagen hätte.

Doch halt: Des Öfteren werde ich gefragt, an welchen Karten ich die Zukunft, die Vergangenheit oder die Gegenwart sehe. Manchmal liest sich mein Blatt, als ob ich es schon erlebt hätte. Das kann doch nicht sein, dass das alles nochmal kommt. Das war doch schon. Oder wie muss ich die Karten lesen? Die 1. Karte mit der 2. Karte und dann die 1. Karte mit der 3. Karte oder die 1. Karte mit der 2. Karte und dann die 2. Karte mit der 3. Karte usw.? Was ist nun richtig?

Im Grunde genommen ist das alles recht einfach:

- Sollten Sie ein bestimmtes System haben, welches Sie bevorzugen, so bleiben Sie dabei.

- Legen Sie für sich die Koordinaten fest. Am besten ist, Sie malen sich eine leere Bildlegung auf, notieren sich darauf Ihre Vergangenheit, Gegenwart und Zukunft. Darauf legen Sie dann die Karten.

- Falls Sie zum Beispiel das kleine Blatt mit dem Signifikator (Ihre Personenkarte) herauslegen, ist alles, was danach kommt, Ihre Zukunft.

- Falls Sie kein bestimmtes Legesystem haben, so empfehle ich die Karten von links nach rechts zu lesen.

- Im großen Blatt: Links ist die Vergangenheit bis zur Dame/Herr (je nachdem, wer fragt).

- Alle anstoßenden Karten um die Dame/zum Herrn betreffen die Gegenwart.

- Nach der Dame: rechts die Zukunft.

- Ab Seite 158 sind einige interessante Legesysteme und Legebeispiele aufgeführt und werden erklärt.

Mystisches Kartenlegen (Grund- und Basis wissen) ist in erster Linie ein Lehrbuch, sozusagen das Einmaleins des Kartenlegens. Denn ohne das Einmaleins zu beherrschen, wird man nie studieren können und ein Diplom erreichen. Zu verwirrend? Dann lassen Sie sich Schritt für Schritt einweisen, siehe ab »Rituelle Vorbereitung« nächste Seite.

Rituelle Vorbereitung

Es ist gleichgültig und ohne Einwirkung auf die Aussagefähigkeit, ob Sie nun mit der linken Hand oder mit der rechten Hand die Karten ziehen, sofern Sie das Medium Karten zu würdigen wissen. Auch ist es irrelevant, wo Sie die Karten legen, doch solange Sie nicht Meister oder zumindest gut sind, ist es hilfreich einen bestimmten Platz in der Wohnung dafür einzuräumen. Veranstalten Sie doch ein kleines Ritual:

- Waschen Sie sich vorher die Hände,
- breiten Sie für einige Sekunden die Arme aus,
- mit den Handflächen nach oben,
- mit der Absicht die kosmische Energie aufzunehmen, sie Ihren Körper durchfließen zu lassen, um Sie zu reinigen.
- Legen Sie ein Tuch in der Ihnen angenehmsten Farbe (bitte nicht schwarz) auf den Tisch.
- Die Karten geschlossen und verdeckt in die Mitte.
- Entzünden Sie für einen gewissen Zeitraum immer eine Kerze mit der gleichen Farbe (bitte nicht schwarz) beim Kartenlegen.
- Erst dann fangen Sie mit dem Mischen an.

Diese kleine rituelle Handlung ruft mit der Zeit ein Gefühl der Sicherheit in Ihnen hervor und Sie werden sich selbst zusehen können, wie intuitiv richtig Sie reagieren werden.

Einen einfachen, gut funktionierenden Tipp hätte ich noch für Sie, den Sie eigentlich immer anwenden können, wenn Sie Energie benötigen. Strecken Sie den kleinen Finger und den Zeigefinger gerade und nach oben gerichtet. Mit den drei verbliebenen Fingern formen Sie einen Kreis. Die beiden nach oben gerichteten Finger wirken wie Antennen, die kosmische Energie ansaugen. Nach kurzer Zeit fühlen Sie sich dann erfrischt.

Kartenlegen oder mit Orakeln zu arbeiten gleicht einer magischen Handlung, genauso wie die tägliche Fahrt zum Arbeitsplatz oder die routinemäßig anfallende Arbeit. Versuchen Sie sich an schwierige Aufgaben zu erinnern und wie lange es dauerte, bis Sie zum ersten Mal Sicherheit in der Ausführung erlangten.

Also bitte verzweifeln Sie nicht, wenn mystisches Kartenlegen noch nicht so will, wie Sie es wollen. Manchmal liegt es auch nur daran, dass der Fragende zu unruhig ist, zu abgelenkt oder das Ego sich behaupten will.

Legearten
Legeaufbau

Legeart: Das große Blatt

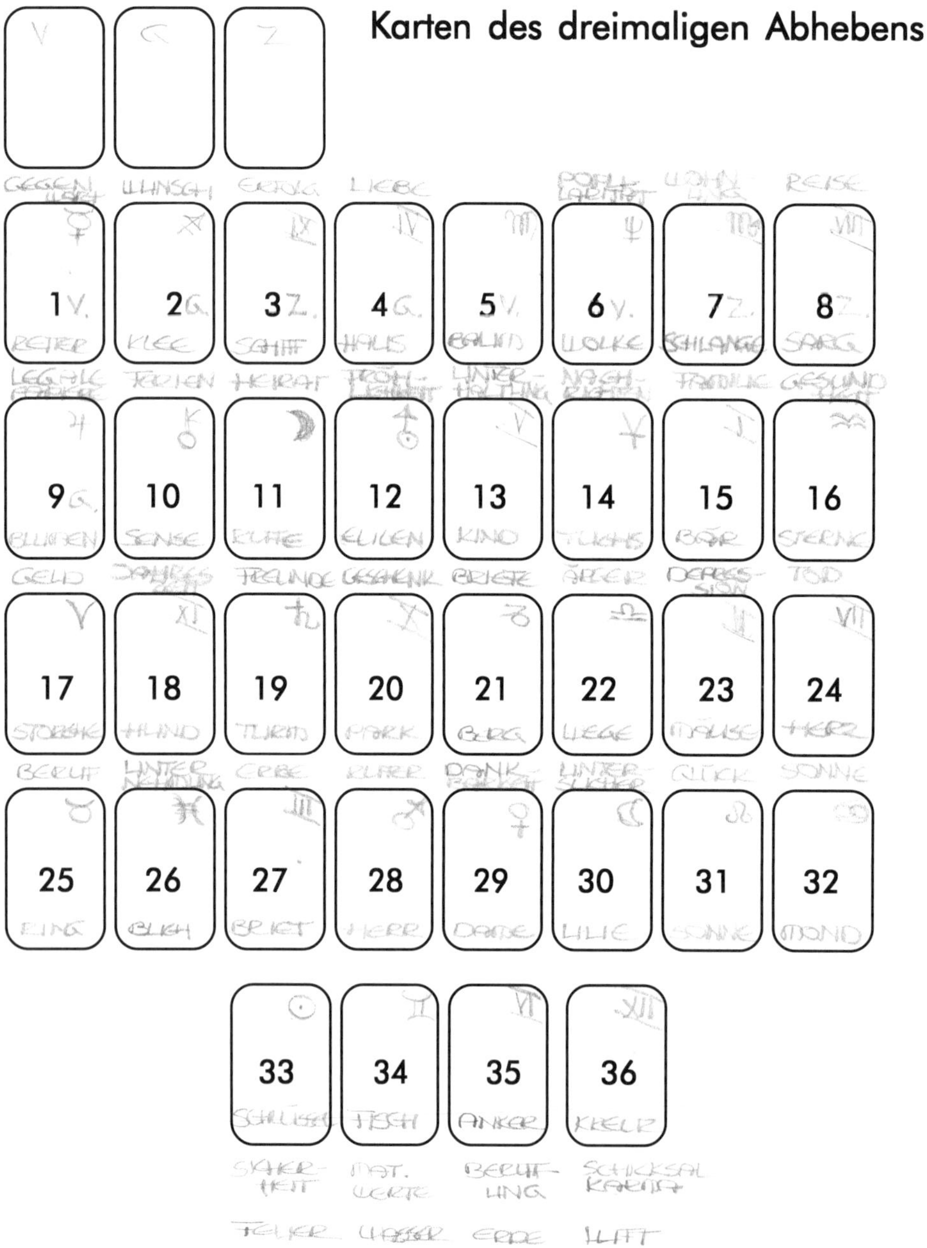

Legeart: Das kleine Blatt

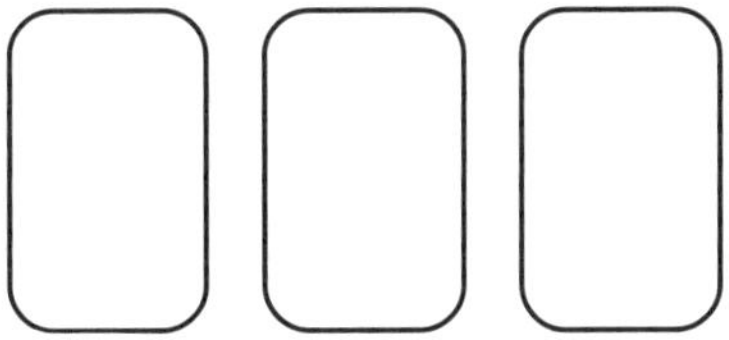

Karten des dreimaligen Abhebens

Betrifft die nahe Zukunft

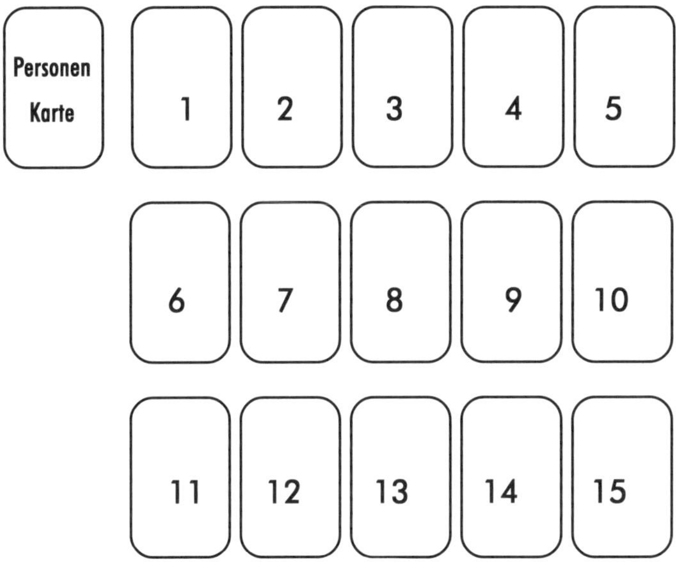

Im Laufe der Jahrhunderte haben sich bestimmte Legungen bewährt und neue wurden hinzuentwickelt. Einige davon werden in diesem Buch kurz vorgestellt und jeweils mit einem oder mehreren Beispielen erläutert. Sie als Kartenleger/in entscheiden, welche Auslegung in Bezug auf den Klienten oder Sie selbst die richtige ist bzw. das meiste aussagen könnte.

Die Personenkarte vor der ersten Karte kann aber muss nicht herausgelegt werden.

Legeart: Keltisches Kreuz

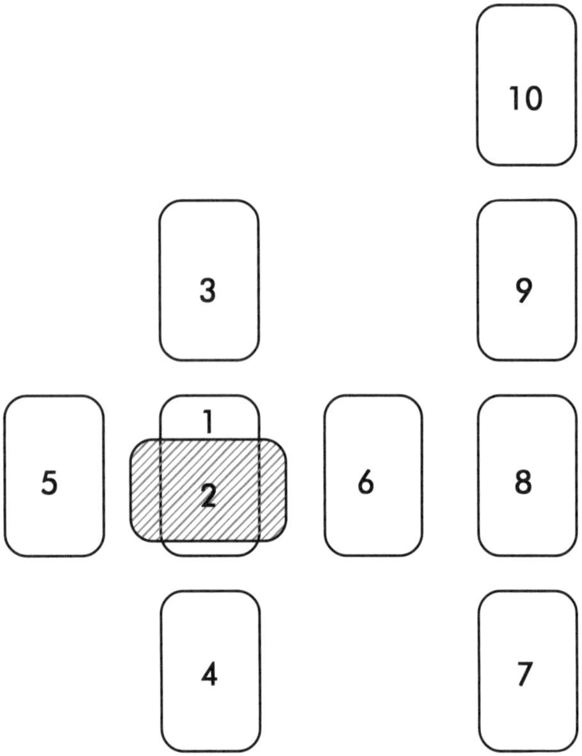

Das Keltische Kreuz ist eine sehr alte Kartenlegetechnik mit einer interessanten Fragestellung. Um vieles klarer und aussagekräftiger wird es, wenn Sie nach den ersten zehn Karten sich gleich nochmal auf die einzelnen Felder konzentrieren und eine zweite Legung darauf legen und diese entsprechend der Plätze zueinander lesen.

1. Karte
   Die jetzige Lage, das Problem
2. Karte
   Womit jetzt zu rechnen ist
3. Karte
   Zeigt Ihre Gedanken und Sorgen der Gegenwart
4. Karte
   Wovon Sie nichts wissen wollen
5. Karte
   Die Ursache in der Vergangenheit
6. Karte
   Was in der Zukunft kommt
7. Karte
   Was bereinigt werden soll
8. Karte
   Die Basis für den Aufbau
9. Karte
   Ihre Hoffnungen und Tatkraft
10. Karte
    Ihre Zielerreichung

Legeart: Tages Kreuz

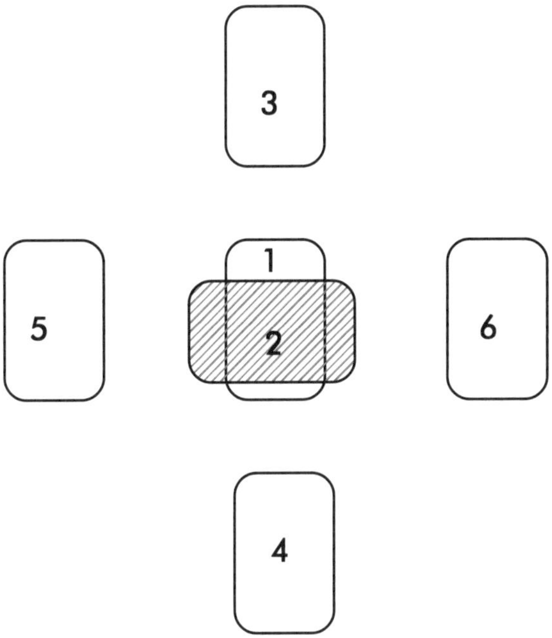

1. Platz
   Jetzt

   Der heutige Tag
   oder: Der morgige Tag
   oder: Diese Woche

2. Platz
   Worum gehts

3. Platz
   Was mich deckt

5. Platz
   Was mich schreckt

4. Platz
   Auf was ich tret

6. Platz
   Was mir zur Seite steht

Eine sehr einfache, sehr alte Legung, die meine Mutter schon benutzt hat. Sie eignet sich hervorragend für Einzelfragen oder Fragen nach dem Tagesgeschehen. Gleichzeitig wird das Unbewusste dabei aufgedeckt. Alles in allem ein wertvoller Schlüssel, wenn man wenig Zeit hat, aber trotzdem effektive Aussagen braucht.

Legeart: Karmisches Kreuz

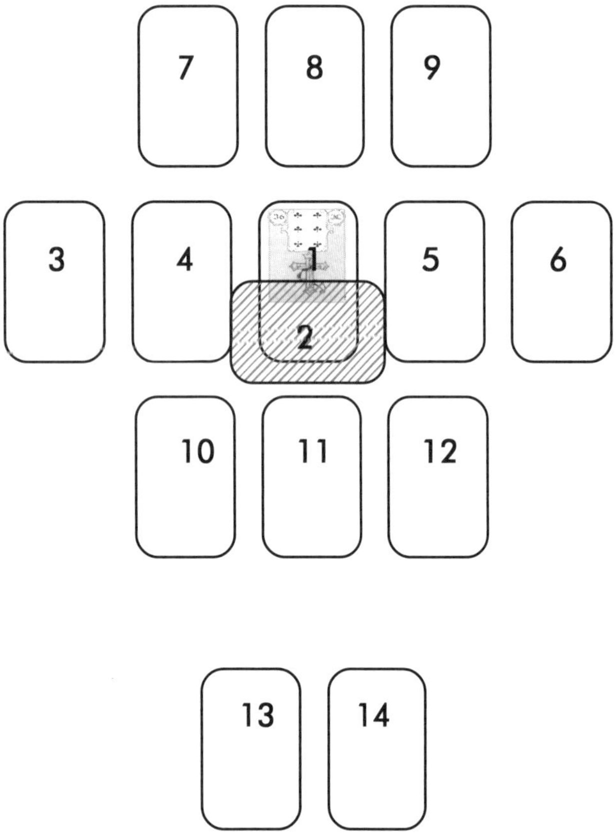

Der karmische Auftrag, der im Jetzt abgearbeitet wird.

1. Reihe: Platz 7 – 8 – 9
   Wie war mein letztes Leben dazu?
   Status – Prägung

Kann ab 2. Reihe jährlich erneuert werden.

2. Reihe: Platz 1 Signifikator: **Kreuz**
2. Reihe: Platz 2 mittlere Karte quer – derzeitiges Hauptproblem.

2. Reihe: Platz 3 – 4 die beiden linken Karten
   Was ist abgearbeitet?

2. Reihe: Platz 5 – 6 die beiden rechten Karten
   Was muss abgearbeitet werden?
   Hinweis auf die Lernaufgabe.

3. Reihe: Platz 10 – 11 – 12
   Was werde ich erreichen?

4. Zusatzreihe: Platz 13 – 14
   Werde ich mit mir zufrieden sein?

- Suchen Sie sich das Kreuz heraus und legen Sie es bitte in die Mitte.
- Mischen Sie die Karten und legen Sie die erste Reihe.
- Nach jeder ausgelegten Reihe wird das Kartenblatt wieder zusammengemischt.
- Danach folgt die nächste Reihe.

Legeart: Magisches Kreuz

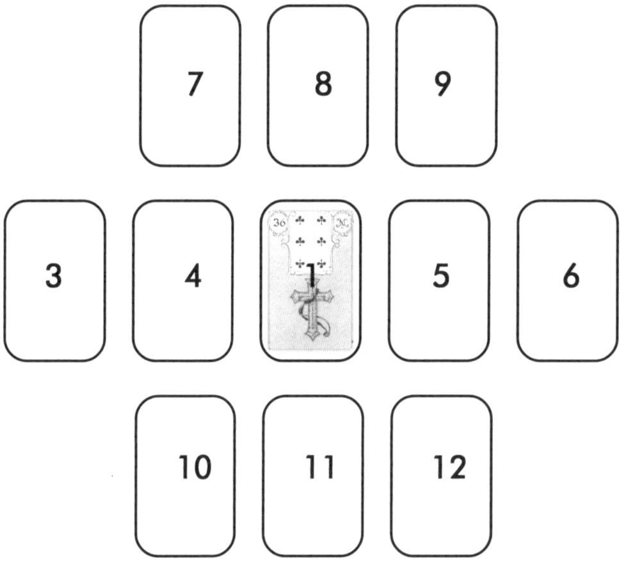

Die mitgebrachten Fähigkeiten aus einem vergangenen Leben.

1. Reihe: Platz 7, 8, 9
   vergangenes Leben
   Hatte ich magische Fähigkeiten in einem vergangenen Leben, die ich für dieses Leben mitbringe?

2. Reihe: Platz 3, 4, die beiden linken Karten – **jetziges Leben**
   Was verschwende ich?

2. Reihe: Platz 1: Signifikator: **Kreuz**

2. Reihe: Platz 2 – **jetziges Leben**
   Mein Lerngeschenk

2. Reihe: Platz 5, 6, die beiden rechten Karten – **jetziges Leben**
   Welche neuen Fähigkeiten kommen in der Zukunft hinzu?

3. Reihe: Platz 10, 11, 12
   jetziges Leben
   Wie wirkt sich das derzeit in meinem Leben aus?

- Suchen Sie sich das Kreuz heraus und legen Sie es bitte in die Mitte.
- Mischen Sie die Karten und legen Sie die erste Reihe.
- Nach jeder ausgelegten Reihe wird das Kartenblatt wieder zusammengemischt.
- Danach legen Sie die 2. Reihe.
- Dann die 3. Reihe.

Der Beginn einer Legung

Nehmen Sie das ungemischte Kartendeck und legen Sie es verdeckt vor sich auf den Tisch.

Stellen Sie sich die Frage: Welches System will ich legen? Kleines Blatt, Großes Blatt, Siebener-Reihe oder etwas anderes.

Was will ich denn überhaupt wissen? Will ich es allgemein gehalten haben oder bin ich an speziellen Fragen interessiert?

Angenommen, Sie wollen sich ein großes Blatt legen, dann begrenzen Sie es bitte innerhalb des Zeitrahmens.

Danach formulieren Sie Ihre Frage. Zum Beispiel: Ich will wissen, was allgemein in dem nächsten halben Jahr auf mich zukommt.

Danach erst nehmen Sie die Karten in die Hand und mischen Sie sie gründlich durch, solange bis sie sich warm anfühlen oder Sie das Gefühl erhalten, es ist gut, es ist genug.

Anleitung für das große Blatt

Legen Sie dann das Kartenpäckchen verdeckt vor sich auf den Tisch.

Heben Sie mit der linken Hand 3 Stapel zu sich, zu Ihrem Herzen hin ab.

Drehen Sie diese Häufchen um, sodass das Bild nach oben weist.

Notieren Sie sich diese 3 Karten in Ihrem Kartenreport. (Am Ende des Buches finden Sie entsprechende Kopiervorlagen).

Legen Sie die Stapel wieder aufeinander. Die Reihenfolge bleibt Ihnen überlassen. (Seien Sie versichert, es wird richtig sein, so wie die Karten dann fallen).

Drehen Sie das Kartendeck geschlossen um, sodass Sie die Rückseite der Karte ansehen.

Nehmen Sie die oberste Karte, dann die nächste usw. und legen Sie diese von links nach rechts aus, mit dem Kartenbild nach oben.

Eine Reihe ist insgesamt 8 Karten.

Die 9. Karte legen Sie in die zweite Reihe unter die 1. Karte usw.

Die 17. Karte in die dritte Reihe unter die 9. Karte usw.

Die 25. Karte in die vierte Reihe unter die 17. Karte usw.

Jetzt bleiben noch vier Karten übrig.

Diese beginnen Sie unter der Karte 27 anzulegen usw.

Auslegung wie Abbildung auf Musterseite 158, Großes Blatt.

Das ausgebreitete Kartenblatt liegt nun vor Ihnen auf dem Tisch.

Jetzt stellt sich doch die Frage, wo fange ich an? Ich erkläre nun, wie ich es mache und wie es mir am leichtesten fällt. Selbstverständlich bleibt es Ihnen überlassen, sich nach diesem, Ihrem eigenen oder den anderen Vorschlägen zu richten. Nur eines möchte ich anmerken, was mir äußerst wichtig erscheint.

Legen Sie für sich das System fest, nach dem Sie deuten wollen.

Möglichkeiten der Deutung

Großes Blatt

Bei einer allgemeinen Auslegung des großen Blattes fragen die Kunden nach der Zukunft. Ich lege daraufhin fest, dass dies über einen Zeitraum von ca. 1 Jahr Gültigkeit hat, max. 1,5 Jahre. Bis dahin sollten die Aussagen auch eingetroffen sein.

Platzbedeutung der Personenkarte

Als Erstes schaue ich auf die Personenkarte. Wenn der Klient ein Mann ist, sehe ich mir den Herrn an und wenn der Klient eine Frau ist, dann die Dame.

Für mich ist es wichtig, auf welchem Platz die Personenkarte zum Liegen kommt.

Je näher die Personenkarte an Platz 1 liegt, desto handlungsfähiger, selbstbestimmender ist sie. Je weiter hinten, d. h. auf die Zahlen bis Platz 32 zugehend, desto starrer ist das Leben der Person und sie hat kaum noch Möglichkeiten, es selbst zu gestalten.

Ich sage dann, die Person wird vom Leben, also den täglichen Ereignissen gelebt, anstatt sich das Leben selber durch Ereignisse zu kreieren.

Eine Ausnahme gibt es. Sollte die Personenkarte in der Vierer-Reihe auf die Plätze 33, 34, 35 oder 36 fallen, so bedeutet das, dass die Person mehr als handlungsfähig ist, ja sogar ihre vom Schicksal gestellten Aufgaben lebt. Wird noch näher erläutert.

1.	2.	3.	4.	5.	6.	7.	8.
9.	10.	11.	12.	13.	14.	15.	16.
17.	18.	19.	20.	21.	22.	23.	24.
25.	26.	27.	28.	29.	30.	31.	32.
		33.	34.	35.	36.		

Beispiel: Die Personenkarte **Dame** liegt z.B. auf Platz 22. Das bedeutet, dass alle Karten von Platz 1 bis Platz 21, also bis zur Person, ihre Vergangenheit darstellen. Das, was sie bereits erlebt hat.

Trotzdem beginnt die Zukunft mit der Karte Platz 1. Und daher ist alles bis zur Personenkarte auch die Zukunft der Person.

Diese Karten zeigen in etwa an, was auf Grund vergangener Gedanken und Erfahrungen für die Zukunft festgeschrieben wurde. Also Dinge, die so ungefähr eintreffen werden. Erst ab der Personenkarte nimmt man das Leben selbst wieder in die Hand und gestaltet es.

Wenn ich bis zur Personenkarte die Karten lese sagen manche Kunden, aber das kenne ich doch, dass hatte ich schon. Ja, denn es gleichzeitig Ihre Vergangenheit sowie die nächste Zukunft. Möglicherweise sindTeile daraus noch nicht richtig abgeschlossen. Ich nenne so etwas Wiederholung von nicht gelernten Aufgaben, Erfahrungen sammeln und tröste die Leute, indem ich sage: Jetzt, da wir das wissen, schauen wir doch gleich einmal nach, was sich noch verändern lässt.

Unveränderliches Schicksal

Wiederum nehme ich die Personenkarte als Ausgangspunkt und zähle das Schicksal ab. Diese Karte lege ich dann etwas schräg, damit ich sie immer gut erkennen kann.

Das geht immer so: Personenkarte ist die erste Karte, Sie zählt als Zahl 3. Dann geht es rechts in die Zukunft weiter mit 4, 5, 6, 7.

Die vierte Karte wieder mit der Zahl 7 ist dann eine Schicksalskarte. Diese wird jetzt schräg gelegt.

Diese vierte Karte ist gleichzeitig wieder als 3 zu werten. Also weiter 3, 4, 5, 6, 7. Diese wird dann wieder schräg gelegt.

Das geht so lange weiter, bis man aus der letzten Reihe wieder auf eine bereits vorhandene Schicksalskarte stößt.

Sehen Sie bitte dieses Beispiel:

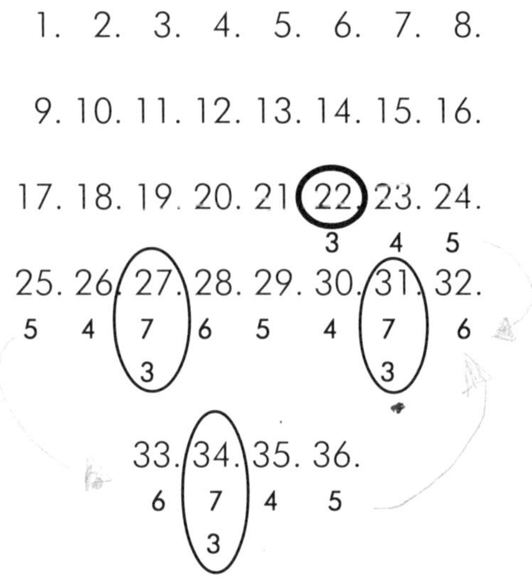

Daran sehen Sie, dass die Person bis Karte Platz 22 ihr Leben schon festgelegt hat, wie es kommen soll. Viel Änderungsmöglichkeiten bestehen darin nicht. Ab Platz 22 ergeben sich dann erst Veränderungsmöglichkeiten. Natürlich muss man diese bereits im Jetzt angehen, ansonsten läuft das Kartenblatt so durch wie gelegt.

Schicksalsplätze von der Personenkarte aus

Als erste Karte haben wir Platz 22, danach Platz 31, danach Platz 27, danach Platz 34 und als Schließkarte des Schicksals zeigt sich hier Platz 31,
ergibt: **22 + 31 + 27 + 34 + 31**

Die Schlusskarte des Schicksals sagt uns etwas über den Ausgang der erfolgten Anstrengungen, der gesamten Laufzeit. Hier erfahren wir bereits, ob der Mensch sein Leben meistert und unter welchem Hintergrund dieses Leben wirklich steht.

Die näheren Einzelheiten erläutern wir ausführlich an einem Legebeispiel.

Lebensaufgaben für den Zeitrahmen

Die Ausnahme, kein Schicksal lesen zu können ist die, wenn eine Person in den unteren 4 Karten: Platz 33 bis 36 liegt.

Perfekt wäre es, wenn diese 4 Karten mit den 4 Elementen besetzt wären:

Kreuz – Erde Materie, steht für irdisches Leben, das Zurechtkommen hier.

Pik – Luft die Kommunikation, der Umgang mit anderen.

Karo – Feuer Geld, Vernunft, aber auch die Energie, die einen vorwärts treibt.

Herz – Wasser steht für Gefühle wie Liebe und Emotionen allgemein.

Jedoch verhält es sich so, dass, wenn die Personenkarte in die letzten vier Plätze fällt, der Mensch seine vom Schicksal gestellten Aufgaben angenommen hat und diese auch lebt. Hier sieht man, was so in etwa für das nächste Jahr und darüber hinaus dran ist. Selbst wenn das große Blatt von dem Kartenleger oder Kunden begrenzt wurde, laufen diese Aufgaben über den Zeitraum hinaus. Falls dies die erste Legung überhaupt ist, oder auch, wenn über einen langen Zeitraum nichts gelegt wurde, dann ist es in der Tat eine Aussage für viele Jahre.

Je kürzer die Abstände, desto weniger konkret sind besonders die Aussagen über die zu lebenden Aufgaben des Schicksals.

Vaterdominanz

Dazu sehe ich mir die linke Ecke an. Schaue auf den Platz 25 und 26. Dazu die darüberliegenden Plätze 17 und 18.

Hier erfahre ich, unter welchen sozialen Strukturen der Klient großgeworden ist. Ich sehe seine Prägung, erkenne an den vorliegenden oder nicht vorhandenen Karten, ob der mütterliche oder väterliche Teil die Erziehung geprägt hat. Ich sehe, ob Verlustängste übertragen worden sind oder frühkindliche Bindungen zerbrochen sind. Sehe, ob er als Kind von der Mutter großgezogen wurde, und ob der Vater überhaupt anwesend war.

Ich spreche hier bewusst nicht von der realen leiblichen Vaterfigur, denn eine starke Mutter kann genauso gut in die Vaterrolle schlüpfen, wenn es sein muss, weil sie möglicherweise geschieden oder verwitwet ist.

Mit Vaterdominanz ist immer die Person zu verstehen, die im Sinne der männlichen Struktur die Erziehung geprägt hat.

Mutterdominanz

Dazu sehe ich mir die rechte Ecke an. Schaue auf den Platz 31 und 32. Dazu die darüberliegenden Plätze 23 und 24.

Meine Erfahrung ist, beim weiblichen Geschlecht dominiert die Vaterecke. Sie ist in den Aussagen sehr ergiebig, während die Mutterdominanz hingegen dann meist mit passiven Karten belegt ist.

Umgekehrt verhält es sich beim männlichen Geschlecht.

Partnerschaftliche Verbindung

Ich schaue, wo der Ring liegt. Sagen wir, er liegt auf Platz 30.

Jetzt sehen wir auf die schräg rechts nach oben angrenzenden Karten. Das sind in diesem Fall die Plätze 30, 23, 16.

Das sind zum einen die Gedanken an die Zukunft der Bindung, also das gedankliche Korsett, auf dem eine Partnerschaft basiert.

Die links schräg nach oben laufenden Karten liegen auf den Plätzen 30, 21, 12, 3.

Das ist die Vergangenheit, die Hoffnungen und Träume, aus denen die Partnerschaft aufgebaut wurde.

Die links schräg nach unten laufenden Karten sind die Plätze 30, 35.

Das sagt aus, wie stark oder schwach der seelische Aspekt der Verbindung zur Partnerschaft ist.

Die schräg rechts nach unten laufenden Karten sind die Plätze 35 + 0.

Das besagt, wie stark oder wie schwach die irdische Verbindung zu einer Partnerschaft für die Zukunft ist.

Sollte wie in unserem Beispiel keine Karte vorhanden sein, die den rechten irdischen Fuß abstützt, sozusagen fehlende Basis für die Zukunft, können Sie davon ausgehen, das, entweder die Bindung schon so gut wie getrennt ist, keine richtige Bindung vorhanden ist oder nur in Gedanken oder Wunschvorstellungen stattfindet.

Das werden wir an einer Beispiellegung mit einem richtigen Kartenblatt noch nachvollziehen können (Seite 175).

Gesundheit

Nun wenden wir uns einem heiklem Thema zu. Gesundheit zu sehen ist schön, aber wer sieht schon gerne Krankheiten und was ich noch schlimmer finde, ist, wenn ich dem anderen dann das auch noch erklären soll. Am liebsten sind mir schöne Karten mit nur ganz kleinen Wehwehchen. Dann bin ich glücklich.

Ich persönlich nehme die obere rechte Ecke als Gesundheitsecke. Das sind die Plätze 7 , 8, 15, und 16.

Sind diese Plätze vornehmlich mit negativen Karten besetzt (s. Seite 138 bis 139), so erweitere ich das Ganze noch um den Platz 6 und eventuell um den Platz 14. Damit lässt sich schon sehr detailliert feststellen, um was es sich handelt und wie harmlos oder gefährlich das Ganze ist.

Doch lassen Sie mich bitte eines sagen. **Sowie ein Klient über ein gesundheitliches Problem klagt, schicken Sie Ihn bitte zum Arzt. Sie sind nicht der Fachmann und Diagnosen sollten Sie auch keine stellen.**

Sollte die Diagnose bereits bestehen, so lässt sich über den Krankheitsverlauf eine sehr gute Prognose erstellen. Dazu sind die Karten recht hilfreich, aber stellen Sie bitte, bitte keine Diagnosen. Denn ein Klient, der versucht den Arzt zu vermeiden, verlässt sich in dem Fall dann auf Ihre Diagnose und das könnte tödlich enden.

Ich spreche hier aus eigener Erfahrung. Ich war einmal ein solcher Klient, der den Arztbesuch scheute und schon gar nicht in ein Krankenhaus wollte. Obwohl ich es eigentlich wusste, fragte ich Kollegen um Rat. Diese sagten, meine Angelegenheit wäre harmlos und es werde wieder. Ich glaubte und hoffte wider besseres Wissen, dass ich von selbst gesund werden würde. Ich kam als Notfall ins Krankenhaus und wurde operiert.

Diese kleine Geschichte habe ich Ihnen hier ganz bewusst erzählt, denn mit Gesundheits- oder Todesaussagen ist nicht zu spaßen.

Wie es um die Gesundheit eines Menschen bestellt ist, sehen Sie auch noch aus weiteren Karten:

Zum Beispiel, die Karten vor und nach dem Baum oder die Karten ums Haus herum.

Achten Sie auch noch besonders auf so genannte negative Ketten. Das sind Karten, die aneinander gereiht Unglück, Krankheit und Katastrophe darstellen.

Und jetzt fange ich an, das gesamte Blatt von dem ersten Platz bis zum 36. Platz zu verbinden.

Wenn Sie bis jetzt alle Einzelteile richtig erkannt haben, decken und erläutern die Verbindungskombinationen die letzten fehlenden Mosaiksteine einer bevorstehenden Zukunft.

Legebeispiel: Großes Blatt

Datum: ....

Name: ....

Karten des dreimaligen Abhebens

Aufgabe und Auswertung

Es handelt sich um eine Dame, ca. Mitte vierzig. Sie will ihre Zukunft wissen. Wir haben das große Blatt ausgelegt. Da diese Dame sich vorher noch nie die Karten hat legen lassen, können wir dem Blatt eine Laufzeit von zwei Jahren zugestehen. Lassen wir uns überraschen.

Die Karten liegen so, siehe linke Seite. Sehen Sie auch dazu den Aufbau der Lösungen: Seite 165.

Und jetzt möchte ich Sie bitten, sich diese Auswertung vorab wenigstens ein Mal in Ruhe durchzulesen, bevor Sie es im Gesamten nachvollziehen.

Dreimaliges Abheben

Die Karten des dreimaligen Abhebens geben uns eine genaue Auskunft, was der Fragesteller wissen möchte.

Karten des dreimaligen Abhebens 36 – 9 – 20

Ihre indirekte Frage an die Karten war: Mein Leben ist ein wahres **Kreuz (36)**, es trägt sich schwer. Wann werde ich wieder mehr Erfolg und Freude **Blumen (9)** haben und wieder mehr Zeit haben, um meine von mir lieb gewonnenen Aktivitäten in der Öffentlichkeit **Park (20)** zu genießen.

Personenkarte

Als Nächstes sehen wir uns die Personenkarte an. Sie liegt auf Platz 16 **Dame (29)**, die sie selber darstellt. Das bedeutet, dass sie mindestens für die nächsten Monate an ihrem Leben nichts Großartiges verändern kann. Die Resultate sind durch vorangegangene Gedanken, Ereignisse und Taten in den letzten Jahren so aufgebaut worden. Sie wird jetzt vom Leben, von den Vorkommnissen, die der Tag bringt, gelebt.

Unveränderliches Schicksal

Nun schauen wir, welches Schicksal den Fragesteller erwartet, das, an dem er nicht vorbei kommt. Da hilft auch kein Durchmogeln. Das kommt.

Die Personenkarte Dame (29) ist die erste Karte und gilt als Zahl 3.
Die Ruten (11) sind die zweite Karte.
Der Mond (32) ist die dritte Karte.
Die Wege (22) sind die vierte Karte.
Die Mäuse (23) sind die fünfte Karte.
Das Herz (24) ist die sechste Karte.
Die Wege (22) ist die siebte Karte, die so genannte Schließkarte.

Gleichzeitig weist uns diese Schließkarte als Dreh- und Angelpunkt darauf hin, dass es in diesem Leben, zumindest für die Dauer des Kartenblattes, um richtige Entscheidungen geht. Diese sind ausschlaggebend für die Zukunft.

Kommen wir nun zu den Stationen, an denen sie nicht vorbeikommt: **29 – 11 – 32 – 22 – 23 –24**: Auf Dauer der Laufzeit dieses Kartenblattes wird sie nicht um endlose Diskussionen **Ruten (11)** herumkommen, die frustrierend sind, auf die Psyche schlagen und keinen Erfolg **Mond (32)** einbringen. Auch jegliche Anerkennung wird untersagt. Diese unklaren, nicht bereinigten Situationen führen zu Entscheidungen **Wege (22)**, die aber durch kosmischen Eingriff, kann auch Karma sein, wieder in Verlust **Mäuse (23**) gehen. Das heißt im Klartext, die Planung geht daneben, kann nicht oder wird nicht vollzogen werden. Danach wird ein Weg des Herzens **Herz (24)** gefunden, der allerdings nach kurzer Zeit wieder zu neuen Entscheidungen führt.

Lebensaufgaben für den Zeitrahmen der Karten

Dazu sehen wir uns die unteren vier Karten an:
24 – 34 – 21 – 20
Die erste Karte hat die höchste Priorität **Herz (24)**. In unserem Fall ist Herz das Element Wasser, das für Gefühle und Emotionen steht.

Die zweite Karte sind die **Fische (34)**, die mit Karo dem Element Feuer unterstehen, das für Geld, Vernunft und Energie gilt.

Die dritte Karte **Berg (21**) ist das Element Erde und untersteht der Materie, dem Zurechtkommen hier.

Die vierte Karte ist der **Park (20)**, der dem Element Luft untersteht, der Kommunikation mit anderen.

In diesem Fall haben wir fast eine Idealbesetzung, denn alle vier Elemente sind in dem Lebensprogramm der nächsten zwei Jahre enthalten. Allerdings mit einem kleinen Wermutstropfen. Das Wasserelement mit seinem Herz hat die höchste Priorität. Das bedeutet, dass die Fragestellerin alles, was ihr im Leben widerfährt, Gutes und Schlechtes, sehr stark durch den Filter der Emotionen siebt. Mit einem Herz an erster Stelle fehlt ihr die nötige Distanz zu negativen Erlebnissen. Sie nimmt alles zu persönlich und leidet darunter, was wir an dem **Kreuz (36**) in dem dreimaligen Abheben bereits sehen. Hier zeigt sich bereits, dass sie eine starke Persönlichkeit ist, die ihre Aufgaben angeht, aber in der Tiefe ihres Herzens ein sehr weiches, anlehnungsbedürftiges Geschöpf ist.

Die erste Reihe, hier beginnend mit dem Herz, zeigt uns immer, was dem Fragesteller besonders am Herzen liegt.

Fangen wir an, die Herzreihe nach oben zu verfolgen, so liegen die Karten **24 – 31 – 36 – 2 – 35**: Die **Sonne (31)** in Verbindung zu dem Herz darunter sagt uns, dass die Fragestellerin ein Familienmensch ist, der sich wohl fühlt, wenn in der familiären Häuslichkeit alles zum Besten steht. Dass das nicht der Fall ist, erzählt uns das **Kreuz (36)**, das auf dem Kopf der Familie tront. Das bedeutet, dass die Familie in der Vergangenheit bereits viele

Belastungen zu tragen hatte. Weiterhin hofft unsere Fragestellerin auf kosmische Hilfe **Klee (2)**, und auf Glück in Bezug auf ihre Arbeit **Anker (35)**.

Das sind die Bereiche, die ihr besonders am Herzen liegen, die sie aber wie gesagt durch eine rosarote Brille **Herz (24)** sieht.

Schauen wir uns die zweite Reihe der Lebensaufgaben an **34 – 22 – 16 – 27 – 8**: Unsere Fragestellerin wird einen Weg finden **Fische (34)** und **Wege (22)**, der für sie eine angenehme finanzielle Wahl darstellt. Dass sie finanziell den richtigen Weg geht, bestätigen die **Sterne (16)**. Doch auf längere Sicht gesehen, wird sie immer wieder neue finanzielle Entscheidungen treffen müssen, denn es kommen immer wieder Nachrichten **Brief (27)**, die sie veranlassen, sich Sorgen zu machen. Dieses Sich-sorgen führt sie immer wieder in passive lethargische Phasen.

Wie wir hier sehen, ist die finanzielle Stabilität nicht dauerhaft gewährleistet, obwohl sie alles richtig macht und nicht mehr machen könnte. Auch sehen wir, dass die Einwirkungen von außen erfolgen.

Schauen wir uns die dritte Säule an, die Materie, das irdische Zurechtkommen **21 – 9 – 11 – 12 – 13:** Unsere Fragestellerin hatte sich immer alles erarbeiten müssen und das oft mühsam. Sie hat viel ertragen und erdulden müssen und auch so einiges an Rückschlägen erlitten. Durch den **Berg (21)** wissen wir, dass ihr die Materie nicht zugeflogen ist, sondern dass sie alles was sie hat, sich selbst erarbeitet hat; natürlich gemeinsam mit ihrem Mann, aus dem Kartenbild geht hervor, dass sie verheiratet ist. Die **Blumen (9)** zeigen uns, dass es hier um den Erfolg und die Anerkennung geht, weniger um die Freude. Wobei zu sehen ist, dass sie vehement darüber debattieren muss **Ruten (11)** und oft übler Nachrede **Vögel (12)**, oder zumindest großem Getratsche ausgesetzt ist. Trotz allen Schwierigkeiten hält sie daran fest **Kind (13)**. Alles deutet darauf hin, dass es sich hier um ihre Arbeitsstelle **Anker (35)** handelt, die, wie wir gesehen haben, in dem Bereich der Emotionen liegt.

Eine schwere Aufgabenstellung, den Bereich Materie fließend zu gestalten. Denn wie wir sehen, gibt es um ihren Erfolg viel Gerede, Diskussionen, Getratsche, wenn nicht Mobbing, und es ist alles relativ undurchsichtig.

Schauen wir uns die vierte Säule an, die für die Kommunikation und den Umgang mit anderen steht **20 – 19 – 4 – 25 – 3**: Der **Park (20)** in Verbindung mit dem **Turm (19)** erzählt, dass sie wenig Kontakte, wie z.B. Geselligkeiten mit Freunden in der Öffentlichkeit wahrnimmt. Die Kombination bedeutet, dass sie sich nur in dazugehörigen Kreisen bewegt. Doch das **Haus (4)** darüber sagt uns, dass zwar Leben in dem Haus stattfindet, sie sich aber trotzdem einsam und isoliert fühlt. Die Häuslichkeit oder die Geselligkeiten, die Kommunikation mit anderen beschränkt sich überwiegend auf den partnerschaftlichen Bereich, zudem auf Telefonate **Schiff (3)** mit alten Freunden, die aus dem Haus heraus geführt werden. Es sind Freunde, die sie seit Jahren kennt und die die gleichen Träume und Wünsche haben wie sie. Manchmal finden auch Besuche und Treffen statt, doch seltener solche, die sie betreffen.

In dieser Kommunikationssäule, dem Umgang mit anderen, ist ein deutlicher Mangel sichtbar. Unserer Fragestellerin fehlt offensichtlich die Fähigkeit, mit vielen Menschen leichte Kommunikation zu betreiben. Sie ist nicht genügend aufgeschlossen. Zu sehr auf den häuslichen Bereich beschränkt. Es sieht hier so aus, als ob sie am liebsten ihre Ruhe haben möchte und sich in sich zurückziehen möchte. Doch das handikapt den Erfolg, das leichte Geldverdienen und macht das Leben unnötig schwer. Da braucht man sich über das Getratsche nicht mehr zu wundern.

Vaterdominanz

Linke Ecke unten im Kartenblatt, die Karte **33 – 7**: Mit Sicherheit wurde unsere Fragestellerin in einem gutbürgerlichen sicherheitsdenkenden Elternhaus erzogen. Die Erziehung wurde durch die Mutter geprägt, die eine intelligente, kluge Frau war. Karte **Schlüssel (33)** und **Mond (32)**, der Vater war ziemlich lange gesundheitlich nicht in Ordnung. Beide Elternteile trugen in sich unerfüllte Sehnsüchte **Mond (32)** und **Hund (18)** und waren eigentlich nur freundschaftlich verbunden, aber auch energetisch verstrickt. Hier sprechen wir von einem bindenden Karma, d.h., dass diese Eltern nur durch den Tod getrennt werden.

Mutterdominanz

Rechte Ecke unten: Hier sieht man an den Karten **Baum (5)** und **Lilie (30)**, dass es sich um eine größere Familie handelt. Also hat unsere Fragestellerin noch mehrere Geschwister. Die **Sense (10)** mit dem **Baum (5)** darüber bedeutet in dem Zusammenhang langlebige, große Familie, und dass die Fragestellerin über einen längeren Zeitraum in Ängsten schwebte, weil sie wusste, dass es zu jeder Zeit einen Verlust **Mäuse (23)** in der Familie geben könnte. Es war ihr bewusst, dass sie und der Rest der Familie das Ereignis auf sich zukommen lassen mussten. Ich würde sagen, sie musste sich in ihrer Kindheit fügen und hatte kaum ein Mitspracherecht in Bezug auf eigene Entscheidungen.

Partnerschaftliche Verbindung

Ring (25) auf Platz 14 in dem Kartenbild. Schräg rechts nach oben: Die Karte **Ring (25)** und die **Wolke (6)** sind das Korsett, auf dem die Partnerschaft basiert. Hier sieht man sehr deutlich, dass diese angeknackst ist. Sie ist in Zweifel gestellt. Nicht andauernd, aber immer wieder.

Schräg links nach oben: Durch **Ring (25)** und **Kind (13)** geht hervor, dass diese Partnerschaft auf einer Idealisierung eines Traumpartners in früher Jugend aufgebaut wurde.

Die Motivation war rein, alles war leicht und schön. Man lachte gemeinsam und hatte die gleichen Träume.

Schräg links nach unten **25 – 11 – 22 – 24**: erzählt uns etwas über den seelischen Zusammenhalt dieser Partnerschaft. Die Karte **Ring (25)** und **Ruten (11)** sagen uns, dass es eine Auseinanderentwicklung im seelischen Bereich gegeben hat und auch noch gibt. Die seelische Übereinstimmung kann in dem Fall auch durch Reden nicht erreicht werden, das reicht nicht. **Ruten (11)** und **Wege (22)** besagen, dass beide an sich arbeiten sollen und Wege beschreiten sollen, also handeln, wie gemeinsame Unternehmungen machen, die die beiden Herzen **Herz (24)** wieder zusammenführen.

Hier sieht man sehr deutlich, dass das Paar gemeinsame Interessen zu Beginn der Partnerschaft hatte, aber jetzt kaum noch seelische Ansatzpunkte hervorbringt, die das Herz erwärmen könnten.

Schräg rechts nach unten **25 – 5 – 23**: erzählt uns etwas über den irdischen Zusammenhalt der partnerschaftlichen Verbindung. Die Karte **Ring (25**) und **Baum (5)** weist auf eine noch sehr langlebige Partnerschaft hin. Vorgesehen ist, dass diese Partnerschaft nie geschieden wird. Geschieden wird sie zwar nicht, zumindest nicht in den nächsten Jahren, denn dass der Baum gerade in die Partnerschaft fällt, sprengt unseren festgelegten Zeitrahmen von zwei Jahren erheblich. Jedoch wird diese Partnerschaft **Baum (5)** und **Mäuse (23)** eine längere Trennungszeit in Kauf nehmen müssen. Kann bestenfalls wie nebeneinanderher leben sein, ohne Sexualität.

Eheliche Partnerschaft

In diesem Kartenblatt sehen wir sehr deutlich, dass die Fragestellerin verheiratet ist. Der **Herr (28)** liegt auf Platz 11 und die **Dame (29)** auf Platz 16. Da sich Herr sowie Dame in gerader Linie ansehen, sind sie auch verbunden. Die Karten, die dazwischen liegen, erzählen uns etwas über das eheliche Zusammenleben. **28 – 2 – 27 – 12 – 25 – 15 – 29**: Ihr Mann ist es, der das Leben für ihre Begriffe etwas zu leicht **Klee (2)** nimmt. Dies beschert ihnen immer wieder unangenehme Nachrichten **Brief (27)**, die ins Haus flattern. Wenn ich mir die Lage der Karten **Brief (27)**, dazu die links nach oben angrenzende Karte **Anker (35)**, die Arbeit bedeutet, ansehe, und dann von dem **Brief (27)** aus rechts angrenzend die nach oben liegende Karte, das **Kind (13)** betrachte, wird klar, dass der Ehemann derzeit nach einer neuen Arbeit sucht. Er findet auch etwas oder hat es schon, es ist aber nicht das, was er gewohnt war. Und der Brief deutet auch mehrere Absagen an.

Hier sieht man deutlich, das die unangenehme Post **Brief (27)** für Hektik, Aufregungen und Unruhe **Vögel (12)** in dem Eheleben sorgt. Also Stress in der Verbindung. Trotz dieser vielen Aufregungen **Vögel (12)** und Störungen im Sexualleben **Baum (5)** und **Lilie (30)** hat die Ehe Bestand und es ist trotz allem ein gerechter Ausgleich für beide Teile vorhanden.

Gesundheit

Platz 7 und 8: Karte **6 – 14**: Die **Wolke (6)**, die dem Gehirn zugeordnet ist, weist uns darauf hin, dass unsere Fragestellerin ein Mensch ist, der sich ständig Gedanken macht und nur selten wirklich abschalten kann. Hier könnte man sagen, sie ist in sich im Zweifel. Der **Fuchs (14)** entspricht der Nase, den Ohren. Das sagt uns, es geht hier um haarige Angelegenheiten, die man nicht richtig greifen kann, wie Menschen, die sehr listig und verdeckt handeln. Zusammengefasst stellt sich das gesundheitliche Problem hier in einem sorgenvollen Kopf dar, was wiederum zu kleinen körperlichen Problemchen führt. Sehr deutlich lässt sich durch den **Anker (35)** auf Platz 3, der in der ersten Position der emotionalen Säule liegt, erkennen, was ihr solche Kopfschmerzen bereitet. Es ist die Arbeit.

Platz 15 und 16: Karte **15 – 16**: Der **Bär (15)** bedeutet, dass der materielle Rahmen durch einen männlichen Partner gewährleistet ist. Gleichzeitig stellt der Bär auch eine Schutzkarte dar, die neben ihr und unter den sorgenvollen Gedanken liegt, sodass jeder tiefe Sturz gebremst wird.

Sehen wir uns den Bereich um den **Baum (5)** herum an: Der Baum entspricht dem Lebensverlauf des Menschen und die Lilie daneben entspricht der Sexualität. **Baum (5)** und **Lilie (30)** erzählen uns, dass in dieser Partnerschaft sexuell so gut wie nichts läuft. Es deutet auf Frigidität hin, die sich hier allerdings durch viele Umstände entwickelt hat. Auch scheint dies ein seelisches und psychisches Problem zu sein, wie wir aus der ersten Säule sehen.

Die beiden Karten **Sense (10)** und **Mäuse (23)** raten der Fragestellerin, sie möge doch bitte bald zum Zahnarzt gehen, ansonsten bekomme sie erhebliche Zahnprobleme und müsse mit einem Verlust rechnen. Wenn sie rechtzeitig geht, kommt sie mit einem Schrecken davon, und es kann geheilt werden.

Im Großen und Ganzen bescheinige ich ihr eine gute Gesundheitsphase für die nächsten zwei Jahre. Ich bitte sie nur, sich weniger Sorgen zu machen, zum Frauenarzt zu gehen, sich den Hormonspiegel untersuchen zu lassen; sicher könnte man etwas gegen ihre Unlust bei der Sexualität unternehmen. Und den Zahnarzt lege ich ihr ans Herz.

Das Verbinden der Karten

Nachdem wir uns die wesentlichen Teile ihrer Zukunft angesehen haben, gehen wir ins Detail und schauen, was sie denn so alles in den nächsten zwei Jahren erleben wird. Dazu lesen wir die Karten jetzt der Reihe nach immer in Verbindung zueinander.

1. Reihe: 26 – 1 – 35 – 8 – 13 – 3 – 6 – 14

Sie wird eine persönlich ausgehändigte Nachricht **Reiter (1)** erhalten, in der sie darauf hingewiesen wird, sich der Firma gegenüber fester, bodenständiger zu verhalten. **Anker (35)** und **Sarg (8)** erzählt uns, dass dies eine berufliche Überforderung ist. Vom Arbeitgeber wird hier eindeutig zu viel gefordert, denn aus der emotionalen Säule geht definitiv hervor, dass unsere Fragestellerin die Arbeit in ihrem Gefühlsleben herumträgt, sie sogar gedanklich mit nach Hause nimmt und deshalb nicht abschalten kann. Diese Überforderung **Sarg (8)** führt zu einer kurzfristigen Auszeit im beruflichen Bereich. In der Verbindung mit dem **Schiff (3)** bedeutet das, sie sollte eine Reise machen, um gedanklich auszuspannen und Neues zu erleben. Doch sie will nicht verreisen, obwohl dem nichts entgegensteht **Wolke (6)**. Währenddessen sitzt sie zu Hause und wartet darauf, dass die Ersatzperson für ihre Position in der Firma Fehler macht **Fuchs (14)** und sie diese dann geschickt für sich nutzen kann.

2. Reihe: (14) – 17 – 28 – 2 – 27 – 12 – 25 – 15 – 29

Die letzte Karte der ersten Reihe, hier der **Fuchs**, wird mit berücksichtigt. **Fuchs (14)** und **Störche (17)** bedeuten in dem Fall, da es sich um Arbeit handelt, dass unsere Fragestellerin wieder an ihren Arbeitsplatz zurückkehrt, obwohl sich dort nichts geändert hat, wie wir mit der Karte **Herr (28)** erkennen. In der Kombination steht: »Zwei linke Hände in häuslicher Arbeit«. Wie wir sehen, geht es hier eindeutig um den Arbeitsbereich, also würde dies bedeuten, dass die Vorgesetzten oder Firmeninhaber gedanklich die Dinge auf die Reihe bekommen, aber keinen blassen Schimmer von der praktischen Umsetzung haben. Und daraus erklärt sich die Überforderung im Beruflichen. Die Kombination **Herr (28)** mit dem **Klee (2)** erzählt uns, dass sie ein kurzes aber glückliches Abenteuer erlebt. Das kann ein heftiger Flirt bis hin zu einem sexuellen Erlebnis sein, denn unsere Fragestellerin ist absolut gut drauf, wenn ihr Herzchen befriedigt ist. Das gibt ihr Lebensenergie und Kraft; zu sehen aus der emotionalen Säule. Die glücklichen Gefühle halten aber nicht lange an, denn eine seichte, nichtssagende Nachricht **Brief (27)** wird sie fürchterlich ärgern. Vor allem, weil sie das Ganze bereits kennt **Vögel (12)** und es nichts Neues darstellt. In Verbindung mit dem **Ring (25)** geht es hier um eine Entscheidung, die sie zu treffen hat, welche Verbindung nun die richtige ist? **Ring (25)** und **Bär (15)** sagt uns, dass sie sich für ihre Ehe entscheiden wird, denn darin fühlt sie sich vertraglich gebunden. Das heißt zum Beispiel an das gemeinsam Erarbeitete, auch an Kinder, wenn vorhanden, oder an sonstige soziale Privilegien, die der Fragesteller durch die Ehe genießt. Andererseits lassen die Karten **Ring (25)** und **Bär (15)** einen Rückschluss auf das Abenteuer zu. In dem Fall handelt es sich um einen verheirateten Mann, und wenn es jetzt nach diesem kurzen Zeitraum Gedanken über den richtigen Partner gibt, so können wir davon ausgehen, dass die beiden sich schon länger und näher kennen. **Bär (15)** und **Dame (25)** verraten, dass es ihr finanziell gut gehen wird, da es zusätzlich noch einen Versorger der Familie gibt.

Der finanziell gesicherte Aspekt spielt in diesem Kartenbild eine besondere Rolle. Es wird verständlich, wenn wir gedanklich zu der Vaterdominanzecke zurückschalten. Dort haben wir gesehen, dass Sicherheit und absichern das Wichtigste ist.

Noch eins. Was wir vom 1. Platz **Buch (26)** bis zum 16. Platz **Dame (29)** gelesen haben, spiegelt sowohl ihre Vergangenheit als auch die nächste Zukunft. Das Resultat aus den Ereignissen und Gedanken der letzten Jahre.

Ab der Dame beginnen tatsächlich erst neue Ereignisse, also auch solche, die sie in den letzten Jahren nicht hatte. Lassen wir uns überraschen, ob und wie sich das Leben vorwärts bewegt.

3. Reihe: (29) – 32 – 18 – 36 – 16 – 11 – 4 – 5 – 30

Dame (29) und der **Mond (32)** bedeutet, dass sich unsere Fragestellerin in ein sehr aktives Tagesgeschehen stürzt, damit ihre schwermütigen Gedanken und die Sehnsucht ihres Herzens kompensiert werden. Es zeigt sich hier, dass sie während dieses Zeitraumes von einigen Wochen sehr im Außen lebt. **Mond (32)** und **Hund (18)** besagt, dass sich eine Freundin sehr aus dem Geschehen heraushält, keine Stellung dazu nimmt und sie demzufolge mit ihrer Traurigkeit alleinlässt. Dass die Freundschaft weiblich ist, sehen wir daran, dass unter dem **Hund (18)** die **Schlange (7)** liegt, die auf eine kluge, intelligente Frau hindeutet. Diese Freundschaft **Hund (18)** mit **Kreuz (36)** wird sich auflösen, da sie zu stark belastet ist. Durch das Heraushalten der Freundin, das Sich-nicht-Einbringen in das Leben der Fragestellerin erkennen wir, dass es sich nicht nur ausschließlich um zukünftige Geschehen handeln. Demzufolge muss es in der Vergangenheit der Fragestellerin in Verbindung zu der Freundin schon öfter sehr belastende Situationen gegeben haben. Diese erneute Belastung ist nur der Auftakt zum Schlusspunkt. Äußerst interessant ist **Kreuz (36)** und **Sterne (16)**, die bedeuten, dass das karmische Leid beendet ist. Hier sehen wir, dass ihr diese Freundschaft zwar immer viel bedeutet hat, es aber ein geistiges Gefälle gab und eine karmische Verstrickung. Bei einer so drastischen Auflösung durch das **Kreuz (36)** in der Verbindung zu **Sterne (16)** und **Ruten (11)** bedeutet es neue geistige Erkenntnisse und spirituelles Wachstum seitens der Fragestellerin. Die **Ruten (11)** in Verbindung mit dem **Haus (4)** zeigen uns stetige, kleine alltägliche Ärgernisse, die im Haus und wegen des Hauses ausgetragen werden. Und hier sehen wir schon, weshalb es den größten Teil der Ärgernisse gibt. **Haus (4)** und **Baum (5)** bedeutet, dass alles nur ganz langsam, schleppend vorangeht. Zwar ist es ein Aufbau, aber nicht planmäßig, sondern mit großen Stockungen und Leerlaufphasen. Wenn wir uns auf die Arbeit des Ehemannes zurückreflektieren, verstehen wir das. Hier fehlt irgendwie das entsprechende Einkommen um die Wünsche zu befriedigen **Haus (4)**, trotzdem läuft alles nach Schema F ab, eben wie bei einer traditionell eingefahrenen Familie **Lilie (30)** mit festen Regeln, wenig eigener Spielraum, Dasein für die Familie. Etwas langweilig, monoton; es fehlt das eigene private Vergnügen.

Jetzt können wir uns bereits absolut sicher sein, dass unsere Fragestellerin nicht in einer Wohnung, sondern in einem Haus lebt. Es muss zu Zeiten geplant und konzipiert worden sein, als ihr Mann noch eine gute Arbeit hatte und mehr Geld verdiente als jetzt. Trotzdem kann es noch nicht allzu lange her sein, denn ihre Gedanken, die kleinen stetigen Ärgernisse und die Arbeit an dem Haus, seine Fertigstellung wie z.B. Verputz, Garten und Außenanlagen machen ihr noch Kopfzerbrechen.

4. Reihe: (33) – 7 – 31 – 22 – 9 – 19 – 10 – 23

Etwas langweilig ist ihr geworden, in dem Einerlei von Ehe, Haus und Arbeit, und so fängt unsere Fragestellerin ein Verhältnis an bzw. setzt es fort. **Lilie (30)** und **Schlüssel (33)**. Das ist als kurzes glückliches Abenteuer auf Platz 10 und 11 mit den Karten **Herr (28)** und **Klee (2)** schon aufgetaucht. Wie könnte es anders sein, die Komplikationen sind dadurch vorprogrammiert **Schlange (7)**. Wie wir aus der emotionalen Säule bereits wissen, ist unsere Fragestellerin top drauf, wenn das Herzchen stimmt und in dem Fall stimmt es. Sie schaut voller Kraft und Energie **Sonne (31)** in eine glänzende Zukunft. Hat vor nichts Angst und bewältigt alles. Sie läuft zur Höchstform auf. Sie ist sogar bereit sich neu zu orientieren **Wege (22)**. Sie wird sich das Leben angenehm und freudig gestalten **Blumen (9)**. Sie gesundet an Körper, Geist und Seele und findet die Zeit, um kurze Fahrten mit dem Geliebten zu machen. Sie ist in der Vorbereitungsphase um etwas Großartiges **Turm (19)** zu beginnen. **Turm (19)** und **Sense (10)**, die Spitze weist weg, bedeutet, dass ihre großen Vorhaben gelingen und sogar großen Ertrag bringen. Der Ertrag **Sense (10)** ist vorübergehend gefährdet, doch ein guter Umstand, glücklicher Zufall oder auch kosmische Hilfe rettet sie vor dem Verlust. Die Gefahr ist wieder gebannt.

5. Reihe: (23) – 24 – 34 – 21 – 20

Kaum ist die Gefahr **Mäuse (23)** vorüber, wendet sie sich wieder der Liebe zu **Herz (24)**. In Verbindung zu der Karte **Fische (34)** zeigt sich hier eine sehr tiefe Liebe zu einer gut situierten Person. **Fische (34)** und **Berg (21)** zeigen Schwierigkeiten im Geldfluss an. Alles, was vorher einfach, leicht und wie von selbst ging, wird plötzlich wenig ergiebig. Wie es scheint, sinkt die Fragestellerin in ein konservatives und kleinbürgerliches Leben zurück **Berg (21)** und **Park (20)**.

Abschlusskarte nach oben gelesen

Angenehmer gesellschaftlicher Verkehr **Park (20)** und darüber **Turm (19)** wird von den Pflichten des Hauses **Haus (4)**, den Pflichten der Ehe **Ring (25)** erdrückt bzw. nicht zugelassen. Es bleiben die unerfüllten Hoffnungen und großen Träume **Schiff (3)**.

Diese Reihe nach oben zu lesen macht nicht immer Sinn, doch hier lässt sich daraus erkennen, dass dieses Leben eine schöne, erfolgreiche, glückliche verliebte Phase durchläuft, aber die Ehe und das Geschaffene auf Sicht gesehen die Priorität behält.

Legebeispiel: Das kleine Blatt

Datum: ....

Name: ....

Betrifft die nahe Zukunft

Aufgabe und Auswertung

Eine Dame so um die 60 Jahre beabsichtigt sich ein Haus zu kaufen. Jetzt ist sie sich unsicher, ob das alles funktioniert, sie es bekommt und auch wirklich einziehen kann.

Da es sich hier um eine einzige Angelegenheit handelt, legen wir ein kleines Blatt aus. Auf die Personenkarte zum Herauslegen verzichte ich bewusst, denn wir wollen doch gleich sehen, ob und in wie weit die Dame noch selbstständig handeln kann oder ob sie sich aufs Schicksal verlässt. Die Karten liegen so, siehe linke Seite.

Es ist auf jeden Fall besser, mit einer Zeitbegrenzung zu arbeiten, denn sonst lässt sich nur schwer sagen, wann etwas geschieht. Wir schränken den Zeitrahmen auf ein halbes Jahr ein.

Dreimaliges Abheben

Karte 24 – 13 – 33

Die Karten des dreimaligen Abhebens sprechen eine sehr beredte Sprache. Sie erzählen uns, dass ihr größter Herzenswunsch **Herz (24)**, der Neubeginn **Kind (13)** in diesem Haus ist, was für sie die völlige Sicherheit **Schlüssel (33)** darstellt und der Beginn eines neuen Schicksals sein soll. Sie sieht dieses Haus als ihre Bestimmung an.

Personenkarte

Wir suchen uns im Kartenbild die **Dame (29)** heraus. Sie liegt eingangs gleich auf dem 2. Platz. Das bedeutet, dass sie ihr Leben selbst in die Hand nimmt, es managt und für sich selbst verantwortlich ist. Hier wird der innere Wille gespiegelt, sich notfalls auch gegen äußere Widrigkeiten durchzusetzen.

Dreh- und Angelpunkt des Geschehens

Dazu sehe ich mir im kleinen Blatt immer die mittlere Karte an, in dem Fall Bär (15). Er bestätigt, dass es in der Tat darum geht, den sozialen Schutz zu gewährleisten, eine alte Tradition zu erhalten, bzw. in diesem Fall neu zu erschaffen. Offensichtlich hatte sie früher bereits ein ähnliches Haus.

Unveränderliches Schicksal

Nun schauen wir, ob es im Schicksal der Fragestellerin liegt, dieses Haus zu bekommen und einzuziehen.

Die Personenkarte Dame (29) ist die erste Karte und gilt als Zahl 3.
Die Störche (17) sind die zweite Karte.
Der Mond (32) ist die dritte Karte.
Die Vögel (12) sind die vierte Karte.
Hier fehlt die so genannte Schließkarte.
Die nächste wäre der Bär (15).

Diese fehlende Schließkarte deutet darauf hin, dass wenn sie das Haus bekommen sollte, ihr

Leben nicht so ruhig und sicher verläuft, wie sie es sich von Herzen wünscht. Es wird Getratsch-te, Aufregungen, Nervosität und Hektik **Vögel (12)** auch in dem neuen Haus herrschen. Trotz allem steht die ganze Angelegenheit unter einem guten irdischen Schutz **Bär (15)**, zugleich bedeutet der Bär auch kosmische Absicherung. Also kann ihr letztendlich nicht viel passieren.

Auf was baut sie?

Da das Haus selbst nicht im Kartenbild erscheint, nehmen wir sie selbst als Ausgangskarte.

Kartenverlauf von der Dame aus, links schräg nach unten: **Platz 3: Dame (29), schräg darunter der Mond (32)**
Das bedeutet, dass in diesem Gefühlsleben in Bezug auf das Haus alles noch sehr verschwommen ist. Es verhält sich so, als ob sie es noch nicht glauben wolle. Steht derzeit, das heißt hier, noch ein paar Monate mit einem zwiespältigen Gefühl dem Haus, bzw. ihren eigenen Entscheidungen, dieses Haus zu erwerben, gegenüber. Ich würde sagen, sie hat ganz schön mit Erinnerungen, Sehnsüchten und Wünschen zu kämpfen.

Sehen wir uns nun die irdische, rationelle und materielle Seite der Geschichte an. Das sind die Karten von der **Dame (29) ausgehend schräg rechts nach unten: Platz 3: Dame (29) – Bär (15) – Vögel (12)**
Das bedeutet, dass sie im irdischen Bereich recht aktiv alles unternimmt, um dieses Haus zu bekommen. Sie hat auch eine gute Lobby **Bär (15)**, vermutlich kommt sie mit dem Verkäufer gut zurecht. Trotz allem gibt es unendlich viel Stress **Vögel (12)** und überflüssiges Reden.

Im Gegensatz zu ihrer Gefühlswelt handelt sie im Außen sehr gezielt und weiß, was sie will.

Verbinden der Karten

Wenden wir uns nun der ersten Reihe zu mit den Karten **31 – 29 – 19 – 25 – 1**
Die **Sonne (31)** als Eingangskarte in Verbindung mit der **Dame (29)** sagt uns, dass die Fragestellerin eine sehr dynamische, familiäre Person ist. Daher ist es auch verständlich, dass sie durch diesen Hauskauf irgendwie der »Mittelpunkt der Welt« ist. In der Tat versucht sie alle Register zu ziehen und fordert sogar Hilfe von wohlgesinnten Leuten an **Turm (19)**, die eigentlich der Vergangenheit angehören, damit sie ihr großes Vorhaben verwirklichen kann. Nur um das Haus zu bekommen, wird sie eine Verbindung **Turm (19)** und **Ring (25)** eingehen bzw. sich vertraglich binden, die einem Gefängnis gleicht. Das sieht hier wie ein harmloser Vertrag aus, dessen Folgen man erst nach und nach entdeckt. **Ring (25)** und **Reiter (1)**, zu allem Überfluss erhält sie auch noch eine Liebesverbindung angeboten, die dem Erwerb des Hauses gut tun würde.

2. Reihe: Karten (1) – 32 – 33 – 15 – 21 – 17
Die letzte Karte aus der ersten Reihe wird zur zweiten Reihe mitgelesen.

Doch kurz darauf hört sie durch eine dritte Person **Reiter (1)** und **Mond (32)**, dass die Freundschaft nicht das ist, was sie selbst hineininterpretiert hatte. Unsere Fragestellerin muss schon sehr viel seelisches Leid hinter sich gebracht haben **Mond (32)**, denn inzwischen hat sie gelernt dieses in bare Münze umzuwandeln **Schlüssel (33)**. In diesem Kartenbild liegen sehr viele kommunikative Karten, die darauf hindeuten, dass sie rhetorisch doch sehr geschult ist. **Schlüssel (33)** und **Bär (15)** bedeutet, dass es einen gesicherten Ablauf gibt. Das ist hier wie eine Finanzierungs- oder Kaufzusage zu sehen. Doch das alles scheint ihr nicht schnell genug zu laufen. Anstatt das kommende Schöne zu sehen, sieht sie auf die Blockaden und Hindernisse **Berg (21)**. In Verbindung mit **Störche (17)** wird hier eine sehr klare Aussage getroffen, sie zieht innerhalb dieses halben Jahres in das Haus ein. Dieser Umzug geht allerdings nicht in einem Aufwasch, sondern eher in Stücken vor sich.

3. Reihe: Karten (17) – 8 – 7 – 18 – 12 – 27

Die letzte Karte aus der zweiten Reihe wird zur dritten Reihe mitgelesen.

Nachdem unsere Fragestellerin eingezogen ist, werden weitere Pläne, die mit Umzug und Veränderungen zu tun haben, abgebrochen, stillgelegt.

Das verstand ich nicht so recht. Ich sah sie fragend an. Sie meinte nur, »ich wollte das Büro ins Haus legen und die zweite Wohnung vermieten. Es hat noch eine Dachgeschosswohnung. Aber das muss dann warten«. Wie Sie nun sehen, nicht alles muss ein/e Kartenleger/in verstehen, manches ist nur für den Kunden als Information bestimmt.

Es versteht sich von selbst, dass sich die Seele unserer Kundin von der Vergangenheit, in dem Fall alte Wohnung, völlig abnabeln muss, dafür trotz Umzug in das schöne Haus aber noch Zeit benötigt, während ihr Geist schon große Pläne schmiedet von herzlichem Beisammensein in kleinem Rahmen, s. Karten des dreimaligen Abhebens. Offenbar hegt sie noch irgendwelche Befürchtungen, dass etwas daneben gehen könnte. Sie soll sich nicht soviel Ängste machen, denn sie ist in einer karmischen Freundschaft **Hund (18)** verbunden, der sie vertrauen kann. Sie wird in diesem Haus interessante Gespräche mit netten, sehr lebendigen Personen haben **Vögel (12)**. Immer noch scheint sie sich irgendwelche Sorgen zu machen, gerät in Aufregung und Hektik **Vögel (12)** wegen schlechter Nachrichten **Brief (27)**, die sich im Nachhinein als haltlos erweisen.

Die Frage an die Karten war, ob alles funktioniert und sie einziehen wird. Dies ist definitiv mit ja beantwortet worden. Sie zieht ein und es funktioniert. Zum Beispiel wurde in dieser Frage an die Karten kein Wort über das Finanzielle verloren und siehe da, die Karten haben speziell darauf auch nicht geantwortet.

Wie Sie hier an diesem Beispiel sehen, kommt es bei den kleinen Blättern oft auf die richtige Fragestellung an, damit wir dann mit den Antworten zufrieden sind.

Legebeispiel: Keltisches Kreuz

Datum: . . . .

Name: . . . .

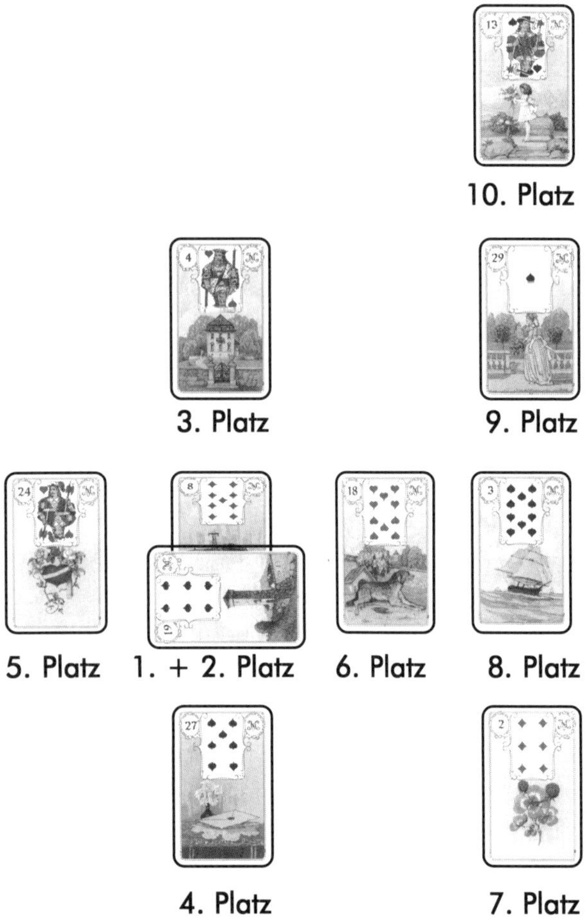

1. Karte auf den ersten Platz
   Die jetzige Lage, das Problem

2. Karte auf den zweiten Platz
   Womit jetzt zu rechnen ist

3. Karte auf den dritten Platz
   Zeigt Ihre Gedanken und Sorgen der Gegenwart

4. Karte auf den vierten Platz
   Wovon Sie nichts wissen wollen

5. Karte auf den fünften Platz
   Die Ursache in der Vergangenheit

6. Karte auf den sechsten Platz
   Was in der Zukunft kommt

7. Karte auf den siebten Platz
   Was bereinigt werden soll

8. Karte auf den achten Platz
   Die Basis für den Aufbau

9. Karte auf den neunten Platz
   Ihre Hoffnungen und Tatkraft

10. Karte auf den zehnten Platz
    Ihre Zielerreichung

Aufgabe und Auswertung

Auf der linken Seite sehen Sie ein herausgelegtes Keltisches Kreuz. Eine Dame so um die vierzig, berufstätig, verheiratet, wollte einfach nur mal wissen, was denn so die nächste Zeit auf sie zukäme.

Trotz dems »nur mal so, und ich möchte mal ...« bat ich sie, die Karten auf eine maximale Laufzeit von nur einem halben Jahr zu beschränken.

Beginnen wir mit der Auswertung.

Platz 1: Die jetzige Lage, das Problem.
Der **Sarg (8)** bedeutet, dass sie lustlos und ohne große Aussicht auf eine Veränderung in ihrem Leben dahinlebt. Vermutlich, mit ziemlicher Sicherheit kränkelt sie.

Platz 2: Womit jetzt zu rechnen ist.
Der **Turm (19)** deckt den Sarg und versteckt dadurch die Isolation und Einsamkeit in ihren Gefühlen. Derzeit bedeutet es für sie, wie in einem Gefängnis zu leben.

Platz 5: Zeigt uns die Ursache in der Vergangenheit.
Das **Herz (24)** erzählt uns, dass sie in der Vergangenheit sehr herzliche liebevolle Beziehungen hatte. Hier würde ich sagen, dass es sich um ein Liebesverhältnis gehandelt haben muss, denn der Ehemann nach zwanzig Jahren Ehe kann nicht damit gemeint sein (s. Hinweis in den Personenkarten Seite 129). Und zusätzlich offenbart sich in der jetzigen Lage das Problem durch den **Sarg (8)**, der auch auf Depriphasen und Liebeskummer hinweist. Mit dem **Turm (19)** zusammen deutet es auf eine Trennung der herzlichen Geschichte hin.

Platz 3: Zeigt uns ihre Gedanken und Sorgen der Gegenwart.
Das **Haus (4)** sagt uns, dass sich seine Bewohnerin sehr viel Gedanken um das Haus macht. Da sie es im Kopf herumträgt, scheint es auch diesbezüglich Belastungen zu geben, und sei es nur, ob sie alles so machen kann, wie sie es sich wünscht.

Platz 4: Wovon sie nichts wissen will.
Der **Brief (27)** deutet auf schnelle, auch unangenehme Nachrichten hin. Auf Absagen, auf Nichteinhaltungen von Versprechungen. Fast würde ich es hier so ausdrücken wollen, sie hat ein wenig Angst vor unangenehmer Post, die letztendlich vielleicht sogar das Haus gefährden könnte. Sie fühlt sich ja derzeit **Sarg (8)** und **Turm (19)** ohnmächtig, etwas dagegen zu unternehmen.

Platz 6: Was in der Zukunft kommt.
Der **Hund (18)** zeigt uns, dass sie, gleichgültig was passiert oder wie schlecht sie sich fühlt, immer treue verlässliche Freunde um sich haben wird, auf die sie zählen kann.

Platz 7: Was bereinigt werden soll.

Der **Klee (2)** bedeutet im Kartendeck das kleine Glück, die guten Gelegenheiten, die kosmischen Hilfen wie Zufälle von guten Gaben. Da diese Karte bereinigt werden soll, heißt das, sie soll nicht auf kosmische Hilfe oder astrologisch bessere Zeiten warten, sondern ihren Verstand, ihr Wissen und Können einsetzen um vorwärts zu kommen. Weniger warten, mehr handeln.

Platz 8: Die Basis für den Aufbau.

Sehr interessant, dass ausgerechnet hier das **Schiff (3)** liegt, das ihr sagt, dass es um ihre Kraft geht, dass sie alte Träume, abgelegte Pläne und Visionen wieder hervorholen soll. Gleichzeitig soll sie sich in der Ferne (außer Haus, auch Arbeitsstelle) anderweitig beruflich umsehen. Denn das Schiff weist uns auf Handel in geschäftlichen Aktivitäten hin. Sie hat die Gedanken, die Kraft und die Fähigkeit in sich, ihr Leben so zu gestalten, wie sie es will. Sie muss es nur wieder hervorholen.

Platz 9: Ihre Hoffnungen und ihre Tatkraft.

Sie selbst als **Dame (29)** ist das, worauf sie bauen kann, so wie das Schiff bereits angedeutet hat.

(Diese Auszeit, die lethargische Phase passt hier überhaupt nicht ins Bild und auch nicht zu der Person. Das sage ich ihr. Und sie meint, dass sie sich so fühle, das kenne sie in dieser Form auch nicht. Darauf empfehle ich ihr zum Arzt zu gehen und sich gründlich untersuchen zu lassen).

Platz 10: Ihre Zielerreichung

Das **Kind (13)** erzählt uns, dass sie in kleinen Schritten einen Neubeginn wagt und aus ihrem selbst gemauerten Gefängnis wieder herauskommt. Sie ist und wird immer in der Lage sein, es selbst zu bewerkstelligen. Das Kind bedeutet auch, dass sich die Situationen verbessern, die Chancen wachsen und Land in Sicht kommt.

Zusammenfassung: So wie es aussieht, ist die Dame derzeit etwas isoliert oder hat sich freiwillig isoliert. Denn das Liebesverhältnis aus der Vergangenheit kann nicht weiter gelebt werden. Da sie sich Sorgen und Gedanken um das Haus macht, können diese eigentlich nur finanzieller Art sein. Ob sie ein Haus gebaut, umgezogen oder nur eine Wohnung renoviert hat, geht aus dieser kurzen Legung nicht hervor. Jedoch, was klar hervorgeht ist, dass es sich um unangenehme Post in Bezug auf das Haus handelt. Und das es vergebens ist, auf Kosmische Wunder zu hoffen und zu warten, während die Rückbesinnung auf eigene Fähigkeiten und eigenes selbstständiges Handeln zu einem Neubeginn in Teilen führt.

Sie erzählt mir dann den Rest. Sie hätte ein Haus gebaut. Die Post sei sicher vom Finanzamt, vermutlich Nachzahlung. Da sie umgezogen sei, hätte sich die Liebelei auch erledigt. Sie mache sich Gedanken, ob sie das Haus so zu Ende bringen können, wie sie es geplant haben, oder ob ihnen das Geld ausgehe, da ihr Mann nicht mehr voll arbeite. Und sie meinte, dass sie sich in der Tat wie im Gefängnis fühle, weil sie zu wenig Vergnügen hätte.

Besonderheit in Legungen mit dem Kreuz

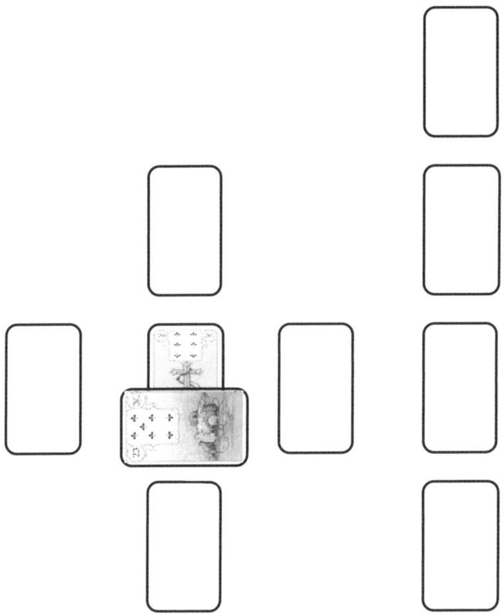

Fällt das **Kreuz (36)** auf Platz 1

und **Mäuse (23)** auf Platz 2

so ist dies eine Besonderheit. Sie besagt, dass man im Grunde genommen die Karten überhaupt nicht weiter auszulegen braucht. Gleichgültig wie fantastisch, super toll die Karten liegen würden und eine glorreiche Zukunft, viel versprechende Partnerschaft, großes Geld oder sonst etwas aussagen würden, es kommt nichts zustande.

Alles wird durch eine unvorhergesehene Begebenheit, einen dummen Zufall außer Kraft gesetzt. Denn es handelt sich hier um eine karmische Gesetzmäßigkeit. Ich nenne das immer kosmisches oder karmisches Stopp.

Diese Gesetzmäßigkeit gilt bei allen Legungen, in denen die Ausgangssituation der Signifikator **Kreuz (36)** ist und mit einer zweiten gezogenen Karte **Mäuse (23)** gedeckt wird.

Bitte glauben Sie nicht von vornherein, dass das generell schlecht für Sie wäre. Stellen Sie sich folgendes Beispiel vor. Sie wollen unbedingt einen bestimmten Mann als Partner haben. Sie legen die Karten und siehe da, es fällt das Kreuz und darauf die Mäuse. Sie sind furchtbar enttäuscht und weigern sich, dies zu glauben. Doch siehe da, die Beziehung zerbricht an Lappalien, die Sie nicht verstehen. Jahre später, als sie glücklich mit einem anderen verheiratet sind, erfahren Sie durch Zufall, dass ihr damaliger Freund ein Verbrecher war und nur nach außen geblendet hat.

Das Warum und Wieso in solchen Situationen zu begreifen fällt uns Menschen relativ schwer. Oft scheint es ungerecht und man ist mehr als wütend. Lassen Sie es, nehmen Sie es als gegeben hin, dagegen hilft kein Auflehnen. Denn dann laufen wir Gefahr Schicksal zu spielen. Und dazu sind wir mit unserer maximalen zehnprozentigen Gedankenkapazität nicht in der Lage, ein perfektes Schicksalsnetz minutiös in allen Einzelteilen zu weben.

Legebeispiel: Tages Kreuz

Datum: . . . .

Name: . . . .

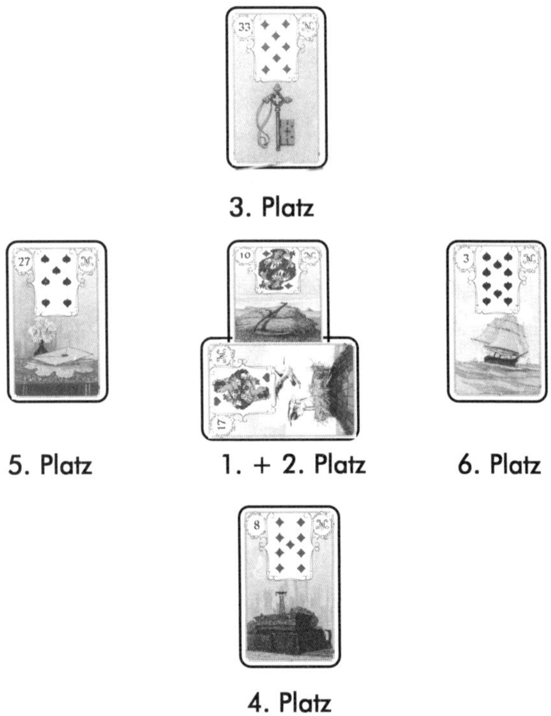

1. Platz
   Das Jetzt, hier, heute, der heutige Tag

   oder: Der morgige Tag

   oder: Diese Woche

2. Platz
   Worum gehts

3. Platz
   Was mich deckt

4. Platz
   Was ich tret *(Was mir zu Füßen liegt, also was mich stützt, ich aber nicht in Anspruch nehme)*

5. Platz
   Was mich schreckt

6. Platz
   Was mir zur Seite steht

Aufgabe und Auswertung

Diese nebenstehende Legung haben wir auf einen Tag gelegt. Wir waren neugierig, ob uns dieses einfache Kreuz ausreichen würde, um einen präzisen Einblick auf das bevorstehende Morgen zu erhalten. Die Frage dazu war recht einfach. Eine Dame wollte wissen, was sie morgen erwartet. Als wir mit der Auswertung fertig waren, meinte sie, so genau und so viel wollte sie doch gar nicht wissen. Später rief sie mich an und sagte, es hätte alles gestimmt und der Tag wäre genauso turbulent und sehr gut gelaufen.

Alle Karten werden einzeln gedeutet, bis auf Platz 1 und Platz 2. Diese zuerst einzeln, dann zusammenhängend betrachten.

Platz 1: Die Tageskarte
Die **Sense (10)** als Tageskarte verrät uns, dass dies ein Tag wird, an dem sehr vieles plötzlich geschieht. Also nicht langweilig, sondern mit vielen Aktivitäten bestückt.

Platz 2: Worum gehts?
Die **Störche (17)** weisen auf allgemeine und insbesondere Veränderungen hin, die mit Umzug bzw. Entfernen von Möbelteilen zu tun haben. (Sie bestätigte sofort, dass am folgenden Tag die Sperrmüllabfuhr komme).

Platz 3: Was mich deckt.
Der **Schlüssel (33)** bedeutet hier, dass ihre Aktivitäten sicher sind, dass sie mit Sicherheit vom Schicksal gedeckt sind. Das bedeutet, was sie morgen in Angriff nimmt, soll genau so sein und ist richtig, so wie es ist.

Platz 4: Auf was ich tret (mit Füßen trete).
Der **Sarg (8)** ist sicher hier das Schönste und fast Beste, was sie mit Füßen treten kann. Denn damit tritt sie die Stagnation, das Kranksein, Unwohlsein und die Depression weg. Bei diesem Tagesablauf, der von Veränderungen und Schnelligkeit gekennzeichnet ist, gibt es keine Chance für irgendwelche Krankheiten oder Schwächen.

Platz 5: Was mich schreckt.
Der **Brief (27)** ist eine Karte der Geschwindigkeit, der schnellen vielen Aktivitäten, die erledigt werden. Da er von der Zeit her nur als ganz kurz läuft, befürchtet die Dame, nicht alles zu schaffen oder zeitgerecht hinzubekommen.

Platz 6: Was mir zur Seite steht.
Das **Schiff (3)** zeigt sehr deutlich, dass sie sich mit Objekten oder Projekten in Übersee befasst, mit großen Plänen und Träumen und auf eine bessere Zukunft baut (sie nickte hier).

Zusammenfassung: Alles in allem sieht es so aus, dass die Dame in ihrem Leben Ordnung schafft, weil sie sich anderweitig größeren Plänen zuwenden will. Wenn wir die Karten: **27, 17** und **3** zusammen lesen, dann heißt das, dass sie ein wenig Angst vor einer sehr großen Veränderung hat, die mit dem Ausland zusammenhängt.

Legebeispiel: Karmisches Kreuz

Der karmische Auftrag, der im Jetzt abzuarbeiten ist.

Datum: . . . .

Name: . . . .

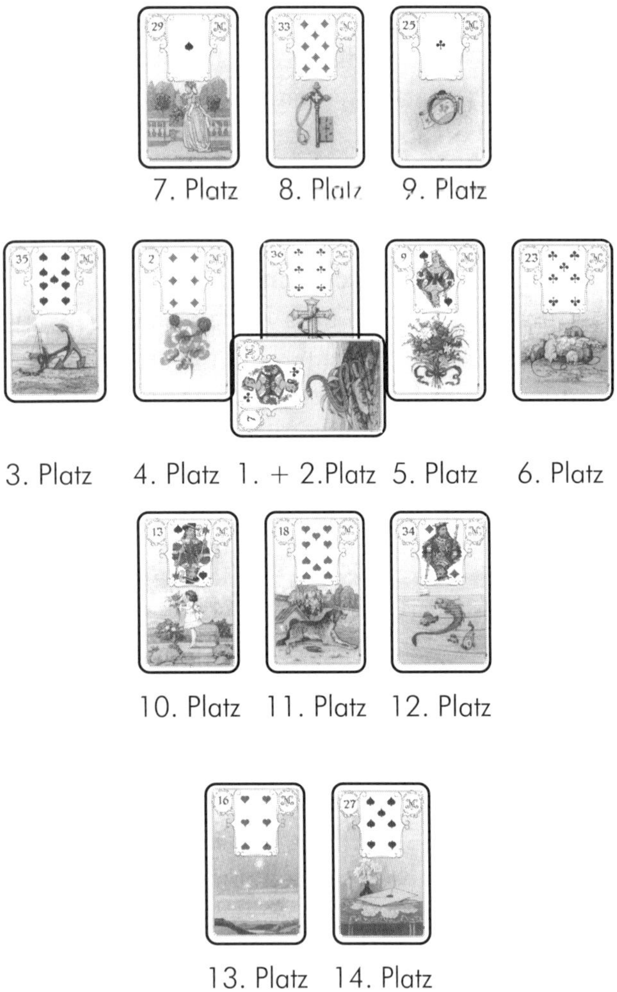

- Legeanweisung siehe Legeart: Das karmische Kreuz auf Seite 162

1. Reihe: Platz 7, 8, 9
   Wie war mein letztes Leben dazu?
   – Status – Prägung –
   (gilt für das ganze jetzige Leben)

Kann ab 2. Reihe jährlich erneuert werden.

2. Reihe: Platz 1: Signifikator: **Kreuz**

2. Reihe: Platz 2: mittlere Karte quer
   Derzeitiges Hauptproblem.

2. Reihe: Platz 3, 4, die beiden linken Karten
   Was ist abgearbeitet?

2. Reihe: Platz 5, 6, die beiden rechten Karten
   Was muss abgearbeitet werden?
   Hinweis aus die Lernaufgabe.
   (Zeitbeschränkung ein Jahr)

3. Reihe: Platz 10, 11, 12
   Was werde ich erreichen?
   (Zeitbeschränkung ein Jahr)

4. Zusatzreihe: Platz 13, 14
   Werde ich mit mir zufrieden sein?
   (Zeitbeschränkung ein Jahr)

Aufgabe und Auswertung

Aufgabe

Eine Dame wollte wissen, wie es karmisch um sie stehe, und ob es sich erledigen könnte, sodass sie vielleicht in absehbarer Zeit kein altes Karma mehr an sich hängen hätte.

Um zu wissen, ob man als Mensch noch Karma aus der Vergangenheit zu bewältigen hat, oder wie man es am besten angeht, haben wir die Legung **»Karmisches Kreuz«** als Beispiel genommen. Die Karten lagen wie auf der linken Seite vorgegeben.

Lösung

1. Reihe: Wie war mein letztes Leben. Status – Prägung: Karte 29 – 33 – 25

Diese drei Karten sagen uns etwas über das Leben, den sozialen Stand und die Prägungen des letzten Lebens aus.

Platz 7: Die **Dame (29)** bedeutet, dass unsere Klientin zu der damaligen Zeit nicht unbedingt arbeiten musste. Sie war in der sozialen Lage, an ihrer Selbstverwirklichung arbeiten zu können und diese in den Vordergrund zu schieben. Wenn wir uns in vergangene Jahrhunderte zurückdenken, so würden wir heute sagen, sie war eine Dame, eine Herrin, die ihren eigenen Neigungen nachgehen konnte.

Platz 8 + 9: Der **Schlüssel (33)** besagt, dass sie schicksalsmäßig in einer traditionellen Verbindung **Ring (25)** gebunden war. Da sie sich selbst als **Dame (29)** auf Platz 7 präsentiert hat, ist davon auszugehen, dass sie mit Sicherheit verheiratet war.

Zusammenfassung der ersten Reihe, Kartenplatz **7 – 8 – 9**: Es lässt sich daraus schließen, dass unsere Klientin eine mit Sicherheit verheiratete Person in abgesicherter Position (Ehe) war. Die Ehe und der Partner waren ihr Schicksal. Trotzdem blieb genügend Zeit, um ihren eigenen Neigungen nachzugehen.

2. Reihe: 2. Platz: Derzeitiges Hauptproblem Karte 7

Die **Schlange (7)**, die das **Kreuz (36)** deckt, bedeutet, dass das derzeitige Hauptproblem darin besteht, dass sie immer wieder an Menschen gerät, die sie aus der Vergangenheit kennt und die bereits Verbindungen zu ihr aufgebaut haben. Diese laufen aber nicht glatt ab. Es führt hier ständig zu emotionalen und energetischen Verwicklungen. (Die Schlange als Hauptproblem ist im spirituellen Bereich auch als Hinweis auf karmische Beziehungsprobleme zu werten).

2. Reihe: 3. Platz: Was ist bereits abgearbeitet? Karte 35 – 2

Der **Anker (35)** bedeutet, dass in diesem Leben das Thema Arbeit und das festhalten daran, für sie doch längst erledigt ist.

Platz 4: Der **Klee (2)** besagt, dass die kosmischen Glückszufälle – bezogen auf das Hauptproblem, Beziehung – bereits ausgeschöpft sind. D.h. alle Verbindungen zu Menschen, mit denen die Dame gerne Kontakt hätte, musste sie sich in den letzten Jahren selbst aufbauen. Das wusste sie aber nicht. Das bedeutet, sie musste wählen, musste ja oder nein zu einer Beziehung sagen und das sehr deutlich. Sie hatte keine Hilfe des Kosmos, den so genannten Zufall. Doch die Karte der **Klee (2)** sagt, dass das gut gelungen ist, denn es steht nicht mehr in ihrer Lernaufgabe.

2. Reihe: 5. + 6. Platz: Karte 9 – 23: Was muss abgearbeitet? Hinweis auf die Lernaufgabe.

Platz 5: **Blumen (9)** ist eine sehr schöne Karte und hier ist ein Hinweis darauf, große Freude, Erfolg, Spontaneität und Geselligkeit mit anderen zu genießen und zu akzeptieren. Diese Aussage können wir verstehen, denn wir sehen, dass auf Platz 3 die viel zu viele Arbeit bereits erledigt ist. (Sie muss es geschehen lassen).

Platz 6: **Mäuse (23)**. In der Regel deuten die Mäuse auf Verluste hin. Wenn sie in der Lernaufgabe auftauchen, so bedeutet das, der Fragende hat bereits Ängste in der Vergangenheit in Bezug auf unorthodoxe Verluste aufgebaut. In dem Fall treffen wir hier die Aussage, unsere Dame soll ihre Ängste vor Verlusten verlieren, soll gelassener damit umgehen, denn es gibt Situationen, an denen sie nichts verändern kann. Sie kommen ganz einfach auf Grund eines alten Karmas aus der Karte **Schlange (7)**.

3. Reihe: Was werde ich erreichen? Platz 10 – 11 – 12: Karte 13 – 18 – 34

Platz 10: Die Karte das **Kind (13)** bedeutet, dass die Dame genügend Glauben und Vertrauen aufbringt, um einen Neustart zu wagen. Es ist kein Riesenschritt, sondern es sind eher kleine Schritte.

Platz 11: Der **Hund (18)** bedeutet, dass sie es schätzen lernt, gute und wahre Freunde zu haben. Dies scheint für sie ein sehr wichtiger Aspekt zu sein, zumal das Hauptproblem energetisch verwickelte Verbindungen sind.

Platz 12: Die **Fische (34)** zeigen ihr, dass es eine Möglichkeit gibt, wesentlich leichter und angenehmer in den Geldfluss zu gelangen als früher. Zudem wird sie dabei durch herzliche oder auch nur freundschaftliche Beziehungen ein stabiles Seelenleben erreichen.

Zusammenfassung der dritten Reihe, Kartenplatz **10 – 11 – 12**: Trotz vorangegangener Verluste wird sie in ihrem Leben einen kleinen Neubeginn starten, wobei die größten Teile ihres Lebens erhalten bleiben. Freundschaften, finanzielle und seelische Ausgewogenheit werden in Zukunft über der Arbeit stehen. Alles in allem sehen wir hier eine Lebenserleichterung.

4. Reihe: Werde ich mit mir zufrieden sein? Platz 13 + 14: Karte 16 – 27

Platz 13: Wenn die Dame nach einem Jahr zurückblickt, wird sie erkennen, wie zufrieden sie sein kann **Sterne (16)**. Der Geist ist klar, sie kennt genau ihren Weg. Vieles hat sie begonnen, manches noch nicht beendet.

Platz 14: **Brief (27)**. Sie hingegen schimpft und hadert noch mit sich. Sie ist irdisch noch nicht zufrieden mit dem, was sie bis jetzt erreicht hat. Alles ging ihr nicht schnell genug.

Zusammenfassung der vierten Reihe, Kartenplatz **13 – 14**: Mit der geistigen Erkenntnis wird sie zufrieden sein, mit der irdischen Umsetzung nicht ganz. Sie findet, wenn sie nach diesem einem Jahr zur Prüfung müsste, dann würde sie durchfallen. Doch das stimmt nicht. Sie würde bestehen. Zwar nicht mit der besten Note, aber immerhin bestanden.

Unsere Musterdame hier bildet leider keine Ausnahme. Die meisten von uns verhalten sich so. Wenn sie etwas als veränderungsbedürftig erkennen, dauert es oft noch eine ganze Weile, bis der Wille wach wird und in der Realität etwas unternommen wird, um das Leben zu verändern.

Und nun Ärmel hoch und beginnen. Das, das und jenes! Und in ein bis zwei Wochen ist dann so viel angerührt, so viel in Bewegung gesetzt, dass man sich von den vielen neuen Begebenheiten wie erschlagen fühlt.

Viele brechen hier ab, meinen, sie schaffen das nicht, es sei zu viel und versuchen die gewählte Veränderung wieder zu vergessen.

Alle diese Situationen kenne auch ich, denn ich tue, wenn schon, dann am liebsten alles im Affentempo. Doch damit kommt man in der Regel nicht weit, weder Sie noch ich. Die Energie und der Durchhaltewille erlahmt zu schnell. Ich habe mir diesbezüglich eine kleine Schützenhilfe gebaut, die mir trotz der täglichen Alltagskiller erlaubt, meine festgelegten Ziele nicht aus den Augen zu verlieren. Vielleicht eignet es sich auch für Sie, falls Sie Derartiges in der Tat bräuchten.

Ich nehme ein leeres Blatt Papier, notiere das Datum und schreibe in Stichpunkten meine Änderungswünsche auf. Ich achte darauf, dass ich nicht mehr als neun Punkte auf die Liste bringe.

Darunter schreibe ich in großen roten Lettern:

Gib dir ein Jahr Zeit!
Rom ist auch nicht an einem Tag gebaut geworden.

Es hilft mir gut, wenn ich mal unzufrieden bin, weil ich angeblich so langsam bin.

Legebeispiel: Magisches Kreuz

Datum: . . . .

Habe ich magische Fähigkeiten?

Name: . . . .

1. Reihe: Platz 7, 8, 9
vergangenes Leben
Hatte ich magische Fähigkeiten in einem vergangenen Leben, die ich für dieses Leben mitbringe?

2. Reihe: Platz 3, 4, die beiden linken Karten – **jetziges Leben**
Was verschwende ich?

2. Reihe: Platz 1: Signifikator: **Kreuz**

2. Reihe: Platz 2 – **jetziges Leben**
Mein Lerngeschenk

2. Reihe: Platz 5, 6, die beiden rechten Karten – **jetziges Leben**
Welche neuen Fähigkeiten kommen in der Zukunft hinzu?

3. Reihe: Platz 10, 11, 12
jetziges Leben
Wie wirkt sich das derzeit in meinem Leben aus?

Wichtig!
- Die Karten der Plätze 1, 3, 4, 7, 8, 9 gelten für eine Lebenslegung.
- Karten der Plätze 2, 5, 6 können so ca. alle 3 Jahre erneuert werden.
- Karten der Plätze 10, 11, 12 können ab ca. 1 Jahr erneuert werden.

Aufgabe und Auswertung

Genauso wie wir wissen wollen, wer wir waren, wann und wo wir gelebt haben, welche Charaktereigenschaften wir einstmals hatten, genauso ist es für uns interessant zu wissen, ob wir magische Fähigkeiten haben? Denn dann können wir uns wehren, wenn ein anderer schwarze Magie gegen uns treibt oder uns mit negativen Gedanken bombardiert.

Bitte nicht vergessen, jede Reihe einzeln legen.

- Suchen Sie sich das Kreuz heraus und legen Sie es bitte in die Mitte.
- Mischen Sie die Karten und legen Sie die erste Reihe.
- Nach jeder ausgelegten Reihe wird das Kartenblatt wieder zusammengemischt.
- Danach legen Sie die 2. Reihe.
- Dann die 3. Reihe.

Aufgabe

Eine Kundin von mir fühlte sich auf unerklärliche Weise bedroht. Alles Erdenkliche lief schief. Sie meinte, dass jemand gegen sie ein böses Spiel treibe. Sie wollte wissen, was sie dagegen tun könne und ob sie denn überhaupt Fähigkeiten hätte, sich selber zu wehren?

Nach einigen Überlegungen stellten wir als erstes die Frage: **»Habe ich magische Fähigkeiten?«**

Siehe Kartenlegung linke Seite.

Lösung

1. Reihe: vergangenes Leben. Karte 30 – 2 – 32

Platz 7: Die **Lilie (30)** bedeutet, dass sie in einem vergangenen Leben als Priesterin tätig war. Zudem muss es in einer hohen alten traditionsreichen Position gewesen sein, in der sie eine große Macht ausübte.

1. Reihe: Platz 8: Der **Klee (2)** ist eine Dimensionskarte innerhalb von Raum- und Zeitbegrenzung. Er besagt, dass sie die Fähigkeit besaß, durch Raum und Zeit zu reisen und sich anderenorts wieder zu manifestieren. Heutzutage würde man dies Teleportation nennen.

1. Reihe: Platz 9: Der **Mond (32)** deutet auf die Kraft und Macht der Göttin hin, die magische Rituale ausgeübt hat. Da sie Priesterin war, stand sie selbst zu damaligen Zeiten in hohem Stand.

Zusammenfassung der ersten Reihe, Kartenplatz **7 – 8 – 9**: Es lässt sich daraus schließen, dass zumindest das erlernte Wissen in ihr schlummert, wenn nicht gar aktiviert ist.

2. Reihe: Was verschwende ich in diesem Leben? Karte 31 – 1

Platz 3: Leider wird hier etwas äußerst Wertvolles verschwendet, sagt die Karte **Sonne (31)**. Die Kundin hat ein 100%iges Bewusstsein von Recht und Unrecht, damit auch eine sehr starke magische Macht, die nicht oder nur kaum genutzt wird.

2. Reihe: Platz 4: Im Grunde genommen sollte die Kundin als Götterbote **Reiter (1)** für die Menschen da sein. Das bedeutet, sie hat etwas zu vermitteln.

Zusammenfassung der 2. Reihe: Kartenplatz **3 – 4**: Sie setzt die höchste Kraft und den Willen nicht ein, um Nachrichten, die der Menschheit dienen und ihr helfen würden, genügend zu verbreiten. Zu wenig Veröffentlichung.

2. Reihe: Welche neuen Fähigkeiten kommen in der Zukunft hinzu? Karte 24 – 12

Platz 5: **Herz (24)**. Durch irgendwelche Umstände, können durchaus ganz irdische sein, wird sich ihr Herz öffnen und sie immer mehr in die emotionslose Liebe hineinwachsen. Es kommt eine Zeit, sodass sie die Lehre des Herzens leben wird.

2. Reihe: Platz 6: **Vögel (12)**. Sie wird eine stärkere und wesentlich reinere Verbindung ins kollektive Bewusstsein erhalten und ohne Probleme in der Akasha-Chronik lesen können. Sie wird Sender und Empfänger zugleich sein.

Zusammenfassung der 2. Reihe: Kartenplatz **5 – 6**: Sie wird über ein reines Herz einen direkten Kontakt ins morphogenetische Feld haben und ihre Botschaften sind von emotionsloser Liebe geprägt.

3. Reihe: Wie wirkt sich das derzeit in meinem Leben aus? Karte 7 – 33 – 24

Platz 10: **Schlange (7)**. Dass sie immer wieder an Menschen geraten wird, mit denen sie in vergangenen Leben energetische Verbindungen hatte. Lt. dem **Herz (24)**, was die Lehraufgabe darstellt, ist davon auszugehen, dass öfters bei menschlichen Verbindungen nebulöse, unklare Gefühle entstehen und man als Mensch meint, der andere hat etwas gegen einen. Doch in dem Fall handelt es sich hier nur um noch nicht erlöste karmische Verbindungen.

3. Reihe: Platz 11: **Schlüssel (33)**.
Da der Schlüssel eine Bestimmungs- sowie eine Schicksalskarte ist, was soviel bedeutet wie auf dem Weg sein, müssen wir die nächste Karte Herz (24) hinzuziehen.

3. Reihe: Platz 12: **Herz (24)**.
Mit Sicherheit ist hier die transzendente Liebe zu lernen und zu leben.

Zusammenfassung der 3. Reihe: Kartenplatz **10 – 11– 12**: Die Liebe aus dem geöffneten Herzchakra würde die Weisheit und das Wissen wesentlich verbessern. Es gilt hier, als Weisheitslehrer irdisches Wissen mit kosmischem Wissen zu verbinden.

Die Tätigkeiten des vergangenen Lebens waren eher durch Rituale, Priesterschaft und Macht gekennzeichnet. Hier in diesem Leben soll es dem Wohle der Allgemeinheit dienen.

Sicher haben Sie es schon erraten, es handelt sich um eine Dame, die im spirituellen Bereich tätig ist. Und wie könnte es anders sein.

2. Reihe: Lerngeschenk

Ihr Lerngeschenk auf Platz 2 sind die **Wege (22)**, in dem Fall der Joker. Das heißt, sie ist frei in ihren Entscheidungen, gleichgültig welche Richtung sie einschlagen würde, solange sie die kosmischen Gesetze nicht verletzt, kann sie tun und lassen, was sie will. Selbst beim Wissen oder ihren Taten verhält es sich nicht anders, sie könnte jederzeit auf ihren Joker zurückgreifen und entsprechende Informationen aus dem morphogenetischen Feld ziehen, die ihr erlauben würden, Menschen zu beeinflussen oder Angelegenheiten zu ihren Gunsten zu manipulieren.

Doch keine Bange, Unrechtes wird sie nicht tun, denn das hundertprozentig reine Bewusstsein der Sonne verhindert schlimme Taten, die anderen schaden würden.

Wir sehen, dass sich unsere Fragestellerin durchaus wehren könnte, wenn sie wollte, es in der Regel aber nicht tut.

Jetzt erst erzählte mir die Kundin, dass sie vor ca. zwei Monaten eine Mitteilung erhalten hätte, es solle ihr auf magischem Wege geschadet werden. Sie wollte wissen, ob diese Person ihr tatsächlich schaden könne, denn wie gesagt, seit dem Zeitpunkt, wenn sie es richtig überlege, liefe bei ihr doch so vieles schief.

Ich fragte sie, ob sie denn Angst hätte, dass der andere ihr wirklich etwas anhaben könne. Sie antwortete mir, dass es sie schon erschreckt habe, und als danach so einiges daneben ging, fing sie immer mehr an, darüber nachzudenken. Ja, und jetzt sei sie sich nicht mehr sicher, ob sie nicht doch verflucht sei, oder der andere möglicherweise »weiß der Himmel was« gegen sie mache, denn das wäre doch nicht normal, dass seit ausgerechnet diesem Zeitpunkt alles den Bach runterginge.

Zuerst erklärte ich ihr, dass es immer Phasen im Leben eines jeden Menschen gäbe, in denen die Dinge nicht glatt laufen. Und dass, wenn es einmal angefangen hat schiefzulaufen, ganz viele neue schiefe Geschichten dazukämen. Und hier gäbe es noch einen zusätzlichen Aspekt. Sie wisse um die Drohung, ihr zu schaden. Denn wenn sie es nicht wüsste, würde sie der schlechten Ereigniskette nicht diese Bedeutung beimessen und sie könnte schneller zu Ende gehen. Zusätzlich hat sie inzwischen Angst bekommen, und genau diese Angst, die Schwingung der Angst zieht weiteres Unheil herbei. Dazu bedarf es keiner magischen Handlung einer anderen Person gegen einen. Dass verursacht man in diesem Moment selbst.

Wie soll ich das verstehen? »Ich war zum Beispiel letzte Wochen beim Einkaufen, da war es besonders schlimm, jeder drängelte sich vor, rempelte mich an, schnitt mir den Weg ab. Als ich dann an der Kasse stand, fiel mir auf, dass ich etwas vergessen hatte. Doch ich wollte nicht nochmal zurück. Vor mir gab es mit der Kundin Probleme, es musste etwas storniert werden und als ich dran war, war die Rolle zu Ende. Das dauerte, denn der Marktleiter musste erst gerufen werden. Oh, es ging noch weiter. Der Einkaufswagen ließ sich nicht in die Reihe zurückschieben, also verzichtete ich auf den Euro. Als ich wieder beim Auto war, stellte ich fest, dass ich so gut wie eingeparkt war«. Ich unterbrach hier und meinte, eigentlich nur ein schlechter Tag. Doch solche Tage häufen sich mittlerweile, erklärte sie, und das kenne sie nicht in dieser Art. Sie wolle jetzt Bescheid wissen. Gut dann lassen Sie uns das klären.

Die Fragen sind folgende:

1. Aus welchem Stand der Magie arbeite ich?
2. Aus welchem Stand der Magie arbeitet der andere?
3. Wieviel Macht (Kraft) habe ich derzeit?
4. Wieviel Macht (Kraft) hat der andere derzeit?
5. Kann er mir mit seiner Macht (Kraft) schaden, wenn er magisch gegen mich arbeitet?
6. Was muss ich dagegen tun?

Stellen wir jetzt die erste Frage. Anleitung.

- Dazu verwenden wir nur drei Karten, die wir aus dem gefächerten Kartendeck verdeckt ziehen.
- Wir legen diese drei Karten auf den Tisch und drehen sie um.
- Jetzt werden diese drei Kartenbilder unter die Frage geschrieben.

1. Frage

Aus welchem Stand der Magie arbeite ich?

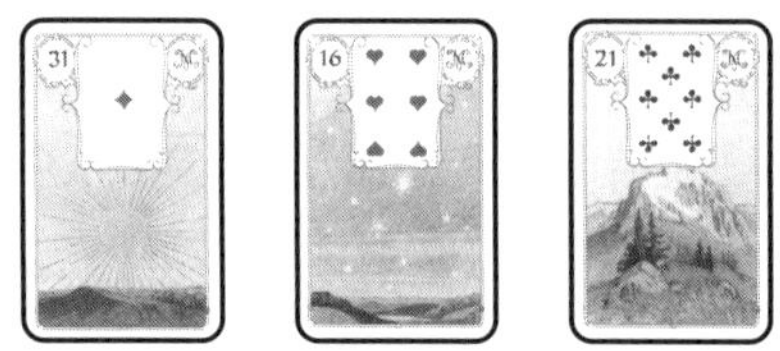

Sonne Sterne Berg

Lösung

Unsere Fragestellerin hat sich als Eingangskarte die **Sonne (31)** herausgelegt. Dies deckt sich bereits mit der Auslegung magisches Kreuz, in dem die **Sonne (31)** auf dem 3. Platz lag, was bedeutet, sie wendet alles nur zum Wohle der Beteiligten an. Sie benutzt ihre Fähigkeiten so gut wie nie, doch wenn es sein müsste, hätte sie die allerbesten Aussichten, jeden, und sei es einen noch so starken Gegner zu bezwingen, denn sie verfügt über das

Sternenwissen **Sterne (16)** und die Klarheit im Geiste es auch einzusetzen.

Jedes Wissen, wie und womit man etwas Negativem entgegentreten kann, ist in ihr verankert, denn die **Wege (22)** Lerngeschenk siehe die detaillierte Auswertung und Erklärung Seite 197, sagten uns bereits, dass sie über alles Wissen, alle Fähigkeiten und ihre praktische Einsetzung verfügen kann.

Desgleichen weist uns der **Berg (21)** darauf hin, dass sie, was Magie anbelangt, aus einem erleuchtetem Zustand heraus operiert. Das wird wiederum verständlich, wenn wir auf die magischen Fähigkeiten Karte **30 – 2 – 32** zurückgreifen, die sie sich aus einem vergangenen Leben mitgebracht hat.

Zusammenfassung: Die Fragestellerin hat ein sehr reines Bewusstsein, aber ein wenig Angst, diese Fähigkeiten anzuwenden, da sie innerlich befürchtet, sie könne damit Schaden anrichten.

Das alles bedeutet aber nicht, dass unsere Fragestellerin hier wie eine Heilige herumläuft. Wie wir von ihr selber hören, ist sie ein ganz normaler Mensch, der mit Ängsten und Schwierigkeiten zu kämpfen hat.

Wir mischen das Kartendeck und legen es wieder neu aus, genauso, wie unter Anleitung wie auf der linken Seite beschrieben.

2. Frage

Aus welchem Stand der Magie arbeitet der andere?

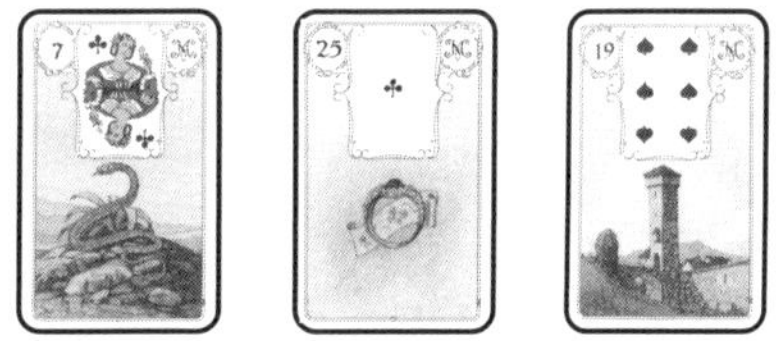

Schlange Ring Turm

Lösung

Der andere greift auf seine geschaffene Macht der energetischen Verbindungen zurück. Die **Schlange (7)** ist auch ein Hinweis auf Guru, Lehrer. Wir können davon ausgehen, dass dies in vergangenen Leben gelernt und gelehrt wurde.

Gar so stark kann er aber nicht sein, denn der **Ring (25)** sagt uns, dass er wesentliche Teile nicht gelernt hat und dieses Leben hier als Wiederholungsschleife zu leben ist.

Der **Turm (19)** bedeutet, dass der andere eine 100%ige Effektivität besitzt und in der Lage ist, schädigende Einflüsse geltend zu machen. Es handelt es sich hier um Jahrhunderte lang erarbeitetes okkultes Wissen und Fähigkeiten.

Zusammenfassung: Der Befragte im Gegensatz zur Fragenden würde sich nicht scheuen, seine Macht gegen andere anzuwenden, sagt eindeutig der Turm.

Das Kartenblatt wird wieder zusammengemischt und neu ausgefächert. Für die nächste Frage legen wir das einfache Tages Kreuz ohne die Querkarte.

3. Frage

Wieviel Macht (Kraft) habe ich derzeit?

4. Platz

1. Platz

2. Platz

3. Platz

5. Platz

Magische Bedeutung der Plätze

1. Platz: Der unbewusste Teil, auf den man automatisch zurückgreift.

2. Platz: Die Macht, die der Persönlichkeit des Menschen im Jetzt zur Verfügung steht.

3. Platz: Der nach außen gerichtete Teil, auch das Erlernte.

4. Platz: Was einen vom Schicksal deckt.

5. Platz: Worauf man sich stützt, was einen trägt.

Lösung

Die **Lilie (30)** sagt, dass der unbewusste Teil von ihr über sehr altes Wissen und hohe priesterliche Kraft und Macht verfügt, auf den sie unbewusst zurückgreift.

Der **Mond (32)** weist darauf hin, dass unsere Fragestellerin selbst über ihre Persönlichkeit die Kraft und Macht der Göttin unbewusst nutzt. Ihre Intuition der Weiblichkeit lässt sie schiefe Machenschaften erspüren, erfühlen, eher als sie es mit dem Verstand weiß.

Der **Baum (5)** deutet auf karmische Lebensplätze hin, das heißt in dem Fall, dass die Fragende feste, wie geheiligte Örtlichkeiten hat, aus denen sie Kraft auftankt, die ihr zur Entspannung dienen und die ihre Wünsche und ihr Denken zur Realität werden lassen.

Der **Park (20)** erlaubt und beschützt alles, was sie unter Lilie, Mond und Baum tut, denn es gehört in ihre Seelen- und Lebensaufgabe, so zu handeln, wie sie es tut.

Das **Kind (13)** erzählt uns, dass unsere Fragestellerin eine 100% reine Magie in sich trägt, die über Gebete, Rituale, Wünschen usw. genutzt wird.

Zusammenfassung: Unsere Fragestellerin hat eine sehr reine Macht und Kraft der Magie, die sie aber nur unterbewusst nutzt. Um einen schweren Angriff abzuwehren, bedarf es aber bewusst genutzter Macht.

Das Kartenblatt wird wieder zusammengemischt und neu ausgefächert. Für die nächste Frage legen wir wieder das einfache Kreuz ohne die Querkarte.

4. Frage

Wieviel Macht (Kraft) hat der andere derzeit?

4. Platz

1.Platz 2. Platz 3. Platz

5. Platz

Lösung

Obwohl der andere aus einem sehr hohen Stand der Magie **Turm (19)** arbeitet, hat er nur wenig wirkliche Kraft und Macht. Sie werden es gleich erkennen.

Der **Herr (28)** bedeutet, dass er hier in diesem Leben die freie Wahl der Gestaltungsmöglichkeit hat. Unterbewusst könnte er auf seine Fähigkeiten zurückgreifen, wenn nicht auf Platz 4, der **Schlüssel (33)** als Schicksalsbestimmung über ihn wachen würde. Das bedeutet, er kann sich nicht sehr weit aus seinem Rahmen hinauswagen, und er muss sich auf das hier Erlernte beschränken.

Das **Schiff (3)** bedeutet, dass seine Persönlichkeit bewusst die visionäre Macht der Transkommunikation mit geistigen Wesenheiten benutzten kann und nutzt.

Die **Ruten (11)**, die für Sprache und sprachlichen Umgang stehen, sagen, dass die Eingebungen aus der Transzendenz seine bewusst nach außen eingesetzten Fähigkeiten sind. Wie sich das hier darstellt, ist er Meister im Umgang mit der Sprache, die möglicherweise hypnotisch ins Unterbewusstsein sinkt.

Denn worauf er sich stützt **Sarg (8)**, ist die Hilfe von noch erdgebundenen Geistwesen.

Zusammenfassung: Wenn unsere Fragestellerin die Angst vor dieser Person verliert, dann kann der andere nichts ausrichten, da sie durch zwei reine magische Karten, Sonne und Kind, gedeckt ist.

Wir stellen eine Endfrage: **Was sollte ich dagegen tun?** Die Karten fallen so:

Anker (35) + Turm (19) + Ruten (11)

Anwort

Anker (35): Verbinde dich mit gleich gesinnten Menschen aus deinem Seelenkollektiv. Setzte deinen 100%igen Willen **Turm (19**) ein, und tritt verbal **Ruten (11)** energisch dagegen an.

Unsere Fragestellerin war nicht zufrieden, und so mussten wir tatsächlich die nachfolgende Frage stellen, die sich eigentlich durch die vorhergehenden Antworten bereits erübrigt hat.

5. Frage

Kann er mir mit seiner Macht (Kraft) schaden, wenn er magisch gegen mich arbeitet?

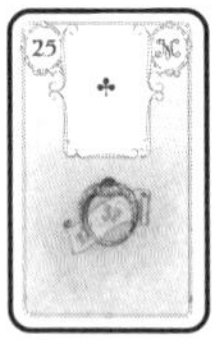

4. Platz

1.Platz

2. Platz

3. Platz

5. Platz

Normalerweise reicht hier eine Dreierreihe aus, wenn Sie diese sehr konzentriert und bedacht ziehen. Doch um dem Ganzen eine höhere Aussagekraft zu verleihen, legen wir als Abschluss nochmals das einfache Kreuz.

Lösung

Platz 1: **Blumen (9)** und Platz 2: **Turm (19)** bedeuten, dass der andere sich für ein großes Vorhaben vorbereitet, doch der **Klee (2)** auf Platz 3 sagt, dass das Vorhaben entweder nicht richtig gelingt oder zu kurz oder zu schnell wieder aufgegeben wird. Anscheinend kann es beim Empfänger nicht richtig greifen, er ist geschützt.

Die Aussagen der Karten **Turm (19)** und **Klee (2)** auf Seite 92 weisen darauf hin, dass Alleinsein in dem Fall als Glücksfall anzusehen ist. Das trifft auf die Fragende zu, denn für magisch Arbeitende ist der Klee (2) keine erfreuliche Karte, die einen Erfolg verspricht.

Aus Sicht des ersten und zweites Platzes gesehen, würde ich sagen, er versucht es, aber es funktioniert nicht. Lassen Sie uns weiterschauen, weshalb nicht.

Störche (19) und **Turm (19)** bedeuten eindeutig, dass er nur eine beschränkte Macht zur Verfügung hat, es sind ihm Grenzen gesetzt. Das wird verständlich, wenn wir auf die Zusammenfassung zurückgreifen. Der **Turm (19)** in Verbindung mit dem **Ring (25)** sagt uns, dass er zwar meint, was er sagt: Es sei für ihn ein Versprechen, dem anderen zu schaden. Aber es hat keine Wirkung.

Man braucht sich wirklich vor solchen hingeworfenen Aussagen, dass jemand einem schaden wolle, nicht zu fürchten. Fast immer steckt keine wirkliche Macht dahinter, und wenn, wie in diesem Fall, so ist der andere zu 99 Prozent immer durch irgend etwas beschützt, und nichts kommt zum Tragen, außer der aufgebauten negativen Erwartungshaltung des Betroffenen.

Der Signifikator

Bei einigen Legungen und Fragen ist es sinnvoll, mit dem Signifikator zu arbeiten. Als Signifikator bezeichnen wir das Aufgabengebiet, die Problemstellung oder den Bereich, über den wir Näheres wissen wollen.

In der Regel wird das kleine Blatt meistens mit dem Signifikator Dame oder Herr gelegt, während im großen Blatt alle Karten ausgelegt werden. Doch oft wollen wir nur bestimmte Fragen beantwortet wissen oder auch nur unser Fühlen bestätigt haben. Deshalb verlangen wir von den Lenormandkarten nicht nur die unumstößliche Aussage der Ereignisse, sondern auch die Hilfe zur Selbsthilfe.

Dafür eignet sich das Herauslegen des Problems mit dem Signifikator bestens. Hier einige Beispiele:

Signifikator

Karte Kreuz	für das keltische Kreuz
Karte Kreuz	für das karmische Kreuz
Karte Kreuz	für das magische Kreuz
Karte Herr oder Dame	kleines Blatt
Dreierreihe	Problemkarte als Signifikator
Fünferreihe	Problemkarte als Signifikator
Siebenerreihe	Problemkarte als Signifikator

Je nach Aufgabenthema kann der Signifikator variieren. Wollen wir etwas über die Arbeit wissen, so legen wir z.B. den Anker heraus.

Signifikatoren für normale Angelegenheiten

Reiter	Nachrichten, Gedanken
Klee	Glück
Schiff	Reisen, Handel, Geschäfte machen
Haus	Wohnung, Haus, auch das Leben im Alltag zu Hause
Baum	Lebensplatz, Lebensort
Wolke	Kommunikation, Studium
Schlange	Verwicklungen
Sarg	Krankheit, Pause
Sense	plötzliche Ereignisse
Ruten	Rechtsangelegenheiten
Vögel	Nervosität, Klatsch, Mobbing
Kind	Neubeginn
Fuchs	Schmarotzer, lästige Personen
Bär	Schutz, Behörde, auch Elternhaus
Sterne	Klarheit, Medienerfolg
Störche	Umzug, Veränderungen
Hund	Freundschaften
Turm	sehr große Vorhaben, Macht, Größe, auch Einsamkeit, Isolierung, Gefängnis

20	Park	Öffentlichkeit, auch Kommunikation in der Öffentlichkeit, Gericht
21	Berg	Schwierigkeiten des Alltags, kann auch für Schwierigkeiten im Beruflichen herausgelegt werden, auch Familie
22	Wege	Entscheidungen
23	Mäuse	Verluste jeglicher Art
24	Herz	Liebe
25	Ring	Bindung, Ehe, Verträge
26	Buch	Geheimes, Wissen
27	Brief	Nachrichten, Telefonate, Briefe, Eiliges
28	Herr	immer als Personenkarte
29	Dame	immer als Personenkarte
30	Lilie	Familienclan, Harmonie, Friede
31	Sonne	lebendige Familie, Energie, Kraft, Wille, Erfolg
32	Mond	Träume, Sehnsüchte, Anerkennung
33	Schlüssel	Sicherheit, Bestimmung
34	Fische	Geldfluss
35	Anker	Arbeit
36	Kreuz	Last, Behinderung

Aufgabe

Eine Dame – so um die 45 Jahre – hat ihre Arbeit verloren. Sie hat sich schon zigmal beworben, erzählt sie mir, doch sie erhalte nur Absagen. Sie möchte wissen, ob sie in absehbarer Zeit wieder eine ihren Fähigkeiten entsprechende Arbeit finden wird.

Frage

Wird sie in absehbarer Zeit eine entsprechende Arbeit erhalten?

Hier muss ich helfend eingreifen. Ich frage sie, was sie denn unter absehbarer Zeit verstehe? »Ja, etwa so die nächsten Monate.« Damit korrigieren wir zeitlich die Frage. Wie soll es denn finanziell aussehen, sind Sie eventuell mit weniger zufrieden, frage ich. »Nein, aber wenn es sein muss, nur ein ganz klein wenig weniger.« Wir einigen uns daraufhin auf eine Toleranzgrenze von 200 Euro. Und jetzt sind alle Unklarheiten bereinigt und die korrekte Frage kann gestellt werden. Sie lautet jetzt:

Erneute Frage

Wird sie in der nächsten Zeit bis zu vier Monaten eine ihren Fähigkeiten entsprechende Arbeit zu einem vergleichbaren Gehalt erhalten?

Mit dieser kleinen Wortklauberei möchte ich nur verdeutlichen, wie wichtig es ist, die korrekte Frage zu stellen. Schreiben Sie sich die Frage auf. Überlegen Sie, ob Sie alles berücksichtigt haben, ansonsten erhalten Sie Antworten, mit denen Sie unter Umständen nichts anfangen können.

Gemeinsam entscheiden wir, den Anker als Signifikator (für Arbeit) hinzulegen.

Jetzt lasse ich sie die Karten mischen und in einem Fächer ausbreiten.

Nun zieht sie auf die Frage drei weitere Karten, die wir anlegen.

Signifikator **Anker** | 1. Karte **Schiff** | 2. Karte **Berg** | 3. Karte **Bär**

Antwort auf die Frage

Anker (35) + Schiff (3): Die einzige Chance, eine Arbeit in der entsprechenden finanziellen Vorstellung zu erlangen, wäre, wenn sie sich zu beruflichem Reisen entschließen könnte. Das Schiff deutet auf eine Tätigkeit hin, die sie vor sehr vielen Jahren bereits ausgeübt hat.

Jedoch scheint die Reisetätigkeit **Schiff (3)** mit vielen Hindernissen **Berg (21)** versehen zu sein. Wahrscheinlich ist, wenn wir von der angespannten Wirtschaftslage ausgehen, diese Branche in den letzten Jahren extrem schwierig geworden.

Trotz aller Schwierigkeiten dürfte es ihr gelingen, eine geeignete Arbeitsstelle zu bekommen. Der **Bär (15)** ist hier als Hinweis auf entweder eine Behördentätigkeit oder auf eine größere Firma in behördlicher Struktur zu sehen.

Alles in allem können wir hier sagen, unsere Fragestellerin wird eine Arbeit erhalten, die zumindest den finanziellen Teil befriedigt. Doch beachten Sie bitte, nur drei Karten können nichts darüber erzählen, ob ihr die Arbeit auch Freude machen wird.

Kurzes Abfragen

Aufgabe

Stellen Sie sich einfach vor, Sie wollen umziehen und können sich nicht entscheiden, ob Sie ein Haus im Vorort mieten oder in eine Wohnung in der Stadt ziehen sollen. Sie schwanken, denn beides hat seine Vor- und Nachteile.

Nachfolgend haben wir vier mögliche Fragestellungen aufgelistet, wobei Sie die eine oder andere Frage mit einer eigenen tauschen können. Empfohlene Vorgehensweise:

- Legen Sie Papier und Stift griffbereit.
- Schreiben Sie die Frage auf.
- Lassen Sie Platz, um die Kartenbezeichnung darunter zu schreiben.
- Denken Sie beim Mischen nur daran, dass Ihr Inneres die richtigen Antworten auf die Fragen kennt.
- Mischen Sie die Karten und fächern Sie diese verdeckt aus.
- Lesen Sie die erste Frage durch und ziehen Sie mit Konzentration und Bedacht die ersten drei Karten.
- Schreiben Sie das Bildsymbol unter die Frage.
- Nehmen Sie die drei Karten wieder ins Spiel zurück und mischen Sie wieder.
- Konzentrieren Sie sich auf die zweite Frage und ziehen Sie wieder drei Karten.
- Machen Sie so weiter, bis alle Fragen und Bilder dazu aufgeschrieben sind.

Fragen

1. Ist es gut für mich, ein Haus im Vorort zu mieten?

1\. Karte 2. Karte 3. Karte

2. Ist es gut für mich, eine Wohnung in der Stadt zu mieten ?

1\. Karte 2. Karte 3. Karte

3. Fühle ich mich auf Sicht gesehen in einem Haus wohler? (max. auf 10 Jahre begrenzen)

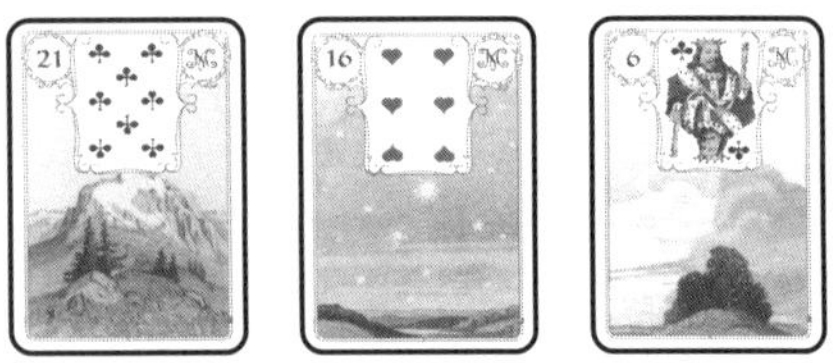

1\. Karte 2. Karte 3. Karte

4. Fühle ich mich auf Sicht gesehen in einer Stadtwohnung wohler? (max. auf 10 Jahre begrenzen)

1\. Karte 2. Karte 3. Karte

Antwort zu Frage 1

Ist es gut für mich, ein Haus im Vorort zu mieten?

Der **Bär** als Eingangskarte bedeutet die soziale Sicherheit und den Schutz, das Gediegene, das Feste und Stabile. In Verbindung zu den **Ruten** weist er den Fragesteller allerdings auf das Erledigen der vielen Angelegenheiten hin, die z.B. mit Haus und Garten zu tun haben. Selbstverständlich gehören dazu auch rechtliche Angelegenheiten. **Ruten + Lilie** bedeutet, dass die Sexualität gefährdet ist. Das kann daraus resultieren, dass der Fragesteller entweder ein Single ist oder man mit Haus und Arbeit keine Zeit mehr für die Liebe hat. Oder der Vorort zu abseits liegt.

Zusammenfassung: Es ist nicht eindeutig als positiv zu bewerten, denn obwohl ein Haus sozialen Schutz und Stabilität bringt, scheint die Liebe zu kurz zu kommen.

Antwort zu Frage 2

Ist es gut für mich, eine Wohnung zu mieten?

Offensichtlich würde der Fragende eine passende Wohnung finden. Dass er dabei Glück hat, verspricht uns der **Klee**. Doch das ist kein ruhiges Glück, sondern es ergeben sich sehr viele Kontakte, Turbulenzen mit Menschen. Manche Nachrichten **Brief** gehen richtig auf die Nerven, andere tun dem Ego der Fragenden **Dame** gut.

Zusammenfassung: Im Gegensatz zum Haus im Vorort scheint der Fragesteller, wenn er in die Stadt ziehen würde, ein völlig anderes Leben zu führen. Ein Leben mit vielen Kontakten zu und mit Menschen, wenig Ruhe, eher bereits zuviel Abwechslung. Doch der Fragende würde diese Abwechslungen auch genießen und er würde in seiner Lebendigkeit und Wendigkeit aufblühen.

Antwort zu Frage 3

Fühle ich mich auf Sicht gesehen in einem Haus wohler?

Zumindest wird es eine relativ lange Zeit, ein paar Jahre dauern, bis der Fragende sich an die Arbeiten **Berg**, die ein Haus verursacht, gewöhnt haben wird. Es wird ein hartes Los sein, und er wird mit vielen kleinen Blockaden zu kämpfen haben. Denn die Verbindung **Berg + Sterne** bedeutet, nach intensiver Arbeit und vielen Mühen zur Klarheit zu gelangen. Es wird ihm gelingen, sich in sich selber zu festigen. Doch diese Festigung, das Zufriedensein wird nicht anhalten, dann verfällt er wieder in Zweifel **Wolke**.

Zusammenfassung: Selbst wenn unser Fragesteller in ein Haus einzieht, so geht das nur für eine gewisse Zeit gut. Er fühlt sich wohl, die Bedeutung sagt: Clean für kurze Zeit. Aber er wird über die gesamte Laufzeit von 10 Jahren immer mit seinen Zweifeln und seinen Gedanken, ich könnte doch in die Stadt ziehen, zu kämpfen haben.

Antwort zu Frage 4

Fühle ich mich auf Sicht gesehen in einer Stadtwohnung wohler?

Die Blumen als Eingangskarte versprechen Erfolg, Freude, Kontakte und Geselligkeiten **Blumen** im Haus mit netten Menschen. In Verbindung mit dem Haus **Haus**, das witzigerweise im Kartenbereich Wohnung liegt, weist es darauf hin, dass es eine wunderschöne Stadtwohnung sein sollte, vermutlich in einer Art Villencharakter, aber doch in der Stadt. Das **Kind** ist in dem Fall wie eine Aussöhnung zu sehen, denn es taucht als kleiner Neubeginn in dem Leben des Fragenden auf. Das weist darauf hin, dass der Fragende früher in so einer ähnlichen Wohnung oder Umgebung bereits gelebt hat. Es erzählt uns auch, dass der Fragesteller in seiner Wohnung Kontakt mit Kindern haben wird.

Gesamte Zusammenfassung: In der Tat scheint der Fragende eine Art »Stadtmensch« zu sein, obwohl es auch eindeutig positive Aspekte für ein Vorortleben gibt. Aber im Grunde genommen würde ich das Resümee der Karten so ziehen: Suchen Sie sich eine Wohnung in der Stadt, möglichst eine schöne in einer Stadtvilla, möglichst zentral gelegen. Geben Sie Ihre Zurückgezogenheit auf, sehen Sie über nichtige Kleinigkeiten hinweg, seien Sie dem Leben gegenüber offener und gehen Sie wieder mehr unter Leute.

Bitte legen Sie sich diese Aufgabe nach, interpretieren Sie selbst und sehen Sie dann im Buch unter den einzelnen Verbindungen nach, damit Sie erkennen, wie aus den Stichwörtern eine Geschichte formuliert wird. Doch bitte bleiben Sie immer innerhalb der Aussagen.

Der Siebener Weg

Es ist ein einfacher, jedoch sehr effektiver Weg, um Situationen, Unsicherheiten oder kommende Ereignisse zu erfragen. Sollten Sie schon ein bisschen oder sehr gut die Karten legen und lesen können, ist es ratsamer, bei allen Legungen außer dem großen Blatt mit verdeckten Karten zu arbeiten. Dies erhöht die Genauigkeit, da durch die Bilder keine voreiligen Schlüsse gezogen werden können.

1. Mischen Sie die Karten, so lange, bis Sie sich gut dabei fühlen. (Sollten Sie sich ausgesprochen unkonzentriert fühlen oder gar besorgt, dann bitten Sie Ihren inneren Meister, Schutzengel, geistigen Führer oder Ihr Höheres Selbst um Beistand. Keine Verstorbenen oder undefinierbaren Geistwesen).

2. Fächern Sie die Karten zu einem Halbkreis (verdeckt) aus.

3. Ziehen Sie eine Karte auf den Jetzt-Stand, die Ausgangssituation.

4. Ziehen Sie weitere fünf Karten auf den Verlauf und legen Sie diese nacheinander (verdeckt) an.

5. Konzentrieren Sie sich auf das Ergebnis, das Ziel, den Ausgang und ziehen Sie die siebte Karte. Legen Sie diese auch verdeckt an.

6. Drehen Sie die Karten von der ersten bis zur siebten Karte um.

Legebeispiel: Siebener Weg

1 2 3 4 5 6 7
Jetzt Verlauf . . . . Ergebnis

Lesen Sie die Karten zueinander:
Die 1. Karte mit der 2. Karte
Die 2. Karte mit der 3. Karte
Die 3. Karte mit der 4. Karte
Die 4. Karte mit der 5. Karte
Die 5. Karte mit der 6. Karte
Die 6. Karte mit der 7. Karte

Die 7. Karte sehen Sie sich zusätzlich einzeln nochmals als Karte in allen Eigenschaften an.

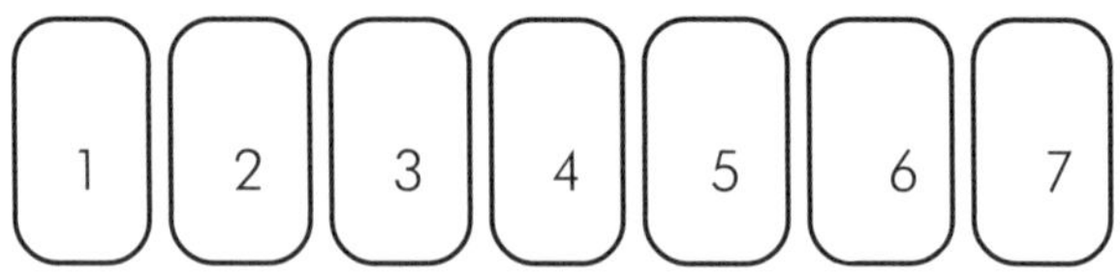

Aufgabe

Fragestellerin weiblich, 29 Jahre, ledig, wohnt mit einem Freund zusammen. Es wurde bereits über eine Ehe gesprochen. Doch in letzter Zeit verhält er sich so komisch, geht viel mit Freun-

den aus, sagt er. Außerdem macht er plötzlich Überstunden. Unsere Fragestellerin vermutet eine andere Frau dahinter. Doch sie ist sich nicht sicher. Wir überlegen uns gemeinsam, was ist die richtige Fragestellung. Was will sie genau wissen. Dazu empfehle ich: Eine allgemeine Siebener Reihe mit der Frage:
Wie geht unsere gemeinsame Partnerschaft weiter?

Und wenn es interessiert oder nötig ist, eine weitere neue Legung mit einer Dreier Reihe aufzubauen. Die Frage würde dann lauten: Wie steht er zu mir?

Das können Sie – wenn gewünscht – wiederum als Frage unterteilen, in:

- Wie steht er vom Verstand zu mir?
- Wie steht er vom Herzen zu mir?
- Wie steht er vom Unterbewusstsein zu mir?

1. Frage
Wie geht unsere gemeinsame Partnerschaft weiter?

Sie zieht nachfolgende Karten

Siebener Weg

1. K. 2. K. 3. K. 4. K. 5. K. 6. K. 7. K.

Lösung

Der **Baum** auf den derzeitigen Zustand dieser partnerschaftlichen Beziehung sagt uns, dass die beiden sich wie ein altes Ehepaar verhalten, das in Monotonie und Langeweile erstickt. Da fehlt der Esprit, das Aufregende, Reizvolle, dass es vielleicht mal am Anfang der Beziehung gab. Also wie gesagt, ein etwas konservatives eingefahrenes Pärchen.

Vorübergehend werden glückliche Stunden **Baum + Klee** die Langeweile des Alltags erhellen und eine gelungene Reise **Schiff + Hund** mit dem Freund wird die Tristesse des Alltags unterbrechen.

Die Reise stellt sich wie eine Art Abschluss dar, denn die freundschaftliche Beziehung wird innerhalb von Stunden **Mäuse** gelöst werden. Es scheint sich hier um ein fluchtartiges Verlassenwerden zu handeln, denn es stehen danach ziemliche Verwicklungen **Schlange** an.

Schlange + Ruten warnen auch noch, dass es nicht so einfach sein wird, zu seinem angestammten Recht zu kommen. Über gute Worte scheint hier nicht mehr viel zu laufen, denn die Karten empfehlen der Fragestellerin Intelligenz und Raffinesse einzusetzen, um nicht den Kürzeren zu ziehen.

Da sich die **Ruten** als letzte Karte zeigen, weisen sie uns darauf hin, dass es in dieser Partnerschaft schon öfters Situationen gab, die zwar geheilt worden sind, aber nicht wirklich vergeben worden sind. Meine Meinung ist, diese Partnerschaft hat sich auseinandergelebt und kann durch Gespräche nicht gekittet werden. Es fehlen zum Beispiel die Karten von Bindung, Liebe, Verliebtsein oder auch nur solche für gemeinsame Pläne und schöne Träume.

Bitte achten Sie bei allen Kartenblättern außer dem großen Blatt auch immer auf die Karten, die nicht im Kartenblatt liegen. Sie geben uns Auskunft über die fehlenden Teile, wie z.B. die Stabilität in einer Beziehung oder ob es eine Trennung gibt oder die Bindung hält.

Im Grunde genommen wäre die Kartenlegung zu Ende. Doch offensichtlich ist die Fragestellerin mit dem Ergebnis nicht zufrieden. Sie will doch in der Tat noch wissen, wie er zu ihr steht. Na, gut, denke ich, schaun wir mal.

Das Kartenblatt wird zusammengelegt und wieder neu gemischt. Die Karten zu einem Fächer ausgebreitet. Die Frage lautet dann:

1. Frage

Wie steht er vom Verstand zu mir?

Lösung

Hier reflektiere ich zuerst voll in meiner Aussage mich auf das Kreuz beziehend. Denn wenn man in Beziehungsfragen das Kreuz an erster Stelle liegen hat, so heißt dass immer, dass es im Grunde genommen aus und vorbei ist. Wie gesagt, der Verstand hat sich abgewandt. Er steht nicht mehr zu der anderen Person.

In Verbindung mit dem **Mond (32)** wird die Antwort sehr deutlich, die besagt, das Leid ist vorbei, aber die Sehnsucht nach Liebe bleibt. (So eine Aussage bedeutet z.B., dass, wenn der Partner einige Monate allein ist und keine andere Frau hat, ihm die alte Partnerin über den Weg läuft, es durchaus wieder zu einer Liebesnacht kommen konnte).

Der Verstand meint, dass die Partnerin eine nette Erscheinung hat und es mit ihr auch Spaß macht, wenn beide gemeinsam **Reiter (1)** ausgehen.

Zusammenfassung: Miteinander leben nein, mal miteinander ausgehen ja.

2. Frage

Wie steht er vom Herzen zu mir?

Lösung

Der **Brief (27)** sagt uns, dass er nur noch sehr oberflächlich zu unserer Fragestellerin steht. Seine Gefühle gehen nicht mehr in die Tiefe. Sie sind lau und kalt geworden.

Die **Dame (29)** erklärt uns, dass er oft zurücksieht, aber letztendlich sein eigenes Vorwärtskommen im Herzen trägt.

Denn in Verbindung mit der **Sense (10)** wird es nochmals sehr deutlich sichtbar.

Zusammenfassung: In seinem Herzen steht die Fragende leider nicht mehr auf dem ersten Platz, denn die Prioritäten haben sich zu Gunsten seiner eigenen Entwicklung verschoben.

3. Frage
Wie steht er vom Unterbewusstsein zu mir?

Fuchs Vögel Herz

Lösung

Sein Unterbewusstsein sagt ihm, er solle sich möglichst schnell entfernen **Fuchs (14)**. Denn das was er benötigt, würde er auch anderswo erhalten.

Die **Vögel (12)** stehen allgemein für Aufregungen, in Verbindung mit **Herz (24)** für Erregung und Herzflattern wegen einer neuen Liebe.

In der Gesamtübersicht ist eindeutig zu erkennen, dass der Befragte sich im Grunde genommen abgewendet hat bzw. die Beziehung für ihn zu Ende ist. Weder Verstand, noch Herz, noch Unterbewusstsein plädieren für eine Aufrechterhaltung.

Unsere Fragestellerin war mit den Antworten absolut nicht zufrieden, denn sie wollte ja die feste Bindung haben und leidet sehr unter der veränderten Art ihres Partners.

Als ich hier fragte, und was ist mit Ihnen, wie stehen Sie zu ihm?, wehrte sie sofort ab und meinte, sie wisse, wie sie zu ihm stehe. Na schön, dachte ich mir, sie wird wissen, was sie tut.

Doch Sie, lieber Leser, wenn Sie sich diese Legung herauslegen und auf Ihren Partner fragen, vergessen Sie bitte nicht, sich selbst auch zu befragen. Manchmal kommt etwas recht Interessantes dabei heraus und ein andermal erhellt oder bestätigt dies nur Ihr Denken und Fühlen.

Dieses Spielchen funktioniert nicht nur mit dem Partner, sondern auch mit Fragen nachfolgender Art. Formulieren Sie neu:

Wie stehe ich vom Verstand dazu? ...ich vom Herzen dazu? ...vom Unterbewusstsein dazu?

1. Werde ich meine beruflichen Ziele erreichen?
2. Werde ich nochmal zu viel Geld kommen?
3. Gehen meine beruflichen Pläne in Erfüllung?
4. Bleibe ich gesund?
5. Erfüllt sich der Sinn meines Lebens ?
6. Werde ich wieder einen Mann haben?

Der Schicksalsweg

7. Platz

4. Platz

5. Platz

6. Platz

1. Platz

2. Platz

3. Platz

Bedeutung der Plätze

1. Karte auf Platz 1 = **Basiskarte**

2. Karte auf Platz 2 und
3. Karte auf Platz 3 = **Nahe Zukunft**

4. Karte auf Platz 4 und
5. Karte auf Platz 5 und
6. Karte auf Platz 6 = **Verlauf der Ereignisse**

7. Karte Platz 7 = **Zielkarte**

Die Legung Schicksalsweg eignet sich für alle Basis- und Existenzfragen, die das tägliche Leben betreffen. Damit erfahren Sie zum Beispiel auch, ob Sie die Arbeitsstelle behalten, eine neue Wohnung bekommen, eine neue Liebe gut geht, ihre Kinder den Schulabschluss schaffen oder ob die ausgewählte Schule die richtige ist?

Eine Kundin wollte wissen, ob sie ihr Kind in dem einen oder dem anderen Kindergarten unterbringen sollte.

Sekunde mal, welchen Kindergarten bevorzugen Sie, fragte ich. Sie sagte, es wäre der Waldkindergarten. Gut, meinte ich, lassen sie uns die Frage so formulieren:

Frage

Ist der Waldkinderkarten für mein Kind der richtige Kindergarten?

Antwort

Platz 1: **Kind (13)**. Die Karte wurde gezogen, was in der Tat heißt, die Mutter will für ihr Kind nur das Beste.

Anker (35) und der **Hund (18)** erzählen uns, dass es dem Kind gelingen wird, schnell Freundschaften zu schließen, auch weist es auf eine gute Teamarbeit vonseitens der Betreuung hin.

Blumen (9) und **Schlüssel (33)** bedeuten für die Kleine, dass sie sehr viel Freude erleben wird und mit Sicherheit wird ihr sehr viel Gutes getan.

Schlüssel (33) + Schiff (3) deutet darauf hin, dass es sich hier zum einen um eine geistige Weitsicht handelt, die dem Kind vermittelt wird und zum anderen, dass dieser Kindergarten wohl etwas weiter entfernt liegen könnte als zum Beispiel derjenige, der in der Alternative angedacht sei.

Dies wurde von der Mutter bestätigt.

Da die **Störche (17)** in der Hauptaussage auch auf einen sozialen Reife- und Werdungsprozess hindeuten, ist mit Sicherheit zu sagen, dass dies der richtige Kindergarten für das Kind ist, auch wenn es für die Eltern vielleicht nicht immer angenehm ist, zwischen zwei Domizilen ihres Kindes – dem elterlichen Zuhause und dem Kindergarten – hin- und herzureisen.

Wenn zum Beispiel statt des Kindes als Basiskarte nun das Kreuz, die Mäuse, der Sarg oder der Brief liegen würden, so könnten Sie die weitere Legung gleich wieder abbrechen, denn es würde sowieso nichts. Das heißt aber nicht, dass der Kindergarten generell schlecht wäre, sondern nur, dass die derzeitigen Umstände nicht passen.

Genauso verhält es sich bei allen anderen Fragen, die Sie über die Schicksalslegung beantwortet haben. Sehen Sie sich die Basiskarte und die nahen Ereignisse genau an. Sind diese ausgesprochen schlecht, so kann es mehrere Ursachen dafür geben.

Bitte überprüfen Sie die Fragestellung.

- Waren Sie vielleicht abgelenkt?
- Mit Ihren Gedanken woanders?
- Zu unkonzentriert?
- Hat das Telefon oder die Türglocke geläutet?
- Läuft der Tag sowieso schon schief?
- Wollen Sie es wirklich wissen?
- Verweigert Ihr Inneres die Antwort? (Das passiert manchmal, wenn man sich sehr vor den Konsequenzen fürchtet. Meistens dient es zum Schutz des Fragenden, wenn er keine vernünftige Antwort bekommt).

Es gibt unendlich viele Gründe, wenn Kartenblätter nicht so funktionieren, wie Menschen es gerne hätten. Lassen Sie sich nicht beirren, überprüfen Sie sich. Falls Sie nichts finden, fangen Sie am nächsten oder übernächsten Tag mit der gleichen Frage wieder an.

Und falls ich mich zum -zigsten Male wiederhole, bitte schreiben Sie die Fragen und die Antworten dazu auf, denken Sie darüber nach, überprüfen Sie die Antworten einige Tage später. Sie werden sehen, in der Zwischenzeit wird Ihnen eine ganze Menge an neuen Informationen dazu einfallen und Sie lernen von Tag zu Tag mehr dazu. Ganz ohne Ihr Zutun, und nicht nur das, auch ihre Intuition wird stärker und inneres Wissen bildet sich immer mehr aus.

Das große Blatt

Datum: . . . .

Karten des dreimaligen Abhebens

Name: . . . .

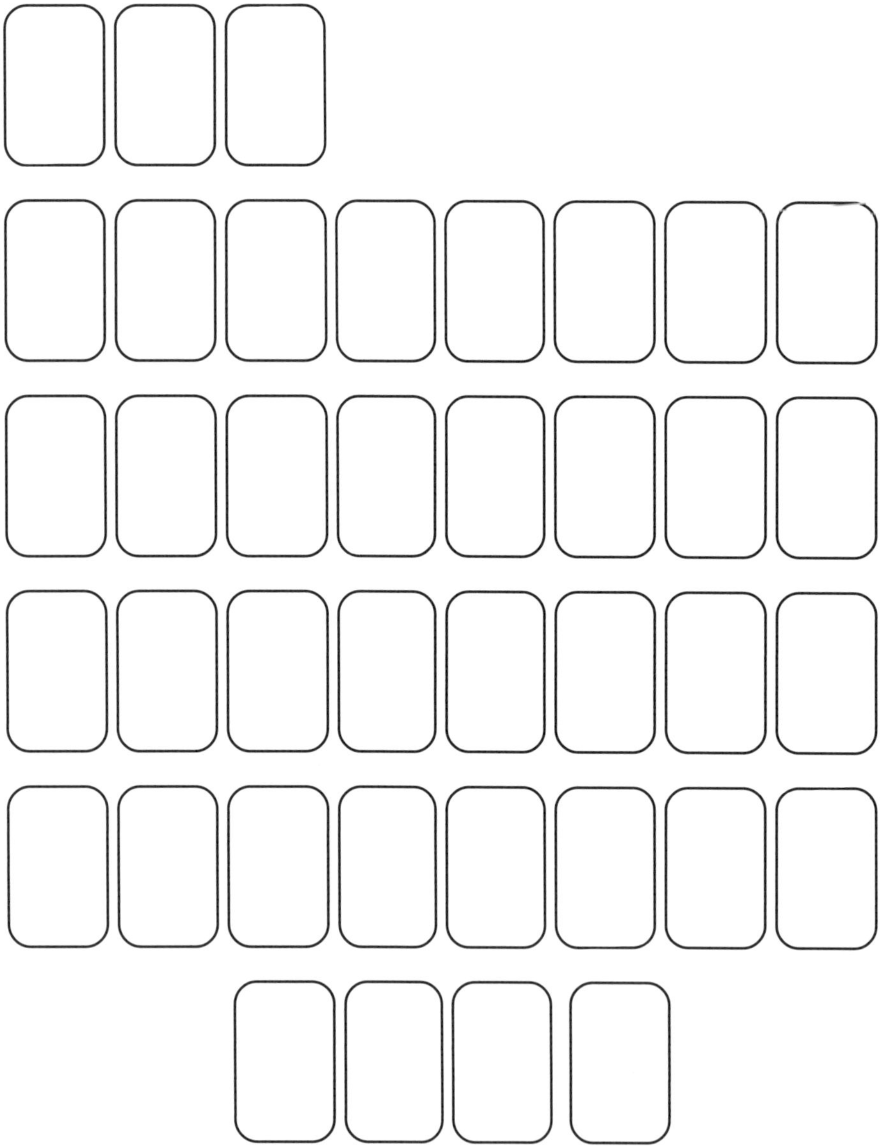

Das kleine Blatt

Datum: . . . .

Name: . . . .

Karten des dreimaligen Abhebens

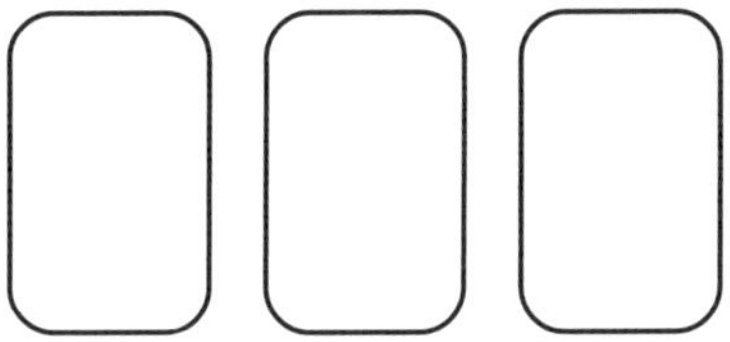

Betrifft die nahe Zukunft

Keltisches Kreuz

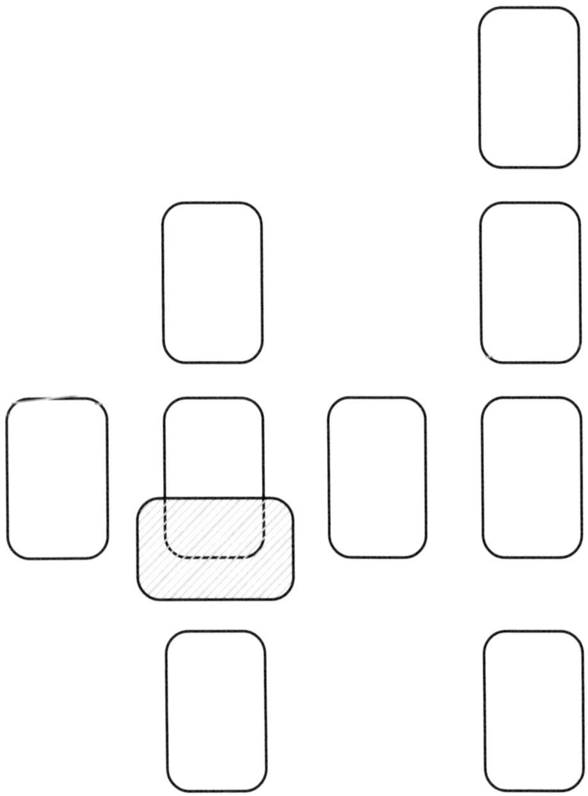

Datum: . . . .

Name: . . . .

Tages Kreuz

Datum: . . . .

Name: . . . .

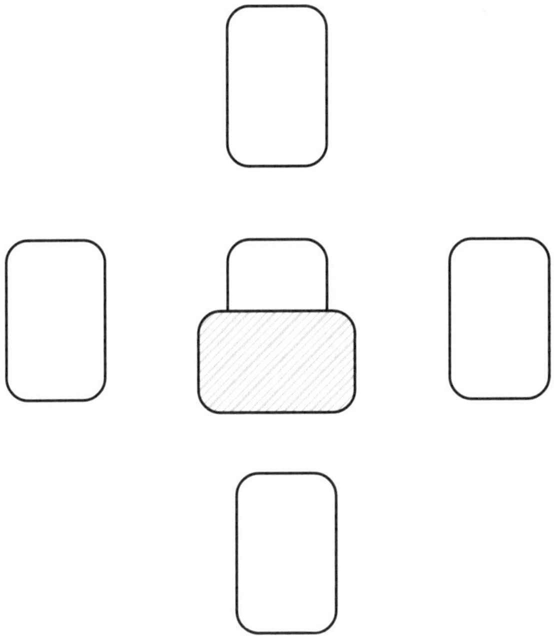

Das karmische Kreuz

Datum: . . . .

Name: . . . .

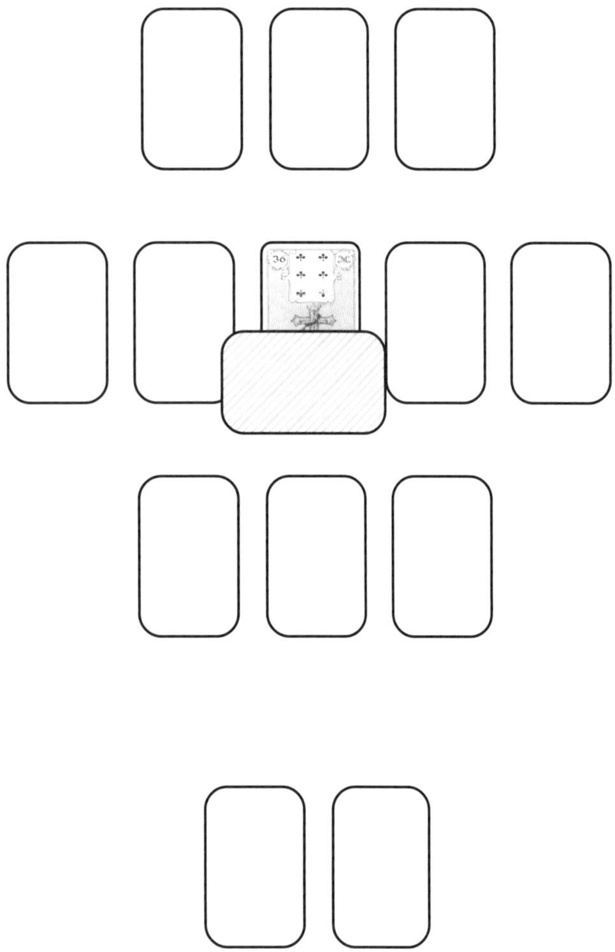

Das magische Kreuz

Datum: . . . .

Name: . . . .

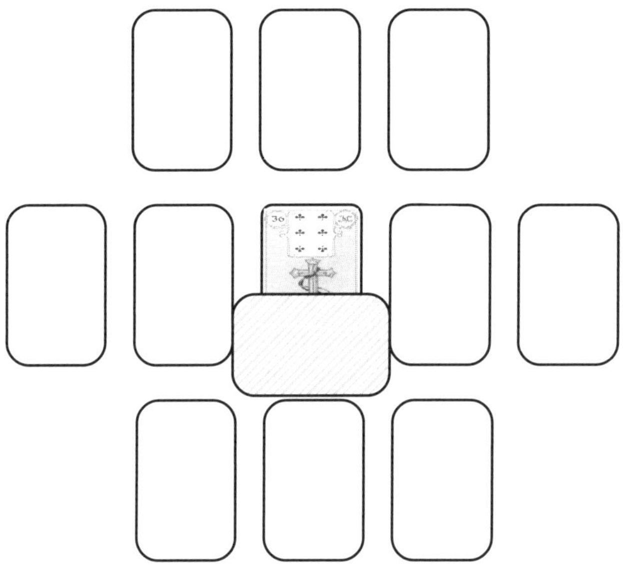

Nachwort

Lieber Leser, liebe Leserin, ich kann nur dazu sagen, ich habe mich außerordentlich bemüht dieses Buch so zu halten, zu gestalten und die Themen aufzuarbeiten, dass es sowohl dem Anfänger gerecht ist und auch der beste Fachmann noch viel Neues dazulernen kann.

Kartenlegen zur reinen Neugierde bringt nicht viel, ein wenig Engagement gehört schon mit dazu. Und selbst wenn Sie sich noch so bemühen, manchmal gibt es einen schlechten Tag, die Umwelteinflüsse stimmen nicht, es geht alles daneben und die Karten erklären nur Unsinn. Nichts passt zum anderen.

Diese Tage kennen wir alle, ich sag mir dann immer wieder mal: Setz dich in die Ecke und warte, bis der Tag vorüber ist. Mit einem einzigen solchen Tag können wir das noch durchstehen, aber was ist, wenn es viele werden? Selbst das geht vorüber, verzweifeln Sie nicht. Machen Sie eine Pause, entfernen Sie alles Überflüssige aus Ihrem Leben, aus Ihren Gedanken.

Dazu gehört zum Beispiel auch, mal Schubladen und Schränke auszuräumen und vergessen Sie dabei nicht den Keller und den Dachboden. Das erleichtert ungemein. Ja, und auch die Karten, machen Sie eine Pause von ihnen. Sie werden sehen, eine Weile danach geht es dann wieder wie geschmiert. Ich weiß es aus Erfahrung. Kartenlegen lernen ist keine Kunst, nur ein bisschen Fleißarbeit.

Haben Sie keine Befürchtungen, dass Sie anderen nicht genügen. Es stimmt nicht. Der Kosmos hat es so eingerichtet, dass jeder Mensch bekommt, was er braucht. Auch Ihr Kunde oder Sie selbst, wenn Sie für sich die Karten legen, erhalten just in dem Moment das, was Sie dringend brauchen. Versuchen Sie nicht, durch wieder- und wiederholtes Legen das Schicksal zu beugen. Es lässt sich nicht in die Knie zwingen und von uns Menschen schon gar nicht.

Denken Sie daran, alles im Leben kann man verändern. Es kommt nur darauf an, es mit Bedacht, Gelassenheit und guter Planung anzugehen. In Hektik, Stress und aus dem Zwang heraus es zu müssen und endlos zu drücken wird sich nichts verändern. Im Gegenteil, es kommt unendlicher Druck zurück. Im Leben kennen wir das alle und wir bemühen uns um Geduld. Doch wenn wir mit den Karten arbeiten, so soll alles jetzt, hier und sofort geschehen. Das geht nicht, denn die Karten spiegeln den in Ihrem Unterbewusstsein versteckten Verlauf der Ereignisse. Haben Sie Geduld mit sich und den Karten.

Ihnen wünsche ich, dass Sie viel Freude und Inspiration beim Lesen und Arbeiten erhalten.

Alles Liebe und Gute für Sie und alle Menschen.

Halina Kamm

Verzeichnis: CORONA Hamburg

Die große Mlle Lenormand-Handbuchreihe seit 1990

Jede Karte wird in Kombination mit den 35 anderen Karten in Stichworten oder ausführlich erklärt!

Grund- und Basiswissen
Halina Kamm
Mystisches Kartenlegen nach Mlle Lenormand
Das Lern- und Arbeitsbuch für den Anfänger sowie für den Fortgeschrittenen. Klar, sachlich und präzise.

224 Seiten, geb., mit Kartenabb.
ISBN 3-934438-20-0, EUR 25,50

Antworten auf Irdisches, der Seele und der Psyche aus der Akasha-Chronik
Halina Kamm
Spirituelles Kartenlegen nach Mlle Lenormand
Mit vielen interessanten Legungen wie: Erkenne dein Karma, deine Aufgaben, deinen Lebensweg, dein Schicksal, den Weg nach Hause.

248 Seiten, geb., mit Kartenabb.
ISBN 3-934438-04-0, EUR 25,50

Für Bekannte, Freunde, Liebe und Partnerschaft
Halina Kamm
Emotionales Kartenlegen nach Mlle Lenormand
Das Lenormand für die Liebe, damit es weniger Kummer gibt. Wann, wo lerne ich ihn/sie kennen? Wie geht es weiter? Haben wir eine Chance? Ist er/sie der/die Richtige? Klar, sachlich und präzise.

260 Seiten, geb., mit Kartenabb.
ISBN 3-934438-10-5, EUR 25,50

Träume deuten und verstehen
Iwona Porozynski
Traumdeuten mit den Karten nach Mlle Lenormand
Wertvolle Botschaften werden mit Hilfe der Lenormandkarten aus dem Unbewussten offenbart. Mit vielen Traumbeispielen.

208 Seiten, geb., mit Kartenabb.
ISBN 3-934438-15-6, EUR 25,50

Für Geschäfte, Finanzen, Arbeit, Erfolg, Geld
Halina Kamm
Finanzielles Kartenlegen nach Mlle Lenormand

Mehr als erstaunlich, aber Sie erfahren in der Tat, wie es in der Firma oder Selbstständigkeit weitergeht, ob Sie über Geld verfügen werden und auch, ob sich alles zum Guten wendet. Wer richtig zu fragen versteht, dem bleibt »Finanzielles Kartenlegen« keine Antworten schuldig. Mit einiger Übung werden Sie sogar herauslesen, wann was passiert. Das Buch ist klar, sachlich und präzise aufgebaut wie die ganze Reihe. Es eignet sich für den Anfänger sowie für den Fortgeschrittenen.

260 Seiten, gebunden mit Kartenabbildungen
ISBN 3-934438-17-2
EUR 25,50

Verzeichnis: CORONA Hamburg

Kartenlegen

Elke Dumke
Mlle Lenormand auf den Punkt gebracht
Eine praktische Einführung mit vielen interessanten Legemethoden mit 36 Kartenabbildungen,
134 Seiten, kartoniert
ISBN 3-928084-81-X, EUR 10,90

Skatkarten

Elke Dumke
Kartenlegen mit Skatkarten
Arbeits- und Lehrbuch. Klar, sachlich und präzise, leicht erlernbar.
204 Seiten, geb., mit Farbabb.
ISBN 3-934438-21-0, EUR 25,50

Tarot

Halina Kamm
Tarot für den Alltag
110 Seiten, kartoniert
ISBN 3-928084-03-8, EUR 5,00

Partnerschaft und Liebestarot im Alltag
216 Seiten, kart., (Rider Waite)
78 Abb. Tarotdecks, EUR 8,90
ISBN 3-928084-18-6

Lebenshilfe

DEJA VU - die vierte Dimension
Ein aufregender spannender Roman, der zeigt, wie schnell gedachte Visionen zur Realität werden können.
248 Seiten, gebunden
ISBN 3-934438-12-1, EUR 17,90

Wer Karma erkennt, hat die Chance es abzuarbeiten, abzulegen oder die Ketten zu sprengen und frei zu werden, um altes Leid nicht doppelt und dreifach zu erleben.
Vadim Tschenze, einer der führenden Experten, offenbart Ihnen die Geheimnisse und erklärt Fragen, wie: Was ist ein Karma? Warum wissen wir nichts über unsere letzten Leben? Wie arbeitet Karma? Anhand von vielen Personenbeispielen zeigt er auf, wie Karma wirkt und was geändert werden kann. Zudem erfahren Sie durch Ihre persönliche Ausrechnung, wann, wo, in welchen Ländern Sie schon gelebt haben! Ob Sie Mann oder Frau waren? Welche Charakterzüge prägen dieses Leben und was sind heute Ihre Lebensziele?

Vadim Tschenze
Alte russische Karma- und Reinkarnationslehre
260 Seiten, kartoniert
ISBN 3-934438-18-0, EUR 19,90

Lebenshilfe und Sachbücher

Halina Kamm
Nicht ohne meine Seele
In Roman-Dialogen wird der Werdegang der Seele im Menschsein beschrieben. Sie werden nicht nur Zusammenhänge über Inkarnationsabläufe, Dualpartner und persönliche Lebensaufgaben lernen, sondern eine dramatische Liebesgeschichte führt durch Höhen und Tiefen und weist durch Erkenntnisse mit dem Seelenpartner den Weg nach Hause.
272 Seiten, gebunden
ISBN 3-934438-08-3 EUR 17,90

Halina Kamm
Buch: Geführte Meditationen
Die Texte eignen sich für Einzel- und Gruppenmeditationen. Die Themen sind: Gesundheit/Heilung, Freude, Loslassen, Rückführung, Karmaaufarbeitung, Licht- und Dimensionsreisen und vieles andere.
162 Seiten, kartoniert
ISBN 3-928084-23-2, EUR 10,90

Halina Kamm
Schluss mit Karma
Vieles von dem Karmaleid muss nicht gelebt werden. Wir alle haben Wahlmöglichkeiten, mehr als wir glauben. Wir müssen nur wirklich unsere Dramen beenden wollen. Das »Wie« finden Sie in diesem Buch.
160 Seiten, kartoniert
ISBN 3-928084-11-3, EUR 12,50

Geführte Meditationen auf CD

Diese Meditationen sind besprochene und mit Musik unterlegte CDs

CD 201, ISBN 3-928084-48-8
Partnerschaft – Berufung
Blockadenerkennung in Partnerschaft, Beruf und Gesundheit. Klärung der Emotionen. Verbindung und Festigung zur Realität.

CD 202, ISBN 3-928084-49-6
1. T.: **Ich bin Licht und Energie**
Als Entspannungsgrundlage und gleichzeitiges Trainingsprogramm zur Vertiefung und Festigung einer inspirierenden, kraftvollen Energie fürs tägliche Leben.

2. T.: **Der Baum – Dein Freund**
Eine besonders gute Übung, um nach einem hektischen Tag abzuschalten. Sie fördert über die Bilder die direkte Kommunikation und Verbundenheit mit der Natur.

CD 203, ISBN 3-928084-50-X
1. T.: **Spiegel des Bewusstseins**
Für Fragen geeignet, wie: Mache ich alles richtig, sind meine Entscheidungen dem Wohl aller Beteiligten gerecht usw. So dient diese Meditation Ihrer Bewusstseinserweiterung und Erkenntnis.

2. Titel: **Weg der Wahrheit**
Klarheit in den Gedanken erhalten und Entscheidungen richtig einschätzen. Stärkung und Harmonisierung des Körpers.

CD 204, ISBN 3-928084-51-8
1. Titel: **Kristallpyramide**
Erlernen, verstehen und aktivieren der Kristalle in spielerischem Rahmen. Besonders geeignet zum Regenerieren aller nervlichen Anspannungen im Körper.

2. Titel: **Dimensionsreise**
Konfliktbereinigung mit nahe stehenden Personen. Diese Lichtreise in Begleitung geistiger Helfer bereinigt und löst Emotionen.

CD 205, ISBN -3-928084-52-6
1. Titel: **Lichtreise**
Als Transformationsprozess des Körpers bzw. der Aura. Klärung und Reinigung durch Lichtenergie. Lösungen für besondere Fragen zum Wohle aller Beteiligten.

2. Titel: **Rückführung**
Erkennen von vergangenen Leben oder alten Blockaden und lösen. Klärung des Emotionalkörpers. Zusätzlich erhalten Sie Antworten auf ungewisse Verhältnisse.

CD 206, ISBN 3-928084-53-4
1 Titel: **Die Kraft des Vulkans**
Stärkung der Intuition. Durch die Lösung der Blockaden werden die Grunddynamiken wie Harmonie, Freude, Kraft, Stärke usw. gefestigt.

2. Titel: **Phönix aus der Asche**
Besonders für Menschen geeignet, die gerade schwere und traurige Zeiten erleben. Entdecken Sie Ihr eigenes, unbeschwertes, inneres Kind und heilen Sie es.

CD 207, ISBN 3-928084-54-2
1. Titel: **Schutzengel**
Kennenlernen Ihres Schutzengels in der für Sie akzeptabelsten Gestalt u. Erkennen seiner Energie im täglichen Leben. Zum sanften Einschlafen geeignet.

2. Titel: **Freiheit und Frieden**
(Basisprogramm). Entspannungs- und Trainingsprogramm zur Vertiefung und Festigung einer positiven, kraftvollen Energie, die im täglichen Leben inspirierend und aufbauend wirkt.

Der Autorin ist es bewusst, dass dieses Buch nicht alle auftretenden Fragen beantworten kann. Sollte Interesse an Seminaren bestehen, bitten wir Sie, sich mit dem Verlag in Verbindung zu setzen.

CORONA
Postfach 76 02 65
22052 Hamburg
oder
Email: Corona-Hamburg@t-online.de

Unser Dank gebührt der Firma AGM AGMUELLER Schaffhauser Spielkartenfabrik in Neuhausen, Schweiz, die uns in liebenswürdiger Bereitschaft die Abdruckrechte für die LENORMAND-KARTEN BLAUE EULE überlassen hat.